W9-AOZ-015

EL PODER DE TU ALTER EGO

TODD HERMAN

EL PODER DE TU ALTER EGO

Crea una identidad secreta para desarrollar todo tu potencial

Argentina – Chile – Colombia – España
Estados Unidos – México – Perú – Uruguay

Título original: *The Alter Ego Effect – The Power of Secret Identities to Transform Your Life*
Editor original: Harper Business – An imprint of HarperCollinsPublishers, New York
Traducción: Marta García Madera

1.ª edición Septiembre 2019

Plaza de los Reyes Magos, 8, piso 1.º C y D – 28007 Madrid
www.empresaactiva.com
www.edicionesurano.com

ISBN: 978-84-16997-11-4
E-ISBN: 978-84-17545-86-4
Depósito legal: B-16.083-2019

Fotocomposición: Ediciones Urano, S.A.U.
Impreso por Romanyà Valls, S.A. – Verdaguer, 1 – 08786 Capellades (Barcelona)

Impreso en España – *Printed in Spain*

Para todos los que crecieron en medio de ninguna parte
(y para Valerie, Molly, Sophie y Charlie. ¡Vamos, equipo!)

ÍNDICE

PREFACIO
ANTES DE ENTRAR

NOTA DEL AUTOR

El poder de tu Alter Ego fue concebido para ayudar a personas ambiciosas a conseguir cosas difíciles. Fue creado para ayudarte a ser más resiliente, creativo, optimista y valiente. He tenido una empresa de formación de alto rendimiento y ciencias del deporte durante veintidós años y lo que estás a punto de descubrir se basa no solamente en el trabajo que he llevado a cabo con miles de atletas aficionados, profesionales y olímpicos, sino también en el arte y la ciencia de cómo trabajamos.

Esta obra ha sido moldeada por los datos recopilados de los más de setenta y cinco mil profesionales y empresarios que han implantado esta estrategia. Para perfeccionarla, se ha utilizado la información que ellos han aportado sobre los logros, los éxitos y los avances realizados y los ajustes y los cambios introducidos.

Una última nota: desde que empecé a trabajar con más atletas de élite, me comprometí a salvaguardar su intimidad. Protejo a mis clientes. Algunos de los mejores artistas y atletas profesionales y olímpicos del mundo trabajan conmigo porque prometo no usar nunca sus nombres en beneficio propio. ¿Por qué? Porque la confianza es la base de mi trabajo. Todo el mundo quiere algo de esas personas, las utilizan como medio para lograr ser el centro de atención, y eso hace que no confíen en nadie. Yo era consciente de que la posible falta de discreción me impediría ser el consejero y el entrenador de confianza que necesitaban y con el que querían contar. He trabajado con los empresarios más destacados y también les prometo lo mismo. Considero que esa confianza y esa promesa son sagradas. Sin embargo, también soy consciente de lo valioso e importante que es contar sus historias para ayudar a ilustrar cuestiones y hacer que las ideas de *El poder de tu Alter Ego* cobren vida para ti.

A lo largo del libro, he intentado equilibrar la necesidad de contarte las historias de mis clientes con la promesa que les hice. Para lograr dicho equilibrio, en ocasiones he modificado detalles como algún nombre, un deporte, un sector y otros factores que les puedan identificar. A fin de cuentas, dichos factores son realmente irrelevantes. Como estás a punto de descubrir, el Alter Ego es una herramienta que cualquier persona, de cualquier profesión, en cualquier situación, en cualquier momento, puede utilizar para sacar a su Yo Heroico.

Todd Herman

1

¿CUÁL ES TU MOMENTO «CABINA TELEFÓNICA»?

Estaba en el camerino mirando las notas, esperando que me llamaran para subir al escenario ante un público formado por coaches del mundo del deporte. Mientras revisaba mi presentación, un hombre fornido como un bulldog potente entró en el camerino. De niño, yo había jugado con su personaje en la Nintendo. Se me acercó con una sonrisa de oreja a oreja, me extendió la mano y dijo: «Hola, soy Bo Jackson».

Me reí y contesté: «Hola, soy Todd Herman. Sé quién eres, Bo. Probablemente, mi credibilidad quedaría por los suelos si trabajara en el mundo de los deportes y no conociera a alguien que es una estrella de dos deportes. Además, ¡me ayudaste a ganar muchas partidas de *Tecmo Bowl*!»

Se echó a reír y replicó: «Sí, no eres el primero que me lo dice. Y gracias. ¿Tú también hablas hoy?»

«Sí. Soy el próximo. Pero quizá decidan ponerte a ti antes.» Volví a reírme.

«No, eres bueno. Es que he venido antes para ver a un amigo. ¿De qué vas a hablar?»

«Voy a hablar del juego mental. Más concretamente, voy a hablar de cómo utilizar los Alter Egos y las Identidades Secretas para dar lo mejor de uno mismo.»

Ladeó la cabeza ligeramente, entrecerró los ojos como si esa frase acabara de hacer mella en él y sonrió con satisfacción. Negó con la cabeza. Al cabo de unos segundos, dijo, con un tono serio y profundo: «Bo Jackson nunca jugó un *down*[1] en toda su vida».

Por si no lo conoces, Bo Jackson es el único atleta de los cuatro grandes deportes norteamericanos que es una estrella en dos, el béisbol de Grandes Ligas y el fútbol americano de la NFL. Fue un fenómeno que trascendió los deportes de la década de 1980 y, para un niño como yo al que le encantaba el deporte, era un superhéroe.

Mi asombro fue mayúsculo, sonreí y dije: «Vaaaleee..., interesante. Cuéntame más».

Bo me informó que de joven tenía problemas para controlar las emociones y que se metía en líos por sus arranques de cólera. A menudo, tenía roces con un contrario cuando competía y respondía violentamente ante el más mínimo desaire, lo que hacía que le sancionaran innecesariamente.

Sin embargo, un día, mientras veía una película, se quedó fascinado por la naturaleza impasible, implacable y fría de Jason. ¿Te suena de algo ese nombre?

---

1. En el fútbol americano, un *down,* «oportunidad» o «intento», hace referencia al tiempo en el que se lleva a cabo una jugada.

Jason era el asesino que llevaba una máscara de hockey en las películas de *Viernes 13*.

En aquel momento (durante la película) decidió que, en el campo de fútbol americano, ya no sería Bo Jackson, sino que empezaría a ser Jason y dejaría la ira sin control fuera.

Bo me explicó que Jason *solamente* vivía en el terreno de juego. Cuando él salía del vestuario y llegaba al campo, Jason entraba en su cuerpo y tomaba el mando. De repente, el Bo Jackson impulsivo, propenso a los castigos y fácil de provocar se transformaba en un *destroyer* implacable, frío y disciplinado.

El hecho de encauzar una identidad «diferente» le ayudó a concentrar cada gota de su talento y su capacidad y le permitió aparecer en el terreno de juego sin ningún problema emocional que interfiriera con su rendimiento.

Fue su «momento cabina telefónica». Igual que Clark Kent a veces iba a una cabina para transformarse en Superman, Bo Jackson hacía lo mismo cuando se convertía en su Alter Ego, Jason. Claro que él no tenía que enfrentarse a problemas irritantes de espacio como Superman contaba en un cómic de 1942: «Definitivamente, este no es el lugar más cómodo del mundo para cambiarse de ropa, pero tengo que cambiar de identidad, ¡y deprisa!»

Es una cita divertida y, además, hay algo en esa afirmación que pone de manifiesto el carácter transformacional del Efecto Alter Ego.

¿QUIÉN ES EL ALTER EGO?

Siempre me han fascinado los cómics, los héroes de los tebeos y los mundos en los que viven. Las historias de su origen, los villanos y las batallas épicas hacían que me sintiera atraído por su universo. Cuando era pequeño, me encantaban las películas de *Superman* de Christopher Reeve. Hoy en día, puede que la gente se ría de esas producciones de la década de 1980 al compararlas con el renacimiento espectacular de las películas de superhéroes actuales. Pero, en aquella época, eran impresionantes. Ahora, a ver si solucionas el siguiente acertijo:

Todo el mundo sabe que Superman y Clark Kent son la misma persona. Pero ¿quién de los dos es el Alter Ego?

Durante los últimos quince años, he hecho esta pregunta innumerables veces delante de públicos de todo el mundo y el 90 por ciento del público gritaba enseguida: «¡SUPERMAN!»

Parece correcto. Porque relacionas la idea de Alter Ego con Superpoderes, heroísmo y batallas épicas. Todas las cualidades de un superhéroe como Superman.

Pero es incorrecto.

El Alter Ego no es Superman, sino Clark Kent. Superman es la persona de verdad. Él creó al Alter Ego, el afable periodista Clark Kent, porque es un personaje útil para camuflarse y pasar desapercibido en el día a día en la tierra. Eso le ayuda a lograr un objetivo crucial: comprender a los humanos.

Superman pasa de su Alter Ego a la *S* en el pecho precisamente en los momentos en los que más necesita a cada personaje.

¿Y esto qué importancia tiene?

Porque la verdad es que la vida es dura. Todos llevamos muchas responsabilidades sobre los hombros. Tenemos muchos papeles distintos en la vida. Y las fuerzas constantes de la sociedad —religión, familias, compañeros de equipo, compañeros de trabajo, amigos y otras— provocan que actuemos de cierto modo. Adoptan la forma de expectativas, reglas y opiniones sobre cómo se supone que debemos actuar. Qué se nos permite buscar. Qué deberíamos tener. Qué deberíamos creer.

Todo lo anterior y otras cosas crean lo que denomino el Yo Atrapado, que veremos en detalle en el capítulo 3. El Yo Atrapado es la parte de ti que no cree mostrarse como quiere en la vida real o que evita ciertas cosas o que se siente presionado para actuar de una manera en concreto.

En cambio, hay otra experiencia en la vida en la que nos sentimos como nuestro Yo Heroico. Es la parte de ti que siente que hace lo que quiere, que lo hace por motivos propios y que se quedaba atrapado por el flujo de la actividad. Y resulta que existe una investigación fascinante sobre este tema que explica las ventajas de los Alter Egos.

Cuando sientes aburrimiento, nervios, enfado, celos, restricción, agobio o miedo, no sabes cómo convencerte a ti mismo para salir de ese estado. Es como si un ratón intentara dirigir a una manada de elefantes desbocados. No puedes encontrar la salida lógica a un problema inconsciente. Si tu instinto te dice que lo evites, lo evitarás. Pero puedes utilizar ese mismo poder inconsciente, acceder a los misterios de tu imaginación y, con un poco de práctica, cambiar la persona que tiene ese instinto. Y, por suerte para nosotros, la investigación y la ciencia nos muestran que ese enfoque es mejor.

EL CHICO DE QUINCE AÑOS Y EL TREN DE LAS 04.35 A NUEVA YORK

Anthony era jugador de baloncesto en una de las mejores escuelas de secundaria privadas de Estados Unidos. Era un fuera de serie. Durante el entrenamiento, instruía a sus compañeros de equipo. Los ojeadores de todas las mejores universidades lo querían fichar y la gente se imaginaba que algún día sería jugador profesional… SI. *Si* mostrara más aplomo en los momentos decisivos y creyera más en sus capacidades.

Anthony creció en una zona de renta baja de Washington DC, sin madre ni padre. Ambos fallecieron en un accidente de coche cuando él tenía ocho años. Su abuela asumió la responsabilidad de educarlo. Hizo un trabajo estupendo, dadas las circunstancias. De joven, Anthony pasaba todo el tiempo posible refugiándose en la cancha de baloncesto, regateando, saltando y haciendo lanzamientos.

Se siguió desarrollando y, al cabo de poco tiempo, los ojeadores de todas las mejores universidades lo querían fichar y la gente se imaginaba que algún día sería jugador profesional… SI. *Si* tuviera la cabeza «bien puesta». Anthony tenía muchas habilidades y capacidades, pero había un problema. Cuando el partido peligraba, en lugar de poner todo su empeño en llegar a la canasta o esquivar rápido al defensa y hacer un tiro en suspensión, pasaba la pelota. Dejaba que un compañero de equipo hiciera el lanzamiento, o fallara. Y cada vez iba a peor.

Anthony tenía toda la habilidad del mundo para aprovechar la oportunidad. Sin embargo, se escondía durante lo que denominamos Momentos de Impacto, esos momentos críticos que definen gran parte de nuestro éxito. Anthony se quedaba bloqueado porque a pesar de los halagos que podía recibir le preocupaban más las críticas. Cuanta más atención le dedicaban, más desapercibido quería pasar él.

Hasta que un día, su entrenador, en un ataque de frustración, le gritó durante un entrenamiento. «¡Maldita sea, Anthony, si fueras un poco más como James, seríamos imparables!» De repente, se acordó de un correo electrónico que había leído tiempo atrás sobre atletas que utilizaban sus Alter Egos en el terreno de juego. Al volver a casa, buscó el correo. Después, hizo algo que horrorizaría a cualquier padre, y ya no digamos a su abuela.

Con quince años, salió de casa sin decir nada, se dirigió a la estación Union de Washington DC, a las cuatro de la madrugada, y cogió el tren Amtrak de las 04.35 con destino a Nueva York.

En el año 2011, yo pasaba casi todas las mañanas trabajando en el Reebok Sports Club situado en el Upper West Side de Manhattan. Era un club fantástico, con seis niveles y todos los servicios que uno pueda imaginar. También es famoso por ser refugio de famosos. Nadie les molesta mientras hacen ejercicio y van gente como Chris Rock, Regis Philbin, Dwayne Johnson, Will Smith, Diane Sawyer, Ben Stiller y muchos más. También era el sitio al que iban los equipos de la NBA a entrenar antes de los partidos en el Madison Square Garden. Mi rutina era llegar siempre a eso de las 08.45 y trabajar en la cafetería privada para socios. Después, hacía ejercicio antes de ir a comer.

Un día, los recepcionistas me hicieron señas en cuanto me vieron salir del ascensor. Me acerqué y me dijeron que el joven que estaba sentado en la sala de espera había venido desde Washington DC para verme aquella mañana: «Ha venido a verte para que le ayudes a mejorar su juego. ¡La dedicación de este chico es alucinante!»

Fui hasta donde estaba Anthony y me presenté, y él saltó del asiento para darme la mano. «Señor Herman, es un placer conocerle. Espero no molestarle, pero necesito su ayuda.»

Le llevé a la cafetería, ordenamos el desayuno y nos sentamos a una mesa. Le pregunté: «En primer lugar, ¿cómo demonios sabías que tenías que venir aquí? Y en segundo lugar, ¿tus padres saben que has venido?»

«Usted mencionó en una de las *newsletters* que envía por correo electrónico —respondió— que viene por la mañana, así que pensé en probar suerte. Y, no, mi abuela no lo sabe. Salí de casa a las cuatro de la madrugada. Pero, de cualquier forma, no se enteraría porque me voy muy temprano por la mañana para ir al instituto antes de que ella se haya levantado.»

«Muy bien, bueno, lo primero es lo primero, tienes que llamar a tu abuela y decirle dónde estás y que estás bien.»

Después de que le aseguré a su abuela que me encargaría de que volviera a casa sano y salvo, comentamos su situación. Me explicó lo que sucedía, que tenía cada vez más presión, que le observaba más gente y que cada vez le daba más vueltas a las cosas. Me habló de la ansiedad y de cómo se sentía: «Hay una guerra en mi cabeza. Quiero esto *de verdad*, pero me preocupa mucho cometer un error y lo que piense todo el mundo de mí».

Yo no soy terapeuta. No estoy capacitado en absoluto para prescribir algún tipo de terapia. Yo trabajo con juegos mentales y desarrollando estrategias para lograr un alto rendimiento. De todas formas, hay un marco simple que utilizo siempre para diagnosticar la raíz del problema de una persona, que explicaré en el capítulo 3. No tardé mucho en descubrir el problema de Anthony.

«Pero, ¿por qué has venido hasta Nueva York, solamente para verme?»

«Porque mi entrenador me dijo algo que me hizo acordarme de uno de sus correos sobre estar fuera del terreno de juego de la vida. Y de que muchos grandes atletas utilizan un Alter Ego para tener un rendimiento mejor y dejar parte de sí mismos fuera del campo. Porque, a veces, hay partes de su personalidad que podrían afectar negativamente a su rendimiento. Y cuando el entrenador me dijo que "tendría que ser más como James", pensé en usted.»

«Genial, pero ¿por qué no me escribiste un correo en lugar de estresar a tu abuela?»

«Siempre dice que, si quieres algo, tienes que ir a por ello. Y si quieres algo y lo quieres rápido, tienes que ir a por ello con un gran mentor. Me acuerdo de que dijo que viajó desde Canadá hasta Carolina del Norte para conocer a un mentor y pasar semanas con él, y que aquel fue uno de los momentos cruciales de tu vida. Así que pensé que tenía que hacer lo mismo. Pero no tengo dinero para pagarle.»

Me encantó este chico. Los recepcionistas le contaron a Chris Rock el viaje que había hecho el chico, así que Chris fue a animar a Anthony mientras me esperaba.

Durante las siguientes dos horas, descifré su juego, y me quedó claro que él rechazaba ser el centro de atención pero no por algo relacionado con el terreno de juego, sino con el dolor que había sentido por la muerte de sus padres. Después del accidente, diferentes personas le dieron toda su atención e incluso se pelearon por quién debía quedarse con él y con el dinero del seguro. Él lo único que quería era que lo dejaran tranquilo.

Ahora, Anthony era el centro de atención de nuevo y por eso había vuelto a sentir lo mismo.

Como he dicho anteriormente, no soy terapeuta. Le sugerí que hablara con sus consejeros escolares o con su abuela para obtener ayuda, porque «un gran terapeuta te puede ayudar a desenmarañar los cables que producen cortocircuitos en tu cabeza. Pero, de momento, dejemos a Anthony fuera del terreno de juego. Vamos a crear un Alter Ego que puedas llevar a la cancha para que puedas volver a dominar la situación».

Guie a Anthony en el proceso de crear su Alter Ego para su Campo de Juego, la cancha de baloncesto. Y, cuando llegamos al punto de sacar a la luz personas, personajes, cosas o animales que le gustaría encarnar, dijo que quería ser «una pantera negra. Aparecen de repente, atacan rápido y son sigilosas. Vi un programa de National Geographic sobre panteras y su forma de moverse era muy guay. Además, ¡pueden saltar hasta seis metros! Y tienen ese apodo tan guay, "fantasma del bosque"».

Al verle describir su Alter Ego—infierno, me entusiasmé. El paso siguiente consistía en ponerle un nombre. Hicimos una lluvia de ideas y apuntamos las opciones en mi libreta:

- La Pantera Negra.
- Pantera X.
- Anthony Sigiloso.

No le convencía nada hasta que le sugerí un nombre que le devolvió a la vida: «el Fantasma Negro». Nunca lo olvidaré. Se repantigó en la silla, se puso las manos por detrás de la cabeza, alzó la vista y dijo: «*Soy* el Fantasma Negro y voy a llevar a mi madre y a mi padre a la cancha conmigo y voy a acechar a todo el mundo».

Anthony hizo algo profundo y eso es lo que quiero ayudarte a hacer a ti mediante este libro. En la transformación de Anthony, he omitido algo crucial para construir un Alter Ego que te funcione.

Puede que tengas algún trauma desde hace tiempo que interfiera de alguna forma con tus deseos, o que te hayas contado una historia a ti mismo, o que haya alguna resistencia indeterminada que te frena a la hora de perseguir algo, pero quiero decirte que hay un Yo Heroico que espera ser liberado y que un Alter Ego o Identidad Secreta es la clave para Activarlo.

Ver de qué forma un Alter Ego encaja en la condición humana, los distintos papeles que interpretamos en la vida y los Campos de Juego que pisamos te da la libertad para liberar la fuerza creativa. Ver de qué forma un Alter Ego te ayuda a luchar contra los retos naturales a los que nos enfrentamos todos con mayor optimismo puede liberar un enfoque más alegre y empoderador para superar el miedo. Y ver que es una parte natural del ser humano, que ha sido utilizada por decenas de miles de personas para lograr objetivos grandes o pequeños y es el «yo más real» que podrías ser, liberará habilidades ocultas que no sabías que estaban ahí.

Antes de continuar, quiero hacer una aclaración rápida porque no quiero que te hagas una idea equivocada con este último párrafo.

El poder de tu Alter Ego no es un libro de autoayuda con ideas sacadas de libros de autoayuda ñoños. Aquí no verás un «botón fácil». No hay un mapa del tesoro para llegar a un montón de monedas de oro.

Este libro es para personas que hacen cosas difíciles. Su objetivo no es eliminar las dificultades de la vida, sino tomar la parte de ti que aparece cuando menos te lo esperas y mostrarte cómo conseguir que aparezca cuando más la necesitas.

Tu imaginación puede construir Mundos Extraordinarios y Mundos Ordinarios. Ya lo has hecho antes. Y esto es un recordatorio de que la imaginación no se acaba a los ocho años, sino que es un camino para vivir la vida con más gracia.

Conclusión uno: si tienes ambición, te doy la bienvenida a la tribu.

Conclusión dos: si quieres dar razones para justificar tus limitaciones, esperar a que todo sea «perfecto» o trolear cobardemente las ambiciones de los demás, bueno..., dejaré que seas tú quien decida qué hacer.

EL OBJETIVO FINAL

He dedicado las dos últimas décadas a responder a una pregunta sencilla: ¿cómo puedo ayudar a las personas ambiciosas a las que sirvo a que saquen las habilidades que ya tienen dentro y las utilicen para tener un rendimiento máximo y constante? Tras crear un método de ciencia del deporte y alto rendimiento durante los últimos veinte años y tras haber sido coach de algunos de los atletas profesionales y olímpicos, líderes de negocios, empresarios y artistas más destacados del mundo, me he enfrentado a situaciones como las siguientes:

¿Cómo ayudo a una estrella del tenis profesional a ganar campeonatos en lugar de perder partidos porque deja que sus adversarios remonten el partido?

¿Cómo ayudo al lanzador de béisbol de Grandes Ligas para que esté en el montículo ante un público de cuarenta mil aficionados que chillan y conduzca a su equipo a una victoria en el *playoff* en lugar de ponerse nervioso y dejar que los bateadores lo machaquen?

¿Cómo consigo que el ejecutivo de ventas cierre más tratos para que su compañía crezca y le asciendan?

¿Cómo ayudo a la emprendedora a que publicite con orgullo sus servicios en lugar de dejar que su nueva aventura apenas le dé lo justo para ir tirando?

¿Cómo ayudo al agresivo director o vicepresidente a ser un líder mejor, más calmado y controlado o a ayudar a sus subordinados directos?

¿Cómo ayudo al padre al que le cuesta compaginar las exigencias de la vida y el trabajo a ser más atento, cariñoso y divertido en casa?

¿Cómo ayudo a la estrella de Broadway a meterse en su estado de fluir más deprisa en lugar de sentir terror y ponerse nerviosa al actuar ante el público?

La respuesta a esas y otras preguntas fue y es un Alter Ego.

Volviendo al camerino del principio, Bo y yo hablamos del concepto de Alter Ego, de que otros atletas los utilizaban, del proceso que yo empleaba con clientes y de que las personas en el trabajo y en la vida diaria lo adoptaban para lograr varias cosas. Para Bo, crear un Alter Ego era algo a lo que recurría de forma natural. Él pensaba que era el único que lo hacía.

Durante décadas, hemos pasado por alto las migas de pan y las señales que nos ha dejado la historia que indican que el Alter Ego es una parte natural de la condición humana, y la presente obra pretende cambiar esta idea.

He esperado quince años para escribir *El poder de tu Alter Ego* y mi objetivo es enseñarte el mismo método que he enseñado a mis clientes durante casi veinte años, para que puedas utilizar uno o muchos para superar obstáculos grandes y pequeños. Te voy a mostrar cómo Activar tu Yo Heroico (la Wonder Woman, el dalái lama, la Pantera Negra, la Oprah o el Señor Rogers que llevas dentro) para adoptar toda la gama de habilidades, capacidades, creencias y características que tienes y para que veas de qué estás hecho *realmente*. También te voy a explicar cuál es la explicación científica que hace que este método sea tan efectivo. Te contaré historias de personas que lo han utilizado para superar escollos: deportistas olímpicos, profesionales del mundo de los negocios, madres, artistas, escritores, niños y yo mismo.

Yo lo utilicé, y todavía lo hago, y por eso hay unas gafas en la portada... pero, ¿a quién pertenecen?

2

EL ORIGEN DE LOS ALTER EGOS

Shep Gordon, apodado *Supermensch*, es representante de talentos, agente de películas de Hollywood y productor. *GQ* lo llamó el «anónimo que hizo famoso a todo el mundo». Shep tuvo un papel crucial en las carreras de Jimi Hendrix, Alice Cooper, Teddy Pendergrass, Luther Vandross, Raquel Welch y Groucho Marx. Se podría considerar que Shep es «de la vieja escuela». Nunca firma contratos con sus clientes, sino que todo se formaliza con un apretón de manos y todos los que están en ese mundillo lo saben: si él dice que pasará algo, pasará.

Shep es el responsable del mundo de chefs famosos en el que vivimos hoy en día. Él inventó ese mercado, literalmente. Emeril Lagasse, Daniel Boulud, Wolfgang Puck y más serían desconocidos para el gran público de no ser por Shep. El actor y director Mike Myers incluso produjo un documental sobre su vida, acertadamente titulado *Supermensch: La leyenda de Shep Gordon.*

Conocí a Shep en uno de los congresos más importantes de creadores, emprendedores y artistas de todo el mundo, Mastermind Talks, que organiza Jayson Gaignard.

Shep es uno de los mejores narradores que existen. Sus historias sobre Alice Cooper, que cuenta con todo lujo de detalles, son divertidísimas. También ayuda el hecho de que trabaje con ese material tan icónico.

Yo formaba parte del público de 150 personas que escuchaba a Shep contar sus anécdotas como superagente peleón de Hollywood cuando alguien le preguntó cómo ayudaba a las personas de «alto rendimiento» con las que trabajaba a encontrar «ese último impulso» y seguir trabajando a un nivel elevado.

La respuesta de Shep Gordon fue sincera, conmovedora y profunda:

> Creo que cada persona es muy, muy distinta a las demás. Creo que solamente utilicé una regla general para cada artista, tanto si era chef como si era alguien del mundo del entretenimiento. Es que, si permites que la figura pública sea tu yo verdadero, nunca serás feliz. Y nunca tendrás confianza en ti mismo. Pero si coges tus rasgos y creas un personaje que entiendes, siempre sabrás lo que debe hacer ese personaje. Por ejemplo, cuando estés en una conferencia de prensa, siempre sabrás responder a las preguntas.
>
> En cambio, si la figura pública eres tú mismo, nunca tendrás las respuestas. Es realmente duro, y cuando te lo tomas como algo personal es cuando te empieza a dejar huella. Si hay una mala crítica sobre un personaje, lo cambias. Pero, si es sobre ti, a veces esa herida puede ser muy profunda. Por eso, no creo que se pueda generalizar, pero diría que si

> alguien es objeto del interés público puede entender que la gente no te quiere a ti, sino al personaje que les has mostrado. Incluso después de mi película, la gente me decía: «Eres el mejor. Eres increíble». No me conocen a mí, sino a ese tío. Entonces, si puedes mantener esa distancia en tu cabeza, es mucho más sano.

Unas quince personas del público que conocían mi trabajo me miraron enseguida. Algunas se quedaron boquiabiertas. Otras sonrieron y me guiñaron el ojo. Y Jayson, que estaba haciendo la entrevista desde el escenario, me encontró entre el público y movió la cabeza con una mirada de «Dios mío, ¡si llevas toda la vida hablando de este tema!»

(Si quieres ver el clip, visita AlterEgoEffect.com/shep.)

Después de la charla, Shep y yo comentamos el concepto con más detalle. Era algo mucho más universal, no se limitaba a algo que un famoso, un atleta o alguien del mundo del entretenimiento utilizaba mientras estaba expuesto a la luz pública del escenario o el terreno de juego.

Un Alter Ego es una herramienta útil que te ayuda a ti, a mí y a otras personas a enfrentarte a la adversidad con más resiliencia. Exploramos nuestro lado creativo y, a la vez, protegemos nuestro yo frágil. Decidimos de forma más consciente quiénes intentamos ser en el Campo de Juego. Esta herramienta está respaldada por los miles de personas que han utilizado un Alter Ego. Además, el sistema que he creado durante los últimos veinte años está avalado por la investigación y las historias de éxito de un gran número de personas que aparecerán en los siguientes capítulos.

LOS ORÍGENES

Según las fuentes históricas, Cicerón, el estadista y filósofo del siglo I a. de C., fue quien primero expuso el concepto de Alter Ego en sus obras filosóficas; aunque el término que él utilizaba era «un segundo yo, un amigo de confianza»[2].

Su significado en latín es «el otro yo».

Estas distinciones son importantes porque el concepto existe desde hace siglos. Y las raíces del concepto, «amigo de confianza» o «el otro yo», son palabras extremadamente adecuadas. Y si Cicerón viviera, admitiría que, simplemente, estaba dando forma a algo que ocurre de forma natural por la condición humana. Yo no inventé los Alter Egos y Cicerón tampoco. Lo único que he hecho es crear un sistema para construir uno y darte un marco para activar sus enormes beneficios, el Efecto Alter Ego. Y, a lo largo del libro, verás que las personas lo han utilizado para diversos fines.

La primera vez que supe del poder de los Alter Egos era adolescente. Vivía en un rancho de dos mil hectáreas de una pequeña comunidad agrícola de Alberta (Canadá). Yo era un chico extrovertido, ultracompetitivo y muy deportista. Me pasaba el día retando a mis hermanos mayores, Ross y Ryan, a cualquier cosa. La mayoría de las veces perdía, pero sabía que *algún día* sería capaz de ganarles y que, cuando eso ocurriera, se lo repetiría sin parar.

---

2. *Collins English Dictionary – Complete and Unabridged*, décima ed., William Collins, Londres, 2009, consultado el 13 de enero de 2013.

El deporte era mi refugio. Porque debajo de aquel chico creído y competitivo había un chico horriblemente inseguro y problemático. Siempre estaba pensando si caía bien a los demás, cómo ganarme a la gente o cómo impresionarla. Cuando practicaba algún deporte, todo aquello desaparecía y mi espíritu competitivo se apoderaba de mí.

Solamente había una pega: no podía controlar mis emociones.

Tenía catorce años aquel día en el que mi pequeño instituto rural de Schuler fue a jugar un torneo de voleibol a Golden Prairie (Saskatchewan). Durante el torneo, un jugador del otro equipo me estaba volviendo loco. Cada vez que él clavaba la pelota o saltaba para bloquearla me soltaba patadas adrede, intentando darme en la ingle.

La primera vez lo dejé pasar, porque pensé que no lo había hecho a propósito. Pero siguió haciéndolo. Me quejé a los árbitros, pero estaba claro que no iban a pitar falta al equipo local. A medida que avanzaba el partido, yo estaba cada vez más encendido. Y al final, después de que me diera una patada fuerte en la ingle, exploté. Cuando tocó el suelo con los pies, lo cogí de la camiseta a través de la red, tiré de él hacia mí, cerré el puño como si fuera una pistola cargada y le di un puñetazo en la cara. Se desplomó.

La gente se volvió loca. O todo lo loca que puede ser en un torneo de voleibol de instituto. Empezaron a oírse silbidos, los jugadores y los entrenadores fueron corriendo al terreno de juego y mis compañeros de equipo me miraban como diciendo «¿Pero qué narices ha sido eso?»

Aquel día, después de que me expulsaran del torneo, mi entrenador, el señor Henderson, habló seriamente conmigo. Me regañó por haberme peleado y por hacer quedar mal al instituto.

Hacía tiempo que él quería hablarme de mi espíritu deportivo, pero aquella pelea fue lo que le hizo decidirse a tener aquella conversación. Me dijo que tenía que cambiar drásticamente de actitud. Él sabía que yo aspiraba a jugar en un equipo universitario de fútbol americano, y me avisó: «Todd, eres difícil para un entrenador porque eres un sabelotodo. Nadie quiere jugar contigo porque, cuando cometen un error, les gritas. Y, a menos que cambies, vas a hacer que sea más difícil de lo necesario llegar a donde quieres llegar».

El señor Henderson fue uno de los muchos mentores que he tenido en la vida. Alguien podría leer el párrafo anterior y pensar que fue duro conmigo. Estábamos unidos y yo le tenía respeto, pero eso no significa que no discutiera con él, porque sí que lo hacía.

Como cualquier otro gran entrenador, él no se limitó a abandonarme a mi suerte, sino que me dijo: «Si quieres lograr tus objetivos, tienes que dominar lo que pasa en tu interior. El lunes en el instituto quiero que leas un libro que hay en la biblioteca».

Hice lo que me pidió y pedí el libro. La verdad es que era espantoso. Sin embargo, saqué algo bueno al leerlo. El autor mencionaba la mente. Me picó la curiosidad y quise aprender más y empecé a estudiar el juego interior, la fortaleza mental, meditación (que, en aquel momento, todavía se consideraba una «ciencia oculta») y cómo entrar en la zona.

OTRA VERSIÓN DE MÍ

En 1877, el legendario jefe nativo americano Toro Sentado huyó y cruzó la frontera hasta Canadá después de la batalla de Little Bighorn y la muerte del coronel George Armstrong Custer. Cuando los nativos americanos entraban en Canadá, se encontraban con la Real Policía Montada de Canadá y se les concedía protección frente al ejército estadounidense. Toro Sentado se quedó en aquella zona cuatro años, negociando acuerdos de paz con otras tribus hasta que, al final, volvió a Estados Unidos y se rindió. La granja de mi familia no está lejos del lugar por el que entraron en Canadá, donde vivían, cazaban y se reunían.

Aunque esto no tenga nada que ver con los arrebatos de furia jugando al voleibol, sí que está muy relacionado con el resto del libro y con ayudarte a encontrar una fuente de inspiración para descubrir a tu Yo Heroico.

Crecimos en una granja y hacíamos cualquier trabajo que nos dijera mi padre, así que nos pasábamos el día cavando y yendo arriba y abajo al aire libre. A veces topábamos con viejos «anillos de fuego», es decir, lugares en los que los nativos acampaban para pasar la noche. Yo siempre excavaba cerca de los anillos por si encontraba alguna punta de flecha o algún otro objeto.

Debido a la rica historia de aquella zona, me empecé a interesar muchísimo por la cultura de los nativos americanos. Un día estaba echado en el sofá leyendo sobre las danzas de guerra, una ceremonia en la que un grupo pequeño de nativos cantaba y bailaba alrededor de un anillo de fuego. Me enteré de que el objetivo de aquellas danzas era «hacer piña» y guiar a los espíritus para que les ayudaran en su misión.

De repente, algo hizo clic. Me puse el libro en el pecho y me imaginé que guiaba a una tribu de guerreros hasta el campo conmigo. Sentí que estaba concentrado, que me apoyaban y que confiaban en mí. La idea me dio una increíble sensación de calma y propósito.

La siguiente vez que entré en el campo de fútbol americano, salí como si fuera una tribu de guerreros. Era un chico flacucho pero rápido, y quería jugar con más potencia. Parecía que me ayudaba a concentrarme, pero quería algo más. Por eso, pensé en inspirarme en jugadores que admiraba como Walter Payton, aquel corredor fenomenal de los Chicago Bears, y Ronnie Lott, el demoledor defensa de los San Francisco 49ers. Antes de los partidos de fútbol americano, cogía cinco cromos de Payton y Lott y me los colocaba estratégicamente en el uniforme. Me ponía uno de Payton dentro del casco y uno debajo de cada muslera, imaginándome que corría y veía el campo igual que él. Después, colocaba un cromo de Lott en cada hombrera imaginándome que podía hacer placajes devastadores igual que él. Me pegaba los cromos y salía al terreno de juego como un Alter Ego tipo Frankenstein. Estaba hecho con trozos de distintas fuentes, pero funcionaba.

El resultado era que yo, que era flacucho, jugaba como si fuera mucho más corpulento. Al final, logré mi objetivo de jugar en un equipo universitario de fútbol americano.

No resolví todos mis problemas en absoluto, porque seguí teniendo dificultades en los estudios y en mi vida personal, pero en aquel Campo de Juego, dejaba aquellos problemas fuera del terreno de juego y entraba en la mejor versión de mí mismo para poder competir. Tal y como afirmaba Shep, el Alter Ego se convirtió en un escudo de mi Núcleo del Yo y me dio una imagen clara de quién debía actuar en aquel terreno de juego para ganar.

LOS MISTERIOS DE LA MENTE

El querido actor británico Rowan Atkinson, famoso por su personaje de Mister Bean, fue objeto de acoso escolar debido a que tartamudeaba.

En la escuela, el chico que se ponía nervioso y tartamudeaba se interesó por el arte dramático. Acabó el instituto y, al final, se licenció en ingeniería eléctrica en la Universidad de Oxford, y descubrió algo profundo.

El 23 de agosto de 2007, la revista *Time* preguntó a Atkinson si todavía tartamudeaba, a lo que respondió: «Viene y va. Cuando interpreto un personaje que no soy yo, el tartamudeo desaparece. Puede que eso me inspirara a la hora de dedicarme a la interpretación».

La experiencia de Rowan Atkinson hace hincapié en un aspecto fascinante de la condición humana: no lo sabemos todo sobre el funcionamiento del cerebro. Todavía estamos intentando hacer un mapa del «terreno inexplorado». Sin embargo, sí que sabemos que nuestra imaginación es una fuerza increíble para crear mundos nuevos y posibilidades nuevas si se utiliza con esa intención. En otras historias que contaré, hay atletas que han alterado su rendimiento físico aprovechando su «otro yo». Esto ha sucedido a pesar del hecho de que sus padres hayan gastado miles de dólares en entrenar habilidades que no arreglaron los problemas. Es un misterio de la mente..., pero existen teorías que explican por qué sucede.

DISTINTO LUGAR. DISTINTO MOMENTO. MISMO MÉTODO. Y JONI JACQUES.

Situémonos cuando yo era un veinteañero y volví a la idea del Alter Ego, aunque en aquel momento yo no lo llamara así. Acababa de empezar un negocio de formación deportiva en mi tiempo libre. Tenía éxito gracias a que la gente me recomendaba a más clientes, pero no era suficiente para mantenerlo. Yo sabía que podía ayudar a los demás, pero ofrecer mis servicios me paralizaba por dentro. Me sentía inseguro porque me sentía joven y me preocupaba que nadie me tomara en serio. Al fin y al cabo, tienes que tener como mínimo cuarenta años para que te tomen en serio. (Esa era una regla que tenía yo en la cabeza, que cuarenta años es igual a respeto. No me preguntes de dónde saqué esa idea, porque era absurda.) Tampoco ayudaba el hecho de que estaba convencido de que, por mi aspecto, parecía que tuviera doce años.

Una tarde, mientras me estaba «auto-suprimiendo», que significa que estaba evitando hacer el trabajo que se suponía que tenía que hacer, vi un programa de *Oprah* que me cambió la vida. Esta última frase es un tópico, pero los tópicos existen porque son verdad. Corría el año 1997 y Joni Jacques contó al público que se había comprado un par de zapatos de Oprah durante una venta benéfica y que le habían cambiado la vida. Dijo: «Me compré los zapatos. Me encantaban. Los guardaba en mi habitación. Y cuando estaba muy, muy deprimida y no encontraba a nadie con quien hablar, sacaba los zapatos y…»[3]

Oprah la interrumpió: «Se ponía mis zapatos. Y ahora dice que ya no tiene que ponérselos tanto porque ya se pone los suyos».

Después, Joni comentaba que «el mundo ya no pesaba tanto. Mi vida cambió por completo aquel día».

Se me encendió una bombilla en aquel momento y recordé el Alter Ego que había utilizado en el terreno de juego. Joni había hecho que saltara una chispa. Por alguna razón no se me había ocurrido utilizarlo en el terreno de los negocios, pero, a fin de cuentas, ese mundo era otro campo en el que conseguir resultados.

Joni utilizaba un par de zapatos para sentirse más segura, y yo supe al instante lo que iba a elegir para lograr una versión mejor de mí mismo en los negocios. Cuando era pequeño, todas las personas inteligentes a las que yo conocía llevaban gafas. Cuando somos niños, establecemos creencias y actitudes sobre el mundo que nos rodea que conforman nuestras ideas y nuestro comportamiento. Yo había equiparado ser tomado en serio y ser listo con llevar gafas.

Así que pensé: «¿Y si me pusiera gafas?» Por absurdo que suene, pensé que valía la pena probarlo. La gente que llevaba gafas parecía lista y seria. Por lo tanto, quizá los clientes potenciales también pensarían que yo lo era. De hecho, varios estudios han descubierto que las personas

---

3. *The Oprah Winfrey Show*, programa 516: «How a Pair of Oprah's Shoes Changed One Woman's Life», emitido el 19 de septiembre de 2015, http://www.oprah.com/own-where-are-they-now/how-a-pair-of-oprahs-shoes-changed-one-womans-life-video#ixzz5Kh8Czoef.

que llevan gafas son consideradas sinceras, trabajadoras, más listas y más formales[4]. Incluso los abogados defensores piden a sus clientes que lleven gafas cuando van a juicio. El abogado Harvey Slovis explicó a la revista *New York*: «Las gafas suavizan su aspecto para que no parezcan capaces de cometer un crimen. He visto casos en los que había una gran cantidad de pruebas, pero mi cliente llevaba gafas y fue absuelto. Las gafas crean una especie de defensa *nerd* implícita de los empollones»[5].

Y resulta que uno de los hombres más respetados del siglo XX también llevaba gafas a pesar de no necesitarlas. Martin Luther King Jr. se las ponía porque creía que «le hacían parecer más distinguido»[6].

Las gafas de la portada de este libro se parecen un poco a las de Clark Kent y un poco a las mías. Pero, para mí, esas gafas son las de Martin Luther King. Su objetivo es ser una señal y un recordatorio de que las Grandes Personas han utilizado elementos de este concepto a conciencia y que este hecho ha marcado la diferencia en el mundo. Alguien que lea esto, quizá tú, podría ser un precursor del cambio, al abrir una parte de ti mismo y hacer que suceda algo grande.

---

4. M. J. Brown, E. Henriquez y J. Groscup: «The Effects of Eyeglasses and Race on Juror Decisions Involving a Violent Crime», *American Journal of Forensic Psychology* 26, número 2 (2008): pp. 25-43.

5. Mike Vilensky: «Report: People Wearing Glasses Seem Like People You Can Trust», revista *New York*, 13 de febrero de 2011, http://nymag.com/daily/intelligencer/2011/02/nerd_defense.html.

6. Exposición The *Legacy of a Dream* en la terminal E del Aeropuerto Atlanta-Hartsfield junto al King Center. Una de las vitrinas contiene las gafas sin graduar que llevaba Martin Luther King para sentirse más distinguido.

En otro capítulo comentaré la potente ciencia detrás de lo que yo denomino Tótem o Artefacto, para Activar tu Alter Ego.

La historia de Joni me inspiró y fui corriendo a la óptica y me compré unas gafas sin graduación. El dependiente, desconcertado, me preguntó: «¿Está seguro de que quiere comprar unas gafas sin graduación?»

«Sí, por favor.»

«Pero si tiene la vista perfecta. ¿Por qué quiere unas gafas?»

«Porque soy raro, ¿vale? ¿Me da las gafas, por favor?»

Eso fue mucho antes de que las gafas se convirtieran en un complemento de moda como son hoy en día.

Empecé a llevarlas cuando trataba con clientes potenciales. Igual que utilizaba mi personaje en el terreno de juego. Ahora, me transformo en Richard. (En realidad, Richard es mi primer nombre, pero siempre me han llamado Todd y todavía me llaman así.) Me pongo las gafas *solamente* cuando necesito ser Richard y me las quito en cuanto acaba el trabajo.

LA APARICIÓN DE UN PATRÓN

Pasé años trabajando con atletas antes de darme cuenta de que lo que yo había utilizado para que me diera ventaja y para aumentar mi rendimiento era algo que también utilizaban otros deportistas. Estaba hablando con una de mis clientas de coaching, una nadadora que quería asegurarse un puesto en el equipo olímpico de natación, cuando mencionó que ella se convertía en otra versión de sí misma en cuanto se tiraba a la piscina.

Había algo en su comentario que me hizo parar y pensar «Eso es interesante». Aquello desbancaba a otros comentarios sorprendentemente parecidos que me habían hecho otros atletas con los años. Hasta aquel momento, no me había dado cuenta o no les había prestado atención. Yo mantenía notas detalladas sobre todos mis clientes, así que después de que ella mencionara esa «versión distinta» de ella misma, revisé libretas viejas y archivos informáticos para encontrar frases parecidas.

Para mi sorpresa, no encontré solo uno o dos deportistas que dijeran cosas similares, sino muchos.

Ellos no lo llamaban Alter Ego, Identidad Secreta ni cualquier otro nombre. Algunos lo denominaban «una versión distinta de mí mismo», como la aspirante a nadadora olímpica. Otros decían que fingían ser alguien de un cómic o de una película, como Lobezno. Muchos atletas decían que se imaginaban que eran personajes de cómics o superhéroes, o héroes deportivos.

Después de ser consciente de que existía un patrón, siempre que un cliente mencionaba que se convertía en una versión distinta de sí mismo, le preguntaba qué tipo de atrezo utilizaba. Me imaginé que, como yo usaba cromos y gafas, otras personas quizá recurrían a cosas parecidas para sacar a su otra versión. Tenía razón con aquel presentimiento. Muchos atletas utilizaban algún objeto.

Pero no me bastaba con saber que existía un patrón. Quería poder utilizar aquel descubrimiento para ayudar a otros deportistas.

UNA MANERA NUEVA

Los deportistas suelen tener problemas porque se preocupan, sienten que se les juzga y son objeto de críticas. Su crítico interior es la razón de que muchos jugadores no anoten la canasta que hubiera empatado un partido de baloncesto. O que el bateador falle en su turno al bate en un partido de béisbol con corredores en segunda y tercera y el marcador empatado. O que un golfista desaproveche un golpe para ponerse en cabeza. Hay algo que se interpone en su camino.

Existen varias herramientas que se pueden utilizar en el «partido interior» para ayudar a alguien a lograr un rendimiento acorde con sus habilidades. Estas son algunas de las estrategias a largo plazo:

- Meditación.
- Mejores instrucciones.
- Relajación y control de la respiración.
- Imágenes y visualización.
- Desarrollo de habilidades.
- Desarrollo de rutinas.
- Establecimiento de objetivos.
- En algunos casos, incluso terapia.

Utilicé estas estrategias en mi trabajo con clientes, pero hay que señalar que, cuando me llamaban un jueves para ayudar a alguien que tenía una competición importante un sábado, me hacía falta algo más que estrategias a largo plazo. Tenía que ayudar a alguien *ya*.

Alguna de las estrategias que ya he mencionado se podían utilizar aunque se dispusiera de poco tiempo, pero descubrí que solamente había una que diera resultados constantes una y otra vez. Por eso se ha convertido en una estrategia crucial y por eso se me conoce como «el hombre del Alter Ego» entre los deportistas profesionales.

Ahora que llevo veinte años de carrera profesional, he empleado esta estrategia más allá del mundo del deporte y del entretenimiento. He visto a personas utilizar el Efecto Alter Ego para lograr financiación para sus *start-ups*, para ser mejores padres, para lanzar negocios *online*, para escribir libros y para intentar lograr objetivos que habían dejado de lado durante años.

He comentado varias veces el Efecto Alter Ego. Ahora, permíteme que te enseñe cómo funciona y por qué es tan efectivo.

3

EL PODER DEL EFECTO ALTER EGO

Ian es listo, trabaja como profesional de marketing y ha fundado un comercio electrónico multimillonario. En su vida anterior, era un gran tenista. «No era alguien que simplemente ganaba algunos partidos en el instituto; en la universidad gané un campeonato nacional», me dijo.

Es un competidor feroz que desde los tres años tenía una raqueta en la mano. Contaba con la capacidad física de pasar al siguiente nivel.

Lamentablemente, solamente llegó hasta ahí. «Pregunta a cualquiera que jugara a tenis conmigo y te dirá lo mismo: yo era el típico caso de potencial desperdiciado. Tenía la habilidad física, pero no podía tomar el control desde el punto de vista mental ni emocional. En la pista era un psicópata, cuando perdía me ponía a romper raquetas y a dar puñetazos en la pared.»

¿Qué hacía que Ian se volviera loco de ira, rabia y frustración? Me refiero a que, a fin de cuentas, solamente era un partido de tenis, ¿verdad? Salvo que, para Ian, no era *solamente* un partido de tenis, y no perdía *solamente* un partido de fin de semana.

«En mi cabeza, no perdía un partido de tenis, sino que fracasaba como ser humano, porque ser tenista era mi identidad.»

Vale, apretemos el botón de pausa y volvamos a reproducir la última frase: «fracasaba como ser humano porque ser tenista era mi identidad».

¿Te sientes identificado con este caso? Si eres ambicioso, es probable. La frase profética de Ian es un aspecto clave del Efecto Alter Ego y el modelo que te quiero mostrar. Estas son las razones que han hecho que miles de personas se hayan sentido identificadas con dicho modelo y hayan logrado hacer cambios decisivos:

1. Tiene lógica y ya sabes utilizarlo.
2. Te permite ver la persona multidimensional que eres, con los distintos papeles que representas, para decidir quién aparece en cada sitio, para que no lleves a un Clark Kent cuando lo que necesitas es un Superman.
3. Llega al meollo de la cuestión de por qué hay personas capaces que obtienen un mal resultado. No se dan cuenta, pero se debe a que no han decidido «quién» va a aparecer en su Campo de Juego y en los Momentos de Impacto.

¿A qué me refiero con «quién va a aparecer»? Deja que te lo explique.

¿CÓMO TE CONVIERTES EN TI?

Antes de mostrarte las etapas para construir tu propio Alter Ego o Identidad Secreta, quiero contarte por qué es tan potente y por qué es muy fácil pasar a una versión de ti mismo que no está hecha para triunfar. En las próximas páginas crearemos un modelo para explicar cómo nos convertimos en lo que somos. A lo largo del resto del libro, lo usaremos para enfrentarnos a la vida con más confianza, valentía y convicción.

Para empezar, debes comprender que tienes un Núcleo del Yo.

El Núcleo del Yo es el lugar en el que existe la posibilidad. Es un núcleo profundo interior en el que reside la fuerza creativa que espera ser activada por el poder de la intención. Como los seres humanos tenemos esta increíble capacidad de imaginar, crear y decidir, nos da la oportunidad de cambiar algo en un instante. El Núcleo del Yo es el lugar en el que están tus deseos, aspiraciones y sueños profundos. Si alguna vez has evitado admitir lo que quieres de verdad, probablemente sea tu Núcleo del Yo el que estaba hablando. Son esos codazos internos para que actúes y avances hacia algo que te emociona o que hace que «te ilumines».

También es la fuente de «motivación intrínseca». Si alguna vez has tenido que intentar responder a una pregunta sobre «por qué haces algo» o «por qué te importa» y no sabes qué decir, probablemente te ha movido un motivador intrínseco. Son los intangibles. Algo que no puedes tocar ni enseñar a otra persona. Los seres humanos tenemos una colección de motivadores intrínsecos que, cuando se aprovechan, dan un nivel de acción más significativo.

Por ejemplo:

- Crecimiento, el deseo de mejorar y hacer progresos constantemente.
- Curiosidad, el deseo de descubrir cosas nuevas.
- Dominio, el deseo de aprender y ser excelente en algo.
- Aventura, el deseo de enfrentarse a retos y explorar el mundo y a nosotros mismos.
- Disfrute, el deseo de sentirse satisfecho con nuestros esfuerzos y perder la noción del tiempo.
- Autodominio, el deseo de sentirse autónomo y dirigir nuestra propia vida.
- Amor, el deseo de querer profundamente a alguien o algo.

Estos motivadores intrínsecos son compartidos por todo el mundo de alguna forma. Forman parte de la condición humana. Y son extremadamente importantes para vivir una vida que tenga sentido.

El problema surge cuando empezamos a confundir las otras capas que influyen en nuestro pensamiento, nuestras emociones y nuestros comportamientos con quienes somos realmente. Si alguna vez has intentado descubrir el misterio de cómo llegas a ser quien eres, puede parecer que estés atrapado en una telaraña. Cuanto más intentas salir, más te lías y menos te puedes mover. No puedes explicar por qué sentías inseguridad al enfrentarte a una decisión importante. No entiendes por qué cierras la boca y te pones nervioso o cuestionas ideas cuando estás en una sala con ciertas personas.

No sabes por qué no paras de hablar durante una llamada de ventas en la que, al final, el cliente potencial decide no comprar. Ni por qué sigues soñando con montar una empresa pero nunca lo haces.

Es crucial comprender que, en nuestro núcleo, somos una fuerza de posibilidad creativa, sea cual sea para ti. Quizá te hayas preguntado cómo llegaste a ser como eres, o te dijiste a ti mismo: «... es que yo soy así. Simplemente, es mi forma de ser».

Quizá no.

La persona que somos, concretamente, la que llevamos a nuestros distintos Campos de Juego y nuestra forma de actuar, está fuertemente influenciada por factores externos e internos.

Divido estos grupos de influencia en cuatro capas que rodean a tu Núcleo del Yo. (Si quieres ver un mapa completo del Modelo de Campo de Juego, visita AlterEgoEffect.com/resources.) [Figura 3.1]

CAPA 1: TUS IMPULSORES CENTRALES (LO QUE TE MOTIVA A UNA ESCALA MÁS GRANDE QUE TÚ)

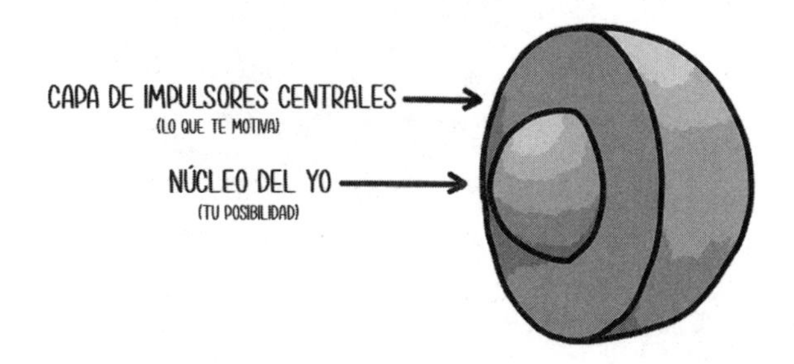

Aquí es donde encontrarás lo que te importa de verdad, las cosas con las que te identificas y con las que te relacionas profundamente. Estos elementos te dan una razón de ser y a menudo son cosas que creemos que nos definen. Tu propósito profundo podría estar relacionado con Familia, Comunidad, País, Religión, Raza, Género, Grupo Identificable, Idea o Causa. De todas formas, como verás, estos Impulsores Centrales y cualquiera de las capas también pueden afectarte negativamente.

CAPA 2: CAPA DE CREENCIAS (CÓMO TE DEFINES A TI MISMO Y AL MUNDO QUE TE RODEA)

Aquí encontrarás tus actitudes, creencias, valores, percepciones, experiencias y expectativas respecto a cómo te ves a ti mismo y cómo percibes el mundo que te rodea. [Figura 3.2]

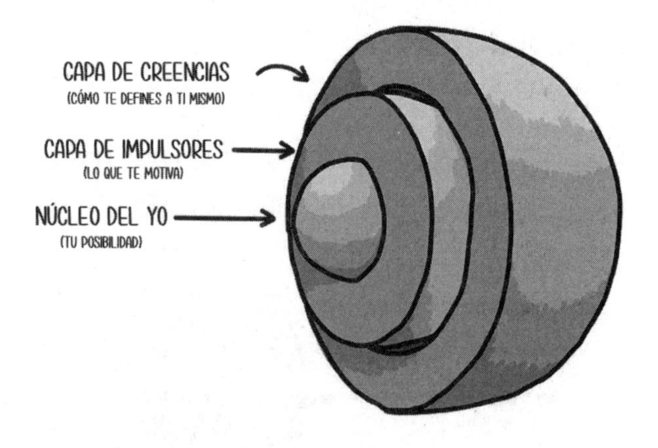

CAPA 3: CAPA DE ACCIONES (CÓMO TE MUESTRAS)

Esta capa representa las habilidades, las competencias y el conocimiento que hemos desarrollado con el tiempo, así como los comportamientos, las acciones y las reacciones que tenemos en el Campo de Juego y durante nuestros Momentos de Impacto. [Figura 3.3]

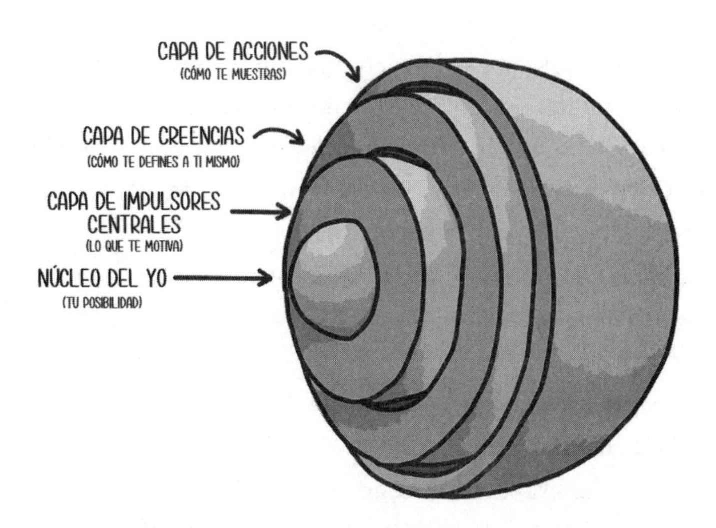

CAPA 4: CAMPO DE JUEGO (LO QUE SUCEDE)

Esta área hace referencia al contexto. Nos influye el entorno físico en el que estamos, las circunstancias, las limitaciones, las personas, los lugares y las cosas con las que interactuamos y sus expectativas. [Figura 3.4]

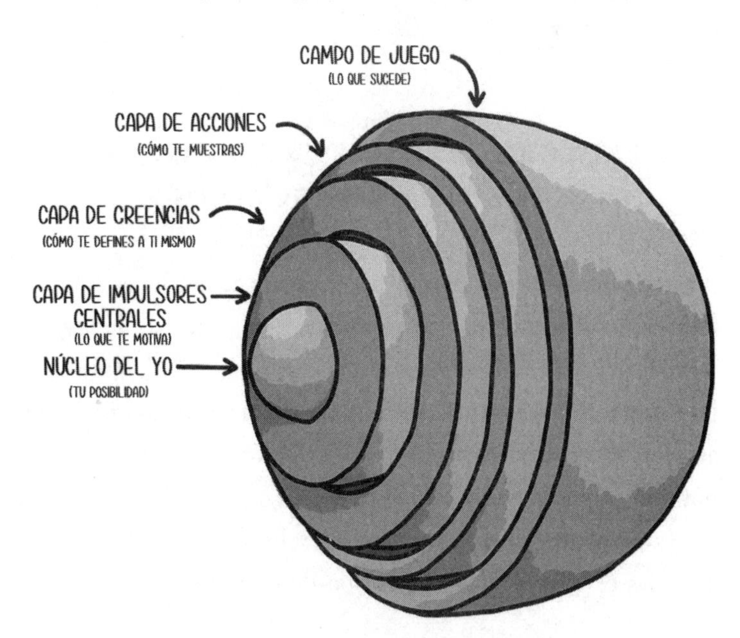

Todas estas capas influyen y determinan cómo piensas, cómo te sientes y cómo te ves en relación con las distintas áreas de tu vida o de lo que denominamos Campos de Juego. Cada una de estas capas se construye con el paso del tiempo. A menudo no somos conscientes de algún comportamiento y ello se debe a que las influencias están fuera de nuestra percepción. Vamos a examinar estas capas con más atención y a ver cómo utilizarlas para cambiar nuestros resultados con la ayuda de un Alter Ego.

Imaginemos que tú te consideras una persona buena y amable. Son grandes cualidades. Sin embargo, en el Campo de Juego del trabajo, la gente se aprovecha de esa amabilidad dándote demasiado trabajo o negociando condiciones injustas. Te voy a pedir que decidas quién debe aparecer en ese campo. No se trata de rechazar quién eres, sino de mirar de verdad las características que te ayudarán a tener éxito y a dar vida a esa parte de ti con la ayuda de un Alter Ego.

DEL CORO DE LA IGLESIA A ESTADIOS CON ENTRADAS AGOTADAS

A los habitantes del barrio Black Bottom del East Side de Detroit les encantaba el último día de la semana. Se levantaban, se ponían el traje de los domingos y se dirigían a la Iglesia Metodista Unida de San Juan para «oír cantar a un ángel». El coro siempre tenía grandes cantantes, pero había una que destacaba.

Jada procedía de una familia religiosa a la que le encantaba el góspel. Su casa estaba llena de música y su hermana y ella cantaban a pleno pulmón cualquier canción que les pidieras. Los habitantes de East Detroit disfrutaban de su música los domingos. Su padre reconoció su voz única y empezó a llevar a Jada y a su mejor amiga, Alicia, por el área de Detroit a concursos de talentos. Con el tiempo, su banda de dos pasó a ser de seis integrantes y formaron un grupo de música femenino que empezó a ganar concursos bailando y cantando rap.

A medida que pasaban los años, aquella chica de una familia religiosa que cantaba góspel empezó a llamar la atención a nivel nacional, pero surgió un problema. Jada vio que le resultaba difícil interpretar las letras y los movimientos de baile más «sugerentes» en el escenario. Por un lado, le encantaba la expresión creativa y la libertad que sentía allí arriba. Por otro, su ambición le creaba un conflicto interior.

¿Cuál fue su solución? Recurrir a un Alter Ego: «Hailey Storm». A diferencia de Jada, su «yo verdadero», a Hailey le encantaba provocar. No le daba miedo agitarse, contonearse y brillar en el escenario delante de miles de espectadores. La joven que cantaba góspel y creció deslumbrando a los feligreses de la iglesia se había convertido en una superestrella internacional.

Salvo que, en realidad, no era de Detroit, no se llama Jada y su Alter Ego no era Hailey Storm. Por si no lo habías adivinado ya, esta superestrella es Beyoncé Knowles, de Houston (Texas) y su Alter Ego que la ayudó a lograr la fama es Sasha Fierce (Fiera). De todas formas, la Iglesia Metodista Unida de San Juan sí que fue el sitio en el que cautivaba a los feligreses todos los domingos.

En numerosas entrevistas, Beyoncé ha mencionado cómo y por qué utilizó su Alter Ego:

> «Cuando veo un vídeo de mí misma sobre el escenario o en la televisión, me pregunto quién es esa chica[7]».
>
> «He creado un Alter Ego: las cosas que hago cuando estoy actuando son cosas que nunca haría normalmente. Revelo cosas de mí misma que no mostraría en una entrevista[8]».
>
> «Tengo experiencias extracorporales [en el escenario]. Si me corto en una pierna, o si me caigo, ni siquiera me doy cuenta. Soy tan valiente, ni siquiera soy consciente de mi cara o mi cuerpo[9]».
>
> «Hay alguien que se apodera de mí cuando tengo que trabajar y cuando salgo al escenario, este Alter Ego que he creado es como si me protegiera a mí y a la persona que soy en realidad[10]».

Más adelante, como todo el mundo sabe, después de su álbum de 2008, *I Am... Sasha Fierce*, retiró a su Alter Ego. Ya no lo necesitaba. Había acabado la transformación o la experimentación con la que le ayudaba «Sasha».

Quizá te resulte difícil mirar tu vida y considerar que eres un «intérprete». Puede ser que no «interpretes algo» en el contexto de Beyoncé, Ellen DeGeneres o David Bowie,

---

7. Entrevista a Beyoncé, septiembre de 2003.

8. Beyoncé, entrevista en *Marie Claire*, octubre de 2008.

9. *Ibidem.*

10. Beyoncé, comunicado de prensa, 2008.

con miles de personas esperando un «espectáculo», pero si piensas en que un «espectáculo» es simplemente la culminación de unas expectativas, verás el paralelismo enseguida. Todos tenemos expectativas que debemos satisfacer: «un espectáculo». Tenemos que ocuparnos de nuestras responsabilidades: «un espectáculo». Muchos tenemos ambiciones enterradas en nuestro interior que son difíciles, suponen un desafío y exigen algo que no estamos seguros de poder lograr, ¿por qué no usar un Alter Ego?

Tienes escenarios en los que ya actúas y escenarios en los que te gustaría actuar. Mi pregunta es la siguiente: ¿te gustaría mostrarte ahí como la versión heroica de ti mismo?

He pasado más de quince mil horas trabajando de forma individual con personas de rendimiento elevado, como deportistas olímpicos y directores generales, y hasta con niños de diez años. El Efecto Alter Ego es y ha sido el arma que he elegido para intentar ayudar a personas buenas a hacer cosas difíciles. También es una forma muy natural de que los seres humanos se enfrenten a la adversidad con más calma, serenidad y confianza, y los investigadores de la Universidad de Minnesota mostraron su efectividad.

CÓMO ACTIVAR TU YO HEROICO

Si ya has empezado a jugar con este concepto en tu mente, quizás hayas pensado: «Mmm, estaría genial mostrarme con una identidad secreta. Si algo no funciona, no tengo que ser duro conmigo mismo y mi identidad secreta puede asumir la culpa. Puedo dejar esa identidad en el terreno de juego, como Beyoncé, y salvar a mi "Yo" de las preocupaciones y las críticas que normalmente me lanzo a mí mismo». (Me estoy tomando libertades con tu discurso interior, pero sígueme la corriente, ¿de acuerdo?)

Bueno, la idea de utilizar Alter Egos para crear distancia entre cómo te ves a ti mismo hoy en día y cómo te gustaría mostrarte no es solamente inteligente, sino que la respalda la investigación. Muchos de mis clientes al principio me decían que sus Alter Egos los protegían y, más adelante, se daban cuenta de que su Alter Ego en realidad era lo que siempre habían sido y quienes siempre habían querido ser.

Esta idea de espacio y distancia entre nuestras identidades es algo que los investigadores están empezando a validar. Un estudio reciente de la Universidad de Minnesota con niños de cuatro y seis años descubrió que, para enseñar perseverancia a los niños, los padres debían enseñarles a fingir que eran como Batman o cualquier otro personaje que les gustara, porque crea distancia psicológica[11], precisamente lo que comentaba con clientes como Ian y lo que he observado que ocurre cuando una persona crea un Alter Ego.

En el estudio, se dividía a los niños en tres grupos. Los investigadores pusieron un juguete dentro de una caja de cristal cerrada y dieron a los niños un juego de llaves. ¿Cuál era la trampa? Que ninguna llave funcionaba. Los

---

11. Stephanie M. Carlson: «The Batman Effect: What My Research Shows About Pretend Play and Executive Functioning», Understood, 30 de mayo de 2016, https://www.understood.org/en/community-events/blogs/expert-corner/2016/05/30/the-batman-effect-what-my-research-shows-about-pretend-play-and-executive-functioning.

investigadores querían ver cómo mejorar las habilidades de funcionamiento ejecutivo y les interesaba ver cuánto tiempo intentarían abrir la caja y qué intentarían hacer. Para ayudar a los niños, los investigadores les dieron lo que denominaron *estrategias*. Una estrategia era fingir que eran Batman. ¡Los niños incluso podían llevar capa! También podían elegir a Dora la Exploradora[12].

Los investigadores descubrieron que los niños que trabajaban más tiempo eran los que fingían ser Batman o Dora, después iban los niños que simplemente fingían y, por último, los que optaban por la perspectiva de trabajar en primera persona[13]. Los niños que se hacían pasar por Batman o Dora eran más flexibles a la hora de pensar, intentaban abrir la caja con más llaves y estaban más tranquilos. Incluso un niño de cuatro años dijo: «Batman nunca se frustra»[14].

Este estudio nos muestra el poder de la identidad (el poder de cómo nos vemos a nosotros mismos) y lo que ocurre cuando, por un momento, podemos sacar a relucir a un yo distinto.

Superman creó a Clark Kent para que la sociedad lo aceptara, para poder ir por la calle sin que lo reconocieran, y nunca creyó estar por encima de los demás. Yo creé a «Richard» para poderme distanciar de mis inseguridades, lanzar mi empresa y prestar un servicio mejor a las perso-

12. *Ibidem.*

13. Rachel E. White, Emily O. Prager, Catherine Schaefer, Ethan Kross, Angela L. Duckworth y Stephanie M. Carlson: «The "Batman Effect": Improving Perseverance in Young Children», *Child Development*, 16 de diciembre de 2016, https://onlinelibrary.wiley.com/doi/full/10.1111/cdev.12695.

14. *Ibidem.*

nas que yo quería. Beyoncé creó a «Sasha Fierce» para explorar su lado creativo y experimentar con su medio de expresión artística.

Espero que de esta forma se puedan ir descubriendo las distintas capas que explican cómo un Alter Ego se convierte en un agente de cambio tan efectivo. Cuando pasas a actuar de una forma más deliberada respecto a qué características aparecerán en un Campo de Juego importante para ti, Activarás una energía creativa que impulsará un nivel de rendimiento nuevo.

Si Ian hubiera reconocido que solamente *un* Campo de Juego no lo define como persona, podría haber evitado los arrebatos emocionales, la frustración y las granadas mentales que le estallaban en la cabeza.

EL MUNDO ORDINARIO Y EL EXTRAORDINARIO

Voy a reforzar este punto a lo largo del libro, porque no quiero que tengas un sabor meloso en la boca después de leer esta página. No eres un ser humano horrible si alguna área de tu vida es «normal». No vas a dejar este libro y te vas a convertir en Batman, la Viuda Negra ni la Pantera Negra en TODAS LAS ÁREAS DE TU VIDA.

La verdad es que me merecería una patada en el trasero si yo escribiera un libro que dijera eso.

Hay que considerar que esta idea es una brújula que te guiará a *un* escenario. Encuentra un Campo de Juego y estudia cómo crear algo extraordinario allí. Eso hará que este proceso sea mucho más sencillo, mucho más accesible y muchísimo más fácil de implantar.

En este apartado, simplemente te quiero dar el panorama de lo que sucede en lo que se denomina Mundo Ordinario y Mundo Extraordinario dentro del Modelo de Campo de Juego, y prepárate para el camino que queda por recorrer. [Figura 3.5]

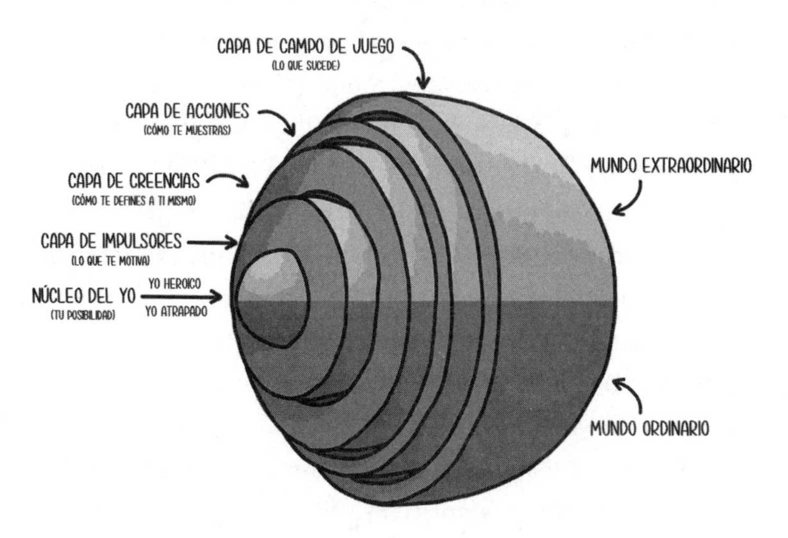

Los términos *ordinario y extraordinario*, esencialmente, son metáforas que utilizamos para orientarte en la experiencia que tendrás cuando cambies de mentalidad. Además, los efectos a corto y largo plazo de tu «orientación» afectarán a tu nivel de confianza para enfrentarte a los retos que tienes por delante. También existen estudios que corroboran los efectos positivos de este cambio de mentalidad.

Los investigadores han descubierto que la «activación autorrepresiva» y la «activación autoexpansiva» son clave para conseguir más confianza y valor[15, 16]. En la investigación y el trabajo que hemos realizado, la denominamos Mentalidad ¡Ow! y Mentalidad ¡Wow! Suprimir la Mentalidad ¡Ow! significa que tus intenciones y tus acciones están motivadas por emociones negativas; intentas impedir que pasen cosas malas. Se puede tratar de pensamientos, sentimientos o experiencias; «suprimes» para evitar el dolor percibido, la Mentalidad ¡Ow!

Si llevas a cabo una acción para evitar un reto, estás realizando una supresión. Cuando te orientas, como una brújula, hacia la motivación negativa y haces algo para evitar un dolor o evitar algo por completo, eso hace que sea más difícil verte como la persona que puede resolver sus propios problemas. Este ciclo represivo de evitar quién eres y quién quieres ser crea un Yo Atrapado.

En cambio, la «Activación autoexpansiva» y lo que denominamos Mentalidad ¡Wow! aparece cuando tus intenciones están motivadas por una mentalidad positiva o de crecimiento. Intentas activar o ganar algo más en la vida, ya sea pensamientos positivos, de emociones o de experiencias. El hecho de orientarte hacia una emoción positiva y de motivarte para crear algo positivo en tu vida, a largo plazo, de forma habitual y como una rutina, aumenta tu

---

15. Frode Stenseng, Jostein Rise y Pål Kraft: «Activity Engagement as Escape from Self: The Role of Self-Suppression and Self-Expansion», *Leisure Sciences* 34, número 1 (2012): pp. 19-38.

16. Frode Stenseng, Jostein Rise y Pål Kraft: «The Dark Side of Leisure: Obsessive Passion and Its Covariates and Outcomes», *Leisure Studies* 30, número 1 (2011): pp. 49-62; y Frode Stenseng: «The Two Faces of Leisure Activity Engagement: Harmonious and Obsessive Passion in Relation to Intrapersonal Conflict and Life Domain Outcomes», *Leisure Sciences* 30, número 5 (2008): pp. 465-481.

autoeficacia. Construye tu confianza, tu valentía y tu sensación de control sobre tu capacidad de enfrentarte a los retos de la vida; crea un Yo Heroico.

Tener claras tus intenciones, identificar las ventajas que obtienes de una actividad y determinar lo que quieres lograr en un Campo de Juego es lo que te ayudará a liberar tu Yo Heroico.

Pero, claro, del dicho al hecho hay un trecho, ¿verdad?

Por eso utilizamos los Alter Egos y las Identidades Secretas; nos ayudan a hacer una suspensión de la incredulidad y aprovechar el poder de alinearte con las fuerzas, las habilidades y los superpoderes de alguien o algo.

Así, para ayudarte a ver cómo lo anterior se lleva a cabo en el Efecto Alter Ego, hemos creado dos mundos. Vivimos en un mundo de opuestos, arriba / abajo, caliente / frío, fuera / dentro, claro / oscuro y así sucesivamente. La separación delimita los mundos que podemos elegir para vivir, el Ordinario y el Extraordinario. Cada uno crea dos experiencias totalmente distintas. Ninguna está desprovista de retos, pero ambas crean una visión útil de lo que sucede cuando optamos por suprimir o expandir nuestro Núcleo del Yo.

Vamos a ampliar más esto último en los capítulos siguientes a medida que construimos tu Alter Ego, pero puedes ver que la separación de estos dos mundos ha creado otra zona en el centro del Núcleo del Yo.

En el Mundo Ordinario puedes encontrar un Yo Atrapado, y en el Mundo Extraordinario, un Yo Heroico. Ambos representan la experiencia típica que siente una persona en función de cómo aborda y experimenta un Campo de Juego.

Por esta razón, lo denominamos Efecto Alter Ego. Crea un resultado o consecuencia completamente nuevo.

Si te imaginas que estás en el centro del Modelo de Campo de Juego y te vuelves para enfrentarte al Mundo Ordinario, los pensamientos, las emociones y las experiencias comunes que tienes a medida que pasas por esas capas «suprimen» tu Núcleo del Yo y acabas sintiéndote Atrapado.

¿Cómo?

Como en cualquier historia que se precie, si hay un héroe, también tiene que haber un Enemigo acechando en la penumbra. Y como has fijado tu orientación en «negativa o dolor», el Enemigo se alimenta de dicha orientación y te llena de dudas, preocupación, autocrítica, evitación y miedo. Todo esto puede hacer que no aparezcas en un Campo de Juego concreto como lo que eres capaz de hacer y, en algunos casos, incluso puede provocar que no aparezcas siquiera. Básicamente, evitas a toda costa el campo o evitas dejar que brillen todas tus capacidades. La razón es que te han golpeado las potentes Fuerzas Ocultas que despliega el Enemigo para mantenerte atrapado.

El Enemigo utiliza todas las capas para retarte. Te dice cosas como estas:

- Capa de Impulsores Centrales:
  - «Eso no es lo tuyo; al fin y al cabo, nadie de tu familia ha hecho eso antes.»

- Capa de Creencias:
  - «No crees en ti mismo porque si te fijaras en tu pasado, verías que has abandonado muchas cosas.»

- Capa de Acciones:
  - «No tienes las habilidades ni el conocimiento, así que probablemente deberías esperar hasta haber investigado más, haber trabajado más, y al final te saldrá perfecto.»

- Capa de Campo de Juego:
  - «No quieres hacer el ridículo. ¿Estás seguro de que quieres correr un riesgo tan grande? ¡No me gustaría nada que todo el mundo viera lo que pasa si fracasas!»

La experiencia habitual en el Mundo Ordinario es este sentido de que no eres tú quien dirige el espectáculo. Es como si tu «verdadero yo» estuviera atrapado por alguna historia, creencia o circunstancia negativa y no puedes encontrar una forma de superarla. Pero el Enemigo es un pequeño sinvergüenza y siempre espera el momento en el que haya un poco de temor, motivación negativa y falta de intención clara sobre quién va a aparecer en un Campo de Juego.

El Mundo Ordinario se puede resumir en dos palabras: *destructivo* y *sin inspiración*. Es destructivo para nuestro Núcleo del Yo y no sirve de inspiración para nuestros resultados. Por eso es importante que te des cuenta de que este Yo Atrapado, que la mayoría de las personas creen que es quienes son, no eres tú. El Núcleo del Yo tiene recursos disponibles para activar un lado distinto de ti, el Yo Heroico, con la ayuda de un Alter Ego.

Entonces, ¿en el Mundo Extraordinario brilla siempre el sol?

Si vuelves al centro del Modelo de Campo de Juego y te enfrentas al Mundo Extraordinario, los pensamientos, las emociones y las experiencias comunes que tienes a medida que pasas por cada una de estas capas «amplían» tu Núcleo del Yo y, al final, te sientes Heroico.

¿Cómo?

En el Mundo Extraordinario, tu «orientación» ha sido fijada a «positiva». Al Enemigo le cuesta más detenerte con sus flechas de duda, tentación, rabia, ego y miedo porque construyes un Alter Ego utilizando todas las capas para llevar un conjunto potente de características o Superpoderes a un Campo de Juego concreto. Activas esta fuerza creativa a partir de tu Núcleo del Yo para aparecer como quieres. Y dices cosas como las siguientes:

- Capa de Impulsores Centrales:
  - «Hago esto por mi familia.» «Hago esto por una causa mayor.» «Hago esto para demostrar a los demás miembros de mi tribu que se puede hacer». «Hago esto para honrar a las personas que me precedieron».

- Capa de Creencias:
  - «Soy una fuerza de cambio potente». «Me encanta este reto». «Tengo muchas ganas de ver lo que sucede».

- Capa de Acciones:
  - «Puede que no lo sepa todo, pero lo haré lo mejor posible». «Tengo este poder increíble de concentrarme en lo que es importante». «Estoy extrema-

damente tranquilo en situaciones de mucha presión».

- Capa de Campo de Juego:
  - «El fracaso es una piedra que convierto en un paso de piedras». «Tengo muchos aliados dispuestos a ayudarme».

El Mundo Extraordinario es extraordinario porque nos encaramos a la vida de frente, la desafiamos y no dejamos que las distracciones nos hagan ir más despacio. Además, nos permite creer en algo inverosímil sobre nuestras habilidades, porque llevamos a un Alter Ego al Campo de Juego. Y este Alter Ego, igual que el de Beyoncé, Sasha Fierce, protege a tu Núcleo del Yo de las herramientas que utiliza el Enemigo para detenerte. Además, resulta que hay estudios que respaldan el poder de llevar intencionadamente Superpoderes predefinidos a tu mundo.

Martin Seligman y Christopher Petersen son dos de los investigadores de la felicidad y el bienestar más ampliamente citados[17]. Durante diez años estudiaron casi cien culturas de todo el mundo. El equipo hizo test a 150.000 personas para determinar lo que hacían las personas que se enfrentaban a la adversidad y a los retos de la vida. Descubrieron que las personas que identificaban sus Superpoderes o características centrales y se concentraban de for-

---

17. Ryan M. Niemiec: «VIA Character Strengths: Research and Practice (The First 10 Years)», en Hans Henrik Knoop y Antonella Delle Fave, eds., *Well-Being and Cultures* (Springer Netherlands, 2013).

ma deliberada en Activar aquellos Superpoderes eran más resilientes y se sentían más realizadas.

A lo largo del libro veremos con más detalle cómo liberar esos Superpoderes que tu Alter Ego Activará.

EL JUEGO DE LA IMAGINACIÓN

Tú y yo tenemos esta capacidad increíble de crear mundos mentales con nuestra imaginación. Por desgracia, la mayoría de las personas utilizan la imaginación para representar guiones que parecen películas de miedo. Esto provoca que se retracten y se alejen de sus objetivos. Pero si les pidiera que se imaginaran apareciendo en el mismo escenario como Wonder Woman, la Madre Teresa o la princesa Leia, se imaginarían un resultado muy distinto. (En el caso de los hombres, podéis imaginar que sois Superman, Nelson Mandela o Yoda. Pero si preferís ser Wonder Woman, no os voy a juzgar.)

Juguemos un juego rápido de imaginación.

Situación:

Tienes que dar un discurso ante mil de tus compañeros en un auditorio enorme.

¿Cómo lo harías *tú*?

¿Estarías nervioso? ¿Cómo sería tu lenguaje corporal? ¿Cómo hablarías a los demás?

Ahora, imagínate que entras en el escenario como Wonder Woman o Superman. ¿Cómo actuarías, cómo te moverías, cómo hablarías?

¿Y si fueras la Madre Teresa o Nelson Mandela?

¿O la princesa Leia o Yoda?

Este es uno de los puntos más importantes del libro, presta mucha atención.

Desde el punto de vista de un observador, ¿quién es tu «verdadero yo»?

Ten cuidado con tu respuesta, porque esta es la paradoja que confunde a la mayoría de las personas en su vida. También es como muchas personas del mundo de la autoayuda *amateur* han llevado por mal camino a la gente durante décadas.

Para ayudarte a responder, piensa lo siguiente:

En la vida nos juzgan por lo que hacemos, *no* por lo que pensamos o tenemos la intención de hacer.

Una cosa es que yo piense en llamar a mi madre y decirle exactamente por qué la quiero, y otra muy distinta es que yo *de verdad* coja el teléfono y la llame y se lo diga. Crea un mundo totalmente distinto. Uno es Ordinario y el otro, Extraordinario.

Si te presentas a dar un discurso y estás increíblemente nervioso, pero todo el público *experimenta* que tienes confianza en ti mismo, te expresas bien y eres divertido, ¿les importa realmente si has aparecido como un «Alter Ego» para darles a ellos esa experiencia y a ti mismo la recompensa?

No.

A fin de cuentas, lo que me importa es cómo actúan las personas.

Cuando fundé mi empresa, quería ser un profesional seguro de sí mismo, resuelto y elocuente, que pudiera ayudar a los atletas a lograr mejores resultados en sus Campos de Juego mejorando su fortaleza mental. ¿Cuál era el problema? Que esa persona no aparecía. Estaba atrapado por una de las Fuerzas Ocultas que tanto gustan al Enemigo para acabar con nuestra acción: me preocupaba lo que los demás pensaran de mí. No me iban a respetar ni me iban a escuchar porque parecía muy joven. Aquellas dudas, preocupaciones y temores que no paraban dentro de mi cabeza se interponían en mi camino. Sin embargo, cuando me ponía las gafas, mi Alter Ego daba un paso al frente, activaba rasgos, habilidades y creencias específicos que yo quería para poder actuar. Siempre habían estado ahí, pero cuando entraba «Richard» era cuando afloraban.

Esto no significa ser un farsante. Fingir que uno entiende de física de partículas cuando no se tiene ni idea es ser falso. Pero utilizar un Alter Ego para entretener a un grupo de estudiantes de física cuando antes eras un profesor de física aburrido significa que has sacado las herramientas adecuadas para llevar a cabo ese trabajo.

Una de mis partes preferidas del *feedback* que consigo de los clientes, y de la gente en general, es lo sorprendidos que se quedan por la profundidad y la amplitud de sus capacidades. Es el típico caso de «es difícil leer la etiqueta cuando estás dentro de la botella».

Michael Shurtleff, director de reparto de Broadway y Hollywood durante las décadas de 1960 y 1970, declaró que actuar, al contrario de lo que mucha gente pensaba, radicaba en aprovechar lo que ya existía dentro: «En general, una persona se dedica a la interpretación para escapar de sí misma, de su yo rutinario, para convertirse en otra persona que es glamurosa, romántica, fuera de lo normal, distinta. ¿Y qué acaba siendo actuar? Utilizar su propio yo. Trabajar desde lo que tienes dentro. No ser otra persona, sino ser tú en distintas situaciones y contextos. No escapar de ti mismo, sino utilizarte a ti mismo desnudo y expuesto en el escenario o en la pantalla grande»[18].

Daniel Craig no es James Bond. Pero James Bond está en algún lugar dentro de Daniel Craig.

La mayoría de mis clientes dicen que sienten que el Alter Ego es su yo más verdadero. Te dejaré que lo juzgues por ti mismo más adelante. Mi buen amigo Ian afirma: «El Alter Ego es tu yo más profundo, la versión más auténtica de ti mismo».

Esta fue también la experiencia de Joanne. Joanne, que se había formado en terapia conductual cognitiva y análisis transaccional, empezó su carrera trabajando para brókeres de yates antes de trabajar en ventas y marketing en el lado tecnológico para British Airways en Londres. Tal y como ella misma dice, es introvertida por naturaleza, pero había una parte de ella que salía en la oficina que nunca entendió del todo.

«Al principio de mi carrera profesional, tuve experiencias como quedarme bloqueada para un ascenso después de haber conseguido un acuerdo global enorme y después de lograr cuentas de millones de dólares, lo que me hizo darme cuenta de que tenía que coger las riendas de mi carrera. Tenía que salir y lograr mis metas profesionales por mí misma. No lo iba a dejar en manos de nadie.»

Joanne sabía que tenía que mostrarse de otra manera en el trabajo para tener éxito. Al trabajar en un mundo ampliamente dominado por los hombres, Joanne empezó a

18. Michael Shurtleff, *Casting. Todo lo que hay que saber para conseguir un papel,* Alba, Barcelona, 2001.

convertirse en una mujer fuerte, valiente y resuelta en las reuniones con sus iguales y con el jefe.

La primera vez que me oyó hablar del Alter Ego, Joanne sintió que todo encajaba. «Cuando te oí mencionar este tema, pensé, ¡esa es Giovanna! Tengo sangre italiana, y cuando entro en ciertos lugares de trabajo, en vez de ser la chica callada que se sienta al fondo, paso a ser otro personaje que no tiene complejos. Yo, normalmente, siempre me preocupo por lo que piensen de mí; en cambio, Giovanna, no.

»Desde el principio, Giovanna me ha protegido y me ha ayudado a ir a lugares con los que siempre he soñado.»

Cuando hablamos del concepto de protección, ella me explicó que cuando estaba en un entorno tóxico, en el que la gente «hacía y decía cosas desagradables», tener su Alter Ego le ayudaba a darse cuenta de que «eran otras personas y sus problemas, no yo. Yo podía alejarme de aquellas circunstancias y de aquellas personas. Te marchabas de algo que alguien había dicho o hecho en la sala de juntas, pensando: "Esto es horrible, pero Giovanna lo podría aguantar". Como Giovanna, me defendía a mí misma. Como Giovanna, puedo dar la impresión de ser feroz y poderosa y dar miedo en caso necesario».

El Alter Ego de Joanne le ayudaba a estar arraigada en su sentido verdadero del Núcleo del Yo, sin sucumbir a los susurros envenenados del Enemigo.

«Antes me preocupaba ser demasiado dura con la gente, pero yo no estaría aquí si no permitiera a mi Alter Ego tomar el mando y ser feroz. En el mundo de los negocios no hay lugar para ti si no eres capaz de dar un paso adelante y ser feroz cuando tienes que serlo.» Al utilizar su

Alter Ego Giovanna, Joanne pudo mostrarse como la mejor versión de sí misma para poder lograr sus objetivos de trabajo.

«En los dos últimos años, me he dado cuenta de que el Alter Ego es la persona que soy de verdad y, en última instancia, la que quiero seguir siendo.»

Igual que Ian, Beyoncé y Joanne, tu Alter Ego realmente radica en definir cómo quieres mostrarte, definiendo los Superpoderes y tomando prestadas las características de una persona, un personaje, un superhéroe, un animal o lo que sea que te ayude a Activar tu Yo Heroico.

Eres *tú* quien define quién aparece en el Campo de Juego. Las capas que conforman tu experiencia vital son fluidas y, a medida que te guío para que construyas tu Alter Ego, lograrás crear el resultado. ¿Cuál acabará siendo la versión más verdadera, más auténtica de tu Núcleo del Yo?

Con los años, los psicólogos también se han dado cuenta de las ventajas de utilizar el concepto de Alter Ego. El psicólogo Oliver James cuenta que el difunto artista David Bowie creó varios Alter Egos, como Ziggy Stardust, para lograr su ambición de lograr ser una estrella del rock y superar su infancia llena de dolor y malos tratos. Oliver James incluso afirma que David Bowie logró el éxito y se convirtió en un hombre emocionalmente sano *porque* creó a esos personajes: «La clave es el uso terapéutico que hizo de los personajes para desarrollar sus yos auténticos»[19]. (Incluso David Bowie en realidad era un personaje, ya que el nombre de pila del famoso artista era David Jones.)

19. Oliver James, *Upping Your Ziggy*, Karnac Books, Londres, 2016, XII.

La idea de tener varios personajes no se limitaba a unos pocos o a artistas de élite como Bowie. Tal y como explica James: «Al trabajar como terapeuta, no he conocido a un solo cliente que no tenga varios o numerosos yos»[20]. James incluso afirma que todos podemos utilizar distintos personajes para lograr nuestros objetivos, igual que David Jones utilizaba a David Bowie y Ziggy Stardust para lograr los suyos: «Comprende las distintas partes de ti mismo mejor, identifica las partes y sus orígenes y, después, sé mucho más consciente sobre qué persona eliges ser en cada entorno»[21].

Eso es lo que estamos haciendo con el Alter Ego. Optamos de forma consciente y deliberada por sacar la mejor versión de «nosotros mismos» para los distintos papeles que interpretamos en la vida.

QUIZÁ YA LO ESTÉS HACIENDO

He sido coach y he enseñado y presentado el Efecto Alter Ego durante casi veinte años. Después de explicar este concepto, casi todo el mundo me dice que han utilizado un Alter Ego o aspectos de uno sin darse cuenta.

Esto es lo que le pasó a Kisma, fundadora de una empresa de formación y coaching. La primera vez que oyó hablar del Efecto Alter Ego, se dio cuenta de que había utilizado una variación de eso en una vida anterior como músico profesional.

20. *Ibidem.*

21. *Ibidem.*

«Al trabajar con orquestas profesionales, antes de los solos me ponía muy nerviosa. Yo tocaba la flauta y actuaba en varios conciertos y tenía que cambiar de mentalidad. Cuando cruzaba el escenario y me preparaba para el concierto, pensaba: "¿A quién quiero encarnar? ¿A quién me quiero parecer?" A veces era a Yo-Yo Ma, otras, a Emmanuel Pahud. Fuera quien fuera el personaje que yo eligiera, era como una conexión instantánea, me decía a mí misma que yo era su personificación».

Sin saberlo, Kisma estaba aprovechando elementos del Efecto Alter Ego en su Campo de Juego que aparecían durante sus Momentos de Impacto —sus solos—. En cambio, no cayó en la cuenta de que lo podía utilizar en otros aspectos de la vida, sobre todo en su empresa, hasta que nos vimos.

Hay muchas personas que son como Kisma. Quizá tú seas una de ellas. Por instinto, utilizan su imaginación para crear un Alter Ego. No lo han utilizado todavía al máximo y de forma deliberada, pero reconocen su forma. Les resulta familiar. Simplemente, no le habían puesto nombre a ese elemento ni al proceso.

Ahora ha llegado el momento de que elijas tu aventura, porque, igual que hay muchas formas de llegar al centro de la ciudad, el Efecto Alter Ego tiene muchas puertas por las que entrar y cruzar…

4

TU MUNDO ORDINARIO

«La única forma de describirlo es que me sentía atrapado. Todas las mañanas tenía la intención de sentarme en la mesa de la cocina para escribir, pero era como si la silla y mi trasero fueran imanes que se repelían. La resistencia era increíble y sentía que estaba atrapado en ese purgatorio de querer crear algo, pero no tener la fuerza de superar la resistencia.»

Yo estaba sentado en el avión escuchando a un autor conocido que me estaba contando cómo se esforzó para lograr el sueño de toda una vida. Lo bueno de mi línea de trabajo es que la gente se abre y te cuenta lo difícil que ha sido su vida. Es un tema de conversación fantástico, sobre todo con gente que encontró una forma de superar los escollos.

Me dijo que, incluso cuando se sentaba a escribir, se quedaba mirando el cursor que parpadeaba en la pantalla del ordenador y, con cada parpadeo, se imaginaba que el cursor le decía: «No puedes hacerlo. No puedes hacerlo. No puedes hacerlo».

«Era una obsesión constante.»

También tenía un pequeño globo terráqueo en una estantería próxima y lo contemplaba con la mirada perdida. Me dijo: «Me quedaba mirando la bola del mundo una eternidad y me perdía en una espiral interminable de conversación conmigo mismo en la que me decía que "no estaba hecho para escribir" o que cualquier cosa que escribiera no serían más que sandeces. Me estaba consumiendo».

Antes de acabar la conversación a treinta mil pies de altura con aquel autor consumado, esto era lo que sabía: él no era un copo de nieve especial. Su experiencia no era especialmente única.

He hablado con aficionados a los coches que querían reconstruir y restaurar vehículos desde cero, se pasaban años coleccionando revistas y comprando repuestos e incluso planificaron un sábado para empezar su proyecto, pero entraban en el garaje, se sentaban en un taburete y contemplaban cómo las cajas con repuestos acumulaban polvo.

He oído historias de comerciales que conducían hasta aparcamientos vacíos, reclinaban el asiento para esconderse y se sentaban allí durante horas porque les aterraba llamar a las puertas de la gente para vender su artilugio.

Un hombre incluso me dijo: «Cuando pulsaba el botón de reclinar el asiento y este se reclinaba hacia atrás, era como si me hundiera en las arenas movedizas del miedo. Y empezaba a sentir un peso fuerte en el pecho que, cuanto más lo reclinaba, más pesaba. Era horrible».

He oído a deportistas profesionales contarme que en los partidos nunca intentaban una jugada comprometida porque «le correspondía a [introduce cualquier nombre de otro jugador mejor], no a mí».

Podría hablar sin parar de historias de artistas, cantantes, actores, científicos, estudiantes, profesionales de empresas, vendedores, madres y emprendedores, de cómo alguna fuerza les impedía avanzar hacia sus objetivos o sueños.

Eso es lo que conocemos como *Mundo Ordinario*.

Es un mundo en el que parece que el «verdadero yo» esté atrapado. El yo que tiene aspiraciones, sueños y objetivos que no se materializan. No se sale al Campo de Juego para que se pueda ver lo bueno que se es o lo que se puede hacer. Es frustrante y estresante y, normalmente, crea un montón de autocrítica.

Además, es fácil quedarse estancado en ese punto porque para la mayoría de las personas no es algo de vida o muerte. Es decir, no es como si las persiguiera un tigre dientes de sable que las quiere devorar. *A menos que* pases a la acción, ¿verdad? Se trata de un mundo interno que conoces *tú*, lleno de aspiraciones, esperanzas, sueños, objetivos y visiones de una versión mejor, distinta o más evolucionada de la persona que eres hoy en día.

No es como si fueras el personaje de la pantalla grande y todo el mundo supiera que existen esas dificultades.

Es un lugar en el que resulta fácil quedarse atrapado. Existe una justificación interna que dice: «Total, nadie se enterará nunca de que no lo he hecho».

Pero tú lo sabrás siempre.

TU MUNDO ORDINARIO

A estas alturas puede que ya estés pensando cuál será tu Alter Ego, o tu Superpoder, o quizá qué problema debes resolver. No hay una única forma de empezar, sino que tienes que elegir la que sea mejor en tu caso. Empieza por donde estés cómodo. Si te quedas atascado en algún punto, salta al paso siguiente. Así de fácil.

He distribuido los capítulos para profundizar primero en el Mundo Ordinario. A continuación, te ayudaré a ver las Fuerzas Ocultas y comunes que le encanta usar al Enemigo para reprimirte y mantenerte atrapado. Te ayudaré a revelar lo que te ha influido en el pasado y qué parte de ti mismo ha estado mostrándose en tu Campo de Juego y durante tu Momento de Impacto.

A medida que avances en este capítulo, decidirás en qué Campo de Juego te concentrarás, así que puedes entrar en el laboratorio y crear tu primer Alter Ego. Veamos la idea de Campo de Juego y descubramos lo que tiene de «ordinario». O revelemos posiblemente esos Momentos de Impacto en tu campo cuando te sientas desanimado, frustrado y decepcionado porque no te muestras como quieres o como puedes y quizá te hayas quedado atrapado por alguna Fuerza Oculta.

Ahora bien, no vamos a estirarnos en un diván de psicólogo para desentrañar años y años de trauma, porque, la verdad, no es necesario. El poder del Efecto Alter Ego está arraigado en su simplicidad y en lo deprisa que lo puedes aplicar para conseguir resultados.

La primera vez que empecé a trabajar con mis clientes o las personas que conocía y les preguntaba a qué problemas / retos / frustraciones se enfrentaban, me contaban cosas como las siguientes:

DEPORTES

«No participo lo suficiente durante el partido.»

«Mi entrenador es más duro conmigo que con mis compañeros de equipo.»

«Estoy hundido y no sé cómo salir de esta situación.»

«Dentro de poco tengo una prueba importante y tengo que jugar lo mejor posible.»

«Pienso las cosas demasiado en el terreno de juego.»

NEGOCIOS

«Voy a poner en marcha un negocio pero me cuesta conseguir clientes.»

«No encuentro inversores para mi *start-up.*»

«No estoy seguro de lo que debo hacer ahora para que crezca la empresa.»

«El personal que tengo me agobia mucho.»

«Estoy harto y quemado porque la empresa no crece.»

CARRERA PROFESIONAL

«Me preocupa mucho no poder acabar de escribir el manuscrito.»

«Soy buena persona, y me gusta serlo, pero, en el campo de los negocios, se aprovechan de mi buena voluntad.»

«Estoy cansado de trabajar tantas horas y de que no se reconozca mi trabajo.»

«El sector en el que trabajo está cambiando y la incertidumbre me está causando mucho estrés.»

«No soporto la alfombra roja ni las giras publicitarias. Lo único que quiero hacer es actuar.»

Podría hablar sin parar de las áreas de finanzas, salud y *fitness*, familia, relaciones y tiempo personal y bienestar, pero estoy seguro de que te haces una idea. La vida es complicada.

Hazte estas preguntas:

¿Hay algún aspecto de tu vida que te resulte frustrante?

¿Qué hace que sea «Ordinario»?

¿Qué es lo que no te gusta de ese aspecto?

¿Qué es lo que no funciona?

¿Qué es lo que tú sientes que eres capaz de hacer y que no haces?

Tú te conoces mejor que cualquier otra persona. Y tu capacidad de ser sincero y auténtico contigo mismo es lo que va a provocar un cambio que te hará lograr un éxito más adelante en este libro. No hay ninguna necesidad de que te martirices, te avergüences de ti mismo ni te juzgues con severidad. Permítete a ti mismo ser objetivo y real.

TU CAMPO DE JUEGO

«¡John es una fiera! Le sobra determinación y es una de las personas más inspiradoras que he conocido nunca.»

Este era el comentario predominante entre los empleados de un cliente cuando los entrevisté para que me hablaran de John, su jefe, en 2011. John, un orgulloso «niño del Bronx italiano» al que le encantaban los *manicotti* de su madre, decía «Bro» más veces que nadie que haya conocido en mi vida.

John me invitó a viajar a Houston para conocer a su personal y ayudarle a mejorar el rendimiento y la moral de su empresa de intermediación en operaciones financieras o comerciales. Desde la crisis financiera de 2008 y 2009, la empresa había recibido muchos golpes y él tenía dificultades para hacer que la empresa fuera rentable. Quería que le ayudara a que su equipo «funcionara a tope» y que «eliminara la basura que tenían en la cabeza», que había empezado a crear un entorno tóxico.

En el transcurso de unos días hablé con 35 personas distintas del equipo, desde Sylvia, la diligente ayudante de dirección, hasta Marcus, el bróker estresado. Y todos seguirían a John a la batalla.

Después de hablar con todos los miembros del equipo durante varios días, John y yo nos sentamos en su despacho meticulosamente decorado con objetos de deportes expuestos en las paredes y las estanterías. Comentamos lo que había pasado aquellos últimos días y hablamos sobre el futuro.

John se había puesto en contacto conmigo porque un cliente mío de la NBA que era amigo suyo le había hablado de mí. Yo había ayudado a aquel cliente a construir un Alter Ego y John estaba interesado en hacer lo mismo, porque sentía que había perdido facultades.

En aquel momento, meses después de haber empezado a trabajar juntos, le pregunté: «¿Qué tal te funciona el Alter Ego?»

«Tendrías que preguntárselo a mi mujer y a mis hijos», contestó, riéndose.

«Así que ha funcionado.»

«¡Bro! Ni te lo imaginas. Diste en el clavo. Mi mujer tiene preparados un montón de *cannoli* para que te los lleves a "Nu Yahk".»

Anteriormente mencioné que todos tenemos distintos papeles en la vida. Y cada papel (padre, esposo, propietario de empresa, líder, hermana, hijo) se corresponde con un Campo de Juego. Puedes elegir el Campo de Juego en el que quieres construir un Alter Ego y, como en el caso de John, pensar por defecto automáticamente en tu vida profesional, deportiva o vocacional.

En el ejemplo de John, él descubrió que no necesitaba ayuda con su empresa. Ya contaba con una gran ética de trabajo y buena actitud, y su personaje actual en el trabajo ya era una «fiera». En cambio, en casa era otra historia.

Él había crecido en una familia en la que su padre nunca estaba y, cuando estaba en casa, gritaba a los niños o se quedaba repantigado en «su sillón», sin hacer caso a nadie. La vida familiar de John se estaba empezando a parecer a la de su padre, y no lo soportaba. Así que, en lugar de dedicar más energía a su trabajo, la canalizó al Campo de Juego de la vida familiar.

John construyó su Alter Ego para que fuera como el padre de su mejor amigo de pequeño en Nueva York. «El padre de Timmy siempre estaba divirtiéndose con nosotros, gastando bromas, organizando las mejores barbacoas del barrio. Simplemente, disfrutaba de la vida. Era muy divertido.»

John descubrió que, durante el proceso, cuanto más se centraba en crear una vida inspiradora en casa, más transformaba su vida en el trabajo, y a su equipo le encantaba.

Le conté que su equipo lo llamaba *fiera* todo el rato. Pero, esta es la cuestión: lo respetaban por su ética de trabajo y conocimiento del negocio, pero le decían que era una *fiera* y una *inspiración* por lo que había hecho en casa.

A medida que avances en la lectura de este libro, te animo a que pienses en el Campo de Juego para el que quieres construir tu Alter Ego.

¿Para tu vida personal? Algunas personas tienen una vida profesional fenomenal y logran el éxito fácilmente. Sin embargo, su vida personal no es tan fantástica. No tienen ni idea de cómo conectar ni crear relaciones íntimas, afectuosas y estables con su pareja, familia, amigos o hijos. A pesar de que la mayor parte de mi trabajo con clientes empieza en su mundo profesional o deportivo, igual que en el caso de John, a menudo entramos en su vida personal cuando se dan cuenta de que quieren ser un esposo o un padre mejor.

¿Quieres un Alter Ego para tu vida profesional? Algunas personas tienen una vida personal increíble. Tienen relaciones de afecto, de apoyo, pero, a la hora de lograr el éxito profesional, no han conseguido el impacto con el que han soñado.

Yo recomiendo abordar el Campo de Juego que te cause más frustración, angustia o dolor. Así, al construir el Alter Ego, lograrás un impacto gigantesco en tu vida.

Por cierto, lo llamo Campo de Juego por dos motivos. El primero es la referencia evidente al mundo del deporte y a la idea de que hay líneas de tiza, límites y un punto de partida y otro de llegada de la actividad que se lleva a cabo en el terreno de juego. Esto te ayuda a darte cuenta de que todos vamos a muchos campos distintos en nuestra vida, a muchos escenarios y pistas distintos. Y para tener éxito en cada uno se necesitan habilidades, actitudes y mentalidades diferentes.

Esa es una de las razones de que el Efecto Alter Ego sea tan potente: pasas a actuar realmente de una forma más deliberada sobre quién acaba en ese campo.

El segundo motivo para denominarlo Campo de Juego es su última palabra, *juego*. Es para que recuerdes que te puedes divertir en este proceso. La vida ya es suficientemente dura, y las cosas serias o las luchas verdaderas son una parte natural de la vida. Pero eso no significa que no puedas tener esa misma actitud alegre de cuando eras pequeño y jugabas con este concepto y te divertías con él.

Eso es exactamente lo que hizo John. Ahora te toca a ti.

LA PROPIETARIA DEL PEQUEÑO TALLER QUE LO CONSIGUIÓ

MaryAnn y su marido abrieron un taller de reparación de automóviles en 1999. Para ella, la mayor dificultad eran los clientes. Ella había trabajado en banca, así que entendía el pilar financiero de llevar un negocio. En cambio, cuando llamaba un cliente y contestaba ella, no querían hablar con ella, sino con un técnico o con el propietario. Es decir, querían hablar con un hombre, no con una mujer.

«Me sentía frustrada —admite MaryAnn—. Pero una noche que me quedé en vela y le di vueltas al asunto, pensé: "¿Qué es lo que me frustra de verdad?" Y me di cuenta de que era yo misma y mi incapacidad de guiar a las personas en aquel proceso y ayudarlas.»

MaryAnn sabía que era lista y competente, pero no lo parecía cuando hablaba por teléfono; por eso, los clientes no querían hablar con ella. Decidió hacer dos cosas. La primera, lograr las habilidades y el conocimiento que necesitaba. La segunda, crear un Alter Ego para que le ayudara a mostrarse como ella quería durante su Momento de Impacto (la llamada telefónica de los clientes).

Al cabo de poco tiempo, la gente llamaba y quería hablar con ella sobre los problemas de su vehículo. Las mujeres, sobre todo, se sentían más cómodas al hablar con ella porque les ayudaba una mujer en un sector dominado por los hombres.

Lo que sucede en tu Mundo Ordinario también puede ser lo que *no* sucede. Podría ser lo que evitas. Quizá montaste una empresa pero no das a conocer tus nuevos productos o servicios ni te ocupas de las llamadas comerciales. Tal vez quieres empezar un negocio, pero no lo has hecho. Puede que quieras pedir un aumento de sueldo o un ascenso, pero no lo has hecho.

Es como la clásica y citada ocurrencia de la leyenda del hockey Wayne Gretzky: «Pierdes el cien por cien de los tiros que no haces».

Quizá tengas lo que denomino falta de concentración, la incapacidad para centrarte en una cosa y acabarla, lo que hace que desperdicies mucho esfuerzo y no tengas nada que mostrar a pesar de la sangre, el sudor y las lágrimas que te ha costado hacerlo.

Independientemente de lo que se trate, utiliza este marco para tener claro tu Mundo Ordinario, para que podamos dar rienda suelta a tus verdaderas capacidades de rendimiento.

LOS CINCO PUENTES DEL PROGRESO

Una pregunta rápida: ¿has prestado atención al contenido o al tema de tus conversaciones recientes?

Te garantizo que pertenecen a los Cinco Puentes. Los denomino *puentes* porque son caminos que permiten que las cosas entren y salgan de un área. Estos Cinco Puentes pueden mejorar o perjudicar la calidad de tu vida profesional, deportiva o personal.

- Dejar
- Empezar
- Continuar
- Menos
- Más

En general, las conversaciones de alguien que cambia algo se encuadran en una de estas cinco intenciones.

«Quiero dejar de fumar..., dejar de comer cosas poco saludables..., dejar de beber tanto..., dejar de acostarme tan tarde..., dejar de gritar a mis hijos..., dejar de dejarlo todo para el último minuto...»

«Quiero empezar a comer más verdura..., empezar a hacer ejercicio por la mañana..., empezar a publicitar mi empresa de una forma más constante..., empezar a divertirme más..., empezar a pasar la tarde con mis hijos...»

«Quiero continuar haciendo ejercicio..., continuar mi rutina antes del partido..., seguir activo en las redes sociales para mi empresa..., seguir con las reuniones semanales del equipo...»

«Quiero ver menos televisión..., pasar menos tiempo en las redes sociales..., sentirme menos cansado después de comer..., pasar menos tiempo con ese grupo de personas tóxicas...»

«Quiero leer más libros buenos..., salir más de noche con mi mujer..., ver más a mis amigos..., nadar más..., reírme más...»

Si de verdad has empezado a prestar atención a tu vida, seguro que habrás visto que estos temas se repiten con frecuencia. Para el propósito de este ejercicio y para ayudarte a descubrir material aún más valioso con el que trabajar, vamos a añadir un filtro final a tus Cinco Puentes.

Pensar, sentir, hacer y experimentar.

Estos son los cuatro planos en los que vivimos siempre: ¿qué piensas, qué sientes, qué haces y qué experimentas?

En el contexto de tu Mundo Ordinario y el Campo de Juego que hayas elegido, utilizaremos el marco de los Cinco Puentes a lo largo del libro para ayudarte a tener claro qué funciona y qué no y conectar tu Alter Ego. Porque estamos hablando específicamente de los resultados o las consecuencias que te gustaría cambiar, solamente utilizaremos dos de los «puentes» para ayudarte a definir tu Mundo Ordinario en el Campo de Juego específico que hayas elegido. Haz una lista para cada categoría de las que aparecen más abajo y pregúntate: «¿Qué quiero...?»

- ¿Dejar de experimentar / dejar de lograr como resultado o consecuencia?
- Experimentar menos / conseguir menos?

Para que te resulte más fácil, todos estos resultados serán cosas que tú puedas oír, ver, saborear, oler o tocar. Por ejemplo, quizá quieras:

- Dejar de ver que no se muestra mi trabajo creativo.
- Experimentar menos trabajo inacabado.
- Dejar de ver cómo se reducen mis cifras de ventas.
- Oír a menos personas quejarse de cómo cocino / pinto / escribo o de cómo es mi trabajo creativo.
- Dejar de ver cómo desperdicio el día en las redes sociales.
- Dejar de vivir en este lugar.
- Perder menos.
- Dejar de oír al entrenador criticar mi mal rendimiento.
- Gastar menos.
- Comer menos.
- Oír menos rechazos.
- Hacer menos *bogies* cuando juego a golf.
- Que me marquen menos penaltis.
- Pasar menos tiempo en el banquillo.
- Pasar menos tiempo en casa.
- Dejar de ver cómo crece mi lista de cosas que hacer.
- Dejar de oír a mi familia criticarme o decirme que me tengo que motivar.

(Para conseguir más inspiración de otras personas, visita AlterEgoEffect.com/tribe.)

Cuando trabajo con un cliente, le indico que haga un gran vaciado de memoria. Sé libre y sincero al hacer esta lista. No intentes censurarla ni modificarla ahora. Lo bueno de este ejercicio es que te deja muy claro cuál es tu Mundo Ordinario, los resultados y las consecuencias que experimentas actualmente. Una vez que dispongas de esta lista, puedes señalar las grandes preferencias.

Quizá no puedas hacerlo todo. Si quieres un Alter Ego efectivo, tienes que concentrarte en un Campo de Juego. Sé disciplinado y céntrate en construir un Alter Ego potente que cambiará cómo te muestras en tu Campo de Juego.

Lo mejor del ejercicio de los Cinco Puentes del Progreso es que te permite reflexionar de verdad sobre todo tu Campo de Juego. Te obliga a bajar de las nubes y a ver tu forma de vivir, actuar, sentir y pensar en tu Mundo Ordinario. Después, pasa inmediatamente a algo positivo. En lugar de quedarnos en lo que quieres dejar o en lo que no funciona, veremos qué quieres de verdad y qué quieres empezar a experimentar: este es el Mundo Extraordinario. Pero llegaremos ahí dentro de unos capítulos.

A menudo digo a mis clientes: «No me importa cuáles hayan sido tus respuestas», y es así. Cada uno elige cómo vivir la vida. Lo que me interesa es si las acciones, los pensamientos y las emociones de mi cliente están en línea con lo que quiere de verdad. Cuando todo eso está armonizado, aparece la magia. En general, no estamos alineados, sino que luchamos contra una tensión interna que tiene un deseo profundo de vivir en un Mundo Extraordinario, como si hubiera algo «externo a nosotros» que fuera a cambiar. No te quedes atrapado por esta idea, porque ahí es donde vive el Enemigo.

Limítate a ser sincero contigo mismo. Así encontrarás la resonancia emocional (la fuerza motriz, el propósito) que estimulará tu Alter Ego.

ACABAR LA CONVERSACIÓN A MÁS DE 9.000 METROS DE ALTURA

Mientras aquel autor famoso me contaba su historia de fondo, a mí me costaba entender por qué sentía tanta pasión por aquel globo terráqueo. Estaba a punto de obtener mi respuesta.

«¿Cómo hiciste el cambio al final y venciste a la resistencia?», le pregunté.

Se rio y me dijo: «Gracias a la procrastinación, por extraño que parezca».

«Ah, ¿de verdad?»

«Sí. Estaba sentado en mi sillón leyendo un libro sobre el famoso novelista francés Victor Hugo y algo de la historia me sorprendió. Fue la cita: "No hay nada más poderoso que una idea a la que le ha llegado su tiempo". Fue como si me cayera un libro en la cabeza de golpe. Fue como si me estuviera hablando a mí.

»Me levanté del sillón, fui hasta la estantería, cogí aquel pequeño globo terráqueo, lo coloqué en mi mesa y lo hice girar hasta que Francia estaba frente a mí y empecé a encarnar a Victor Hugo. Victor se convirtió en mi Alter Ego para escribir. Las palabras empezaron a fluir porque "había llegado mi tiempo".»

Y tú, ¿tienes una idea clara en la cabeza de tu Mundo Ordinario?

¿Sabes qué te frustra?

Si la respuesta es afirmativa, genial, porque ha llegado *tu* tiempo de entrar en tu Mundo Extraordinario.

5

CÓMO ENCONTRAR TUS MOMENTOS DE IMPACTO

Estábamos sentados en una sala de juntas, rodeados por una pared de cristal, mirando a la jungla de asfalto de la ciudad de Nueva York, con miles de neoyorkinos corriendo a lo lejos.

Shaun y yo estábamos contemplando la vista mientras él señalaba los edificios de la ciudad en los que tenía clientes. Aquellos rascacielos tan altos eran impresionantes. Shaun es el director de almacenamiento en la nube de una gran empresa tecnológica y trabaja exclusivamente con los bancos y las instituciones financieras más grandes del mundo. Shaun y yo nos conocimos porque yo era el mentor de su hija, una jugadora de fútbol de élite. Después de que él viera lo que estábamos implantando para ayudarla a rendir de una forma más constante, quiso contar con esas mismas estrategias de alto rendimiento para su propia carrera profesional.

Volvimos a la gran mesa y él se sentó. Yo cogí unos marcadores rojo, azul y negro y fui a la pizarra para ponerme a trabajar. Era el día en el que íbamos a elaborar un mapa para su objetivo de ser el vendedor número uno de la empresa. No era moco de pavo, porque Shaun trabajaba en una empresa de la lista *Fortune 50*.

Le pregunté cómo era un día normal. Me habló de reuniones con clientes, presentaciones, cenas, conversaciones por teléfono y trabajo administrativo.

«¿Cuál es el trabajo por el que te pagan? Es decir, ¿cómo mide tu rendimiento tu jefe?» Yo quería que él hiciera un análisis en profundidad y fuera muy, muy específico sobre su rendimiento. Quería que tuviera clarísimo qué lo haría avanzar en su carrera profesional.

«Me contrataron para que hiciera crecer el mercado de almacenamiento informático en la nube en la ciudad de Nueva York; concretamente, el del sector financiero.»

«Genial. Y ¿cómo te va, según tus jefes?», le pregunté.

«Bien. Llego a las cifras de ventas.»

«¿"Llegar a las cifras de ventas" es lo que quieres?»

«No. Sé que podría conseguir mucho más, pero me dejo mucho por el camino.»

«Bien, entonces, vamos a ver tu Campo de Juego y retrocedamos hasta el objetivo último de cerrar más tratos, y veremos si podemos identificar las cosas que hay que cambiar para lograrlo.»

CÓMO CREAR UN MAPA DE TU OBJETIVO

Para crear un mapa de tu objetivo, debes definir tu resultado final u objetivo y trabajar retrocediendo a partir de este punto para construir una estrategia y planificar cómo lograr dicho objetivo. También se denomina *propósito en mente.* Hay personas muy exitosas en todos los ámbitos de la vida que tienen una capacidad fantástica de pensar de esta forma. Si alguna vez te das cuenta de que caminas un poco sin objetivo, es probable que sea por no haber definido un destino, un objetivo o un resultado. Simplemente, te has limitado a «hacer cosas».

El hecho de escoger un objetivo y trabajar para lograrlo retrocediendo te ayuda a ver todos los pasos o escenarios importantes que debes alcanzar para lograr ese resultado deseado.

¿Quieres despertarte renovado y descansado a las seis de la mañana todos los días?

Dentro de diez años, ¿quieres tener un millón de dólares en inversiones que trabajen para ti?

¿Quieres acabar un torneo como ganador, sintiéndote victorioso y eufórico por tu rendimiento?

¿Quieres tener un cuerpo delgado y saludable y estar en forma dentro de tres meses?

¿Quieres llegar al aeropuerto noventa minutos antes de que salga tu vuelo?

Entonces, trabaja retrocediendo en el tiempo para elaborar un plan con los pasos que garantizarán que suceda. ¿Significa eso que lograrás tu objetivo con una certeza del cien por cien? Por supuesto que no. De todas formas, has aumentado la probabilidad por un amplio margen.

Después de ayudar a Shaun a tener claro cuál era su propósito real en la empresa (hacer crecer los ingresos por almacenamiento informático en la nube del sector financiero en la ciudad de Nueva York hasta un nivel específico), podría ser más fácil eliminar las distracciones y concentrar la energía en las acciones que importan.

Trabajando retrocediendo en el tiempo, nos centramos en las acciones que tendrían un impacto real en la posibilidad de hacer que creciera en la nube la cuota del sector financiero de Nueva York. Elaboramos una lista en la que incluimos cosas como reuniones con clientes, llamadas a clientes potenciales, presentaciones y almuerzos para construir relaciones. Estas eran las actividades importantes para el Campo de Juego de la carrera profesional de Shaun. Evidentemente, si estuviéramos hablando de un Campo de Juego que fuera su familia, su bienestar personal o el deporte, las actividades serían distintas. Pero Shaun estaba concentrado en crear la excelencia en esa parte de su carrera profesional y por eso nos concentramos en esa área.

Desglosamos dichas actividades y estudiamos detenidamente su rendimiento en el Campo de Juego. Eso es lo que denomino *Momentos de Impacto*. Son acciones, oportunidades, acontecimientos, situaciones o expectativas que tienen más impacto en tu éxito. Los Momentos de Impacto topan con la mayor resistencia y las mayores complicaciones porque se dan cuando puede que tú seas más vulnerable.

Este momento podría ser:

- Cerrar la venta.
- Hacer el lanzamiento.
- Poner tus palabras por escrito.
- Dar un discurso delante de una multitud.
- Decir lo que piensas cuando oyes algo que está mal.
- Pedir disculpas por algo.
- Decir: «Te quiero».

- Invertir tu dinero.
- Presentar tu currículum.
- Hacer una prueba.

Este es el punto del Modelo de Campo de Juego en el que la Capa de Acciones se encuentra con la Capa de Campo de Juego. [Figura 3.5] Son los momentos en los que los demás puede que te juzguen por tus acciones, tus resultados y tu respuesta. Las Fuerzas Ocultas y Comunes del Enemigo montan guardia en esos momentos. (Si quieres consultar una infografía sobre el mapa de cómo funciona todo junto, visita AlterEgoEffect.com/resources.)

El crítico francés Charles Du Bos dijo una vez: «Lo importante es esto: ser capaz, en cualquier momento, de sacrificar lo que somos por aquello que podríamos ser».

La verdad de la vida es que por mucho éxito que tengas, por muchas estratosferas que alcances, a veces sigues teniendo dificultades, sientes que has obtenido un mal resultado. A todo el mundo, incluso a los atletas y a los empresarios de más éxito, le cuesta lidiar con algún punto de su Campo de Juego. Los que tienen éxito son los que están dispuestos a mirar la grabación de su partido o a analizar sus datos y a ser sinceros sobre cómo van a presentarse. Puede que te falte el valor para intentarlo o para admitir que has intentado cosas equivocadas.

Shaun y yo analizamos sus éxitos y fracasos pasados para ver qué podíamos descubrir que pudiera marcar la diferencia.

«De todas tus actividades del pasado, ¿hay alguna que haya creado más oportunidades de negocio para ti?», le pregunté.

«Sí, cuando organizo "sesiones de almuerzo y aprendizaje" en la oficina e invito a clientes potenciales e incluso a clientes que ya tenemos. Les hablo brevemente sobre nuestro trabajo actual, les muestro la tecnología nueva, presento a los miembros del equipo y respondo las preguntas.»

«Fantástico. Y, ¿cuántas sesiones hiciste el año pasado?»

«Pues... una.»

Su respuesta me dejó anonadado.

«¿En serio? Es tu actividad de más éxito ¿y solamente has hecho una?», le pinché.

Se rio.

«Sí, no es la jugada más inteligente.»

«No te juzgo», le dije. «Es obvio que hay razones por las que no organizaste más almuerzos. Si sabías que había algo que cambiaba tanto tu rendimiento y que es lo que valora tu jefe, ¿qué te impidió organizar más almuerzos de ese tipo?»

¿Te acuerdas de los Cinco Puentes del Progreso del capítulo anterior? Si miras esa pregunta previa, descubrimos un puente de «Más». Yo estaba intentando descubrir lo que pensaba o sentía Shaun sobre aquella actividad.

«Es por la logística. Programar, conseguir reservar el espacio, pedir el almuerzo, conseguir la aprobación de los pases para los invitados y todo lo demás», dijo. «No me gusta hacer todo el trabajo administrativo.»

«Parece que necesitas ayuda con la gestión de proyectos», comenté. Llamamos por teléfono a su socio tecnológico y estuvo de acuerdo en ayudar. Abrimos el calendario de Shaun y programamos seis «sesiones de almuerzo y aprendizaje» para los siguientes noventa días allí mismo.

Después de tachar aquello de su lista, nos concentramos en sus habilidades para hacer presentaciones.

«¿Cómo llevas lo de hacer presentaciones?»

«Soy una persona sociable, pero hacer presentaciones me resulta duro. Son los negociadores más inflexibles del sector. El mundo de las finanzas está lleno de especialistas en la negociación con superestrellas. Apúntame con el foco, y brillo. Pero no me siento seguro delante de mis clientes. Además, las presentaciones que nos da la empresa son aburridas y demasiado detalladas. Se podrían hacer mucho mejor.»

Más allá del problema de la confianza al estar delante de un grupo de profesionales severos, escarbamos más y pudimos identificar las habilidades y las capacidades en las que se quedaba corto. En su caso, le sugerí que leyera el libro *Resonancia*, de Nancy Duarte, para que le ayudara a construir presentaciones más impulsadas por una historia. Puede ser que te hayan dado herramientas que no son óptimas para ti, así que, si puedes cambiarlas, hazlo. De todas formas, a veces, solamente te limitas a lo que te dan y eso es lo que tu Alter Ego te ayudará a superar también. La vida es así. Nadie consigue *todos* los recursos para tener éxito. Lo que haces con lo que tienes es lo que marcará la diferencia y hará que te encuentres en el Mundo Ordinario o en el Extraordinario.

En el caso de Shaun, tuvimos que cambiar las herramientas que tenía. Después, trabajamos para crear un Alter Ego que se mostrara resuelto, seguro de sí mismo y relajado y que se viera a sí mismo como un presentador formidable e influyente.

Cuando empezamos a trabajar juntos era casi a finales de noviembre, y a finales de febrero había organizado cinco sesiones de almuerzo y aprendizaje, lo que había producido más reuniones cara a cara. De esta forma, no solamente logró que sus ventas remontaran el vuelo, sino que obtuvo el récord de ventas de todos los tiempos en febrero. Tradicionalmente, febrero es el mes más lento en el sector tecnológico. Shaun pasó de estar atrapado en su Mundo Ordinario a vivir en un Mundo Extraordinario al llegar a la cumbre de las ventas globales y a que los líderes de la empresa le pidieran que explicara sus métodos a todo el mundo, lo que hizo que su notoriedad y su carrera profesional avanzaran aún más.

Nunca habría conseguido colocarse en un punto para dejar atrás el Mundo Ordinario si no se hubiera concentrado en sus Momentos de Impacto y hubiera identificado los comportamientos y las acciones precisos que debía cambiar para lograr resultados nuevos.

DISTINTOS MOMENTOS DE IMPACTO

Mis Momentos de Impacto son distintos a los tuyos, o a los de Julia. Julia es propietaria de una agencia creativa *online* en Phoenix (Arizona). Tiene un equipo de ocho personas que es la fuerza motriz de diseño interior, blogueros e *influencers online*. Ella misma admitía que le costaba hacer crecer el negocio y ser más visible y dominante en su espacio, no porque no tuviera las habilidades, sino por un elemento interno que se interponía en su camino.

Su Momento de Impacto se daba durante las negociaciones con los clientes. «Quiero agradar a todo el mundo», afirma. «Quiero decir que sí a todo. Y, entonces, me meto en líos enormes porque, a veces, lo que se promete no es factible. O cierro un ciclo en el que decepciono a la gente porque he prometido demasiado.»

Durante su Momento de Impacto, Julia no se mantenía firme; no defendía lo que creía ni lo que quería. Complacía a los demás, lo que hacía que se quedara bloqueada y obtuviera un resultado peor del que podía lograr.

«Desde que era adolescente y cuando fundé mi empresa me decían: "Julia, eres demasiado blanda. La gente te va a pisotear, y no vas a llegar a ninguna parte".»

Pero, tal y como me contó, ella no se considera demasiado blanda. «Por dentro soy increíblemente ambiciosa y resuelta, pero eso no se ve por fuera.»

Julia es como muchas personas. Tiene las habilidades y las capacidades. Ha tenido un éxito increíble en el camino que ha elegido. Sin embargo, también ha sido difícil para ella. Ha tenido que luchar contra fuertes obstáculos internos para llegar a donde está.

En su Campo de Juego de los negocios, cuando negocia con clientes, en lugar de ser fuerte y asertiva en ese Momento de Impacto, se doblega ante ellos. Es demasiado dulce, demasiado servicial, y deja que los clientes la pisoteen. Se compromete demasiado y hace demasiadas promesas a pesar de que, en el fondo, sepa que no debe hacerlo. Su Yo Heroico no aparece, y el resultado es que su empresa no crece como ella querría.

Vino a verme porque no estaba actuando como la líder que ella sabía que podía ser.

CÓMO RECONOCER TU MOMENTO DE IMPACTO

Tu Momento de Impacto radica en saber las consecuencias que se supone que debes crear en tu Campo de Juego. ¿Cuáles son los rasgos, las capacidades, las habilidades, las actitudes, las creencias, los valores y todos los demás elementos que necesitas para tener éxito?

Igual que Shaun y Julia, tienes un Momento de Impacto que te llevó a escoger este libro. Está pasando algo, tu comportamiento o tu acción (o la falta de los mismos) en tu Momento de Impacto influye en los resultados y crea un Mundo Ordinario.

Tenemos que encontrar no solamente tu Momento de Impacto, sino también tus comportamientos y acciones (o la falta de los mismos) que hacen que te quedes corto.

¿Son las tareas administrativas como las de Shaun tus Momentos de Impacto? Probablemente, no. Son responsabilidades, pero no van a catapultar tu carrera profesional de formas inimaginables, como por ejemplo hacer una presentación fabulosa delante de tu jefe. Dichas tareas eran los obstáculos para su Momento de Impacto.

Lo que buscas son los momentos que te darán la mayor tasa de rendimiento o los momentos que incluyan la oportunidad de proporcionarte el porcentaje de rendimiento más elevado.

Buscas los Momentos de Impacto en los que a veces haces aparecer a tu Yo Heroico, pero no durante el tiempo suficiente. Si te pudieras mostrar de otra forma, conseguirías un resultado distinto.

Ahora no te vas a preocupar de los momentos que no te resultan complicados, aunque puedan ser esenciales para tu éxito.

Tal y como comenté anteriormente, empecé a utilizar un Alter Ego en mi vida profesional porque me preocupaba lo que pensaban de mí. Estaba tan superpreocupado con la imagen que tenían los demás de mí que eso hizo que fuera alguien que no me gustaba. Ahora, soy totalmente indiferente a la impresión que causo a alguien cuando nos conocemos. Yo sé que trataré a los demás con amabilidad y respeto porque es lo correcto y no porque esté intentando caerles bien. Si no le caigo bien a alguien, no pasa nada. Y si pasa lo contrario, tampoco. No afectará a quién seré ni a mi autoevaluación. Hay individuos que, al conocer a un líder que consideran más importante que ellos, se atrancan al hablar. En lugar de conseguir un amigo nuevo o un contacto empresarial, se convierten en fans de dicho líder, lo que hace que este se quede frío.

Uno de los Momentos de Impacto de Julia era la negociación con clientes. Uno de los de Shaun eran las presentaciones de cuentas. Al principio de mi carrera profesional, mi Momento de Impacto se daba cuando me reunía con clientes potenciales. Tartamudeaba, me atrancaba al hablar y daba la impresión de ser inseguro y poco resuelto a la hora de cerrar la venta.

Aquí tienes tres Momentos de Impacto habituales. Utilízalos como inspiración para encontrar los tuyos. (Si quieres información más detallada sobre cada mundo, como el del deporte, el de los negocios y el de la vida personal, visita AlterEgoEffect.com/moi.)

Hacer presentaciones o hablar en público. Muchas personas tienen tics nerviosos y dicen frases desordenadas. También les sudan las manos y resuellan. Saben que no pueden evitar tener que hacer una presentación en una reunión de personal, o se dan cuenta de que, para mejorar su negocio *online*, tienen que empezar a organizar más sesiones de formación o seminarios web. Trabajo con bastantes personas que tienen dificultades con este Momento de Impacto, lo que hace que, a su vez, logren un mal resultado que puede perjudicar significativamente su carrera profesional. Tienes que estar más que cómodo al ser el foco de atención; cuando alguien habla en público, la gente quiere ver a alguien que parezca haber nacido para hacerlo. Esto sucede tanto si estás en la sala de juntas de una empresa como en un escenario en un acto o durante una reunión de equipo.

También se puede dar el caso de alguien que está en una reunión y duda, se preocupa y juzga sus capacidades y aportaciones. Se pone tan nervioso o se siente tan inseguro que, en lugar de decir lo que piensa y las ideas que se le ocurren, se queda callado.

Hacer networking o conocer a alguien por primera vez. Por una parte, hay gente que al entrar en un acto se convierte en «los que no bailan y se quedan observando junto a la pared». Solamente hablan con la gente que conocen, o sienten tal incomodidad que parece que sean raros o que estén nerviosos. Por otra parte, hay personas que van a toda marcha y recorren la sala soltando tarjetas de visita a todo el mundo que hace contacto visual con ellas. He trabajado con personas que pasan como un vendaval por una sala y pierden verdaderas oportunidades de conectar de forma significativa. Conocer y conectar con personas continúa siendo una de las formas críticas que tenemos para hacer crecer nuestros negocios y nuestras carreras profesionales.

Cerrar una venta. A veces hay señales que indican que alguien quiere comprar un producto o servicio. Pero, lamentablemente, el vendedor está demasiado ocupado siguiendo su secuencia o su proceso y pierde al cliente. Este vendedor actúa como un robot en lugar de mostrarse flexible y comportarse como un ser humano. Se obsesiona por la idea de pedir dinero a alguien y acaba hablando a trompicones. Habla sin parar. Incluso he visto a veces cómo se cargaba la venta. O nunca cierra la venta porque da la impresión de ser demasiado inseguro o tímido.

¿CUÁL ES TU MOMENTO DE IMPACTO?

Si aplicas los Cinco Puentes del Progreso a la Capa de Acciones, querrás utilizar estos dos elementos del marco:

- Dejar de hacer algo / dejar de retener / dejar de evitar / dejar de comportarse de cierta forma / dejar de elegir.
- Hacer algo menos / elegir algo menos.

Recuerda que la Capa de Acciones contiene tus acciones, reacciones, comportamientos, habilidades y conocimiento. Son todas las capacidades que llevas a tu Campo de Juego. ¿Cómo te muestras? ¿Cómo actúas? ¿Cómo te comportas? ¿Qué eliges? Si pasas todas estas preguntas por los puentes de Dejar y Menos, puede que encuentres algunos elementos clave que te impiden lograr lo que quieres.

Debemos mirar la Capa de Acciones del Modelo de Campo de Juego para investigar cómo podría estar afectando a tus resultados. Igual que en tu Mundo Ordinario, debes dar respuestas claras. Y precisas. Tienes que describir lo que sucede o no sucede durante tu Momento de Impacto.

Acuérdate de que ahora estás recabando todos los datos. Más adelante construirás un Alter Ego que aparecerá de una forma distinta —posiblemente, la opuesta— a lo que sucede en este momento en tu Mundo Ordinario.

Si lo necesitas, vuelve al último capítulo y mira lo que escribiste. Puede que hayas descubierto tu Momento de Impacto al describir tu Mundo Ordinario. Actívate o quédate atrapado, esas son las únicas opciones que tienes.

Con el trabajo que acabas de hacer, puede que veas más claro cómo vas a aparecer en tu Campo de Juego y los nuevos resultados que te esperan. ¿Por qué? Porque, para garantizar que hemos explorado todo tu mundo, vamos a arrojar luz sobre lo que ha provocado este rendimiento, o ese bajo rendimiento. Hasta ahora había algo que te acechaba en la penumbra, que impedía que apareciera tu Yo Heroico, con todas tus capacidades, habilidades y talentos. Ha actuado en las sombras, en secreto, pero no va a seguir así durante mucho más tiempo. Ha llegado el momento de arrojar luz sobre el Enemigo.

6

LAS FUERZAS OCULTAS DEL ENEMIGO

El entrenador que había al otro lado del teléfono cada vez estaba más nervioso y, al final, empezó a gritar: «¡Ella *debería* estar ganando los campeonatos principales, pero la pifia en esos partidos que podría ganar fácilmente! ¡Es que no lo entiendo!»

Después de hablar con el entrenador durante unos quince minutos, estuvimos de acuerdo en que era buena idea que yo formara parte del equipo. Rachel es una tenista que tiene un talento increíble y domina fácilmente a sus adversarios al principio del partido. Pero le cuesta mantener la fuerza y la gran ventaja que construye. Para el analista de salón, es como si su depósito perdiera toda la gasolina y no pudiera acabar. Su juego renquea, y sus adversarios a menudo pueden remontar y ganar el partido.

Cuando conocí a Rachel y le hice la evaluación de rendimiento y juego mental, no estaba claro por qué razón exactamente había aquel conflicto entre lo que ella era capaz de hacer y su rendimiento. Pero quedó claro gracias a un sándwich de beicon, lechuga y tomate.

Rachel y yo estábamos sentados en Penelope's, uno de mis restaurantes de *comfort food* preferidos de Manhattan, en el East Side. Es un sitio pequeño que tiene buena comida y uno de los mejores sándwiches de beicon, lechuga y tomate que puedas encontrar. Rachel estaba de paso por Nueva York para un acto con medios de comunicación y hablamos de su formación, de la temporada siguiente y de la vida en general. Cuando nos trajeron la cuenta, yo alargué la mano, pero ella cogió el papel al vuelo.

«Esta la pago yo. Tú pagaste la última vez.»

«No, no, no», le dije. «Te invité a comer. Estas son las reglas. El invitado nunca tiene que pagar.»

«Puedes pagar la próxima vez. Es lo justo.»

¡Bum! Todo cobró sentido. Aquel toma y daca insignificante al final hizo que todas las piezas del puzle encajaran.

Este concepto es tan importante que, a pesar de haberlo explicado con anterioridad, lo voy a repetir: las personas existimos en múltiples Campos de Juego. El de casa, el de los deportes, el de los amigos, el del trabajo o la carrera profesional, el de las aficiones, el de la salud y el bienestar y un largo etcétera. En cada uno de esos campos, tenemos que representar papeles distintos que tienen un conjunto de requisitos diferente. Mi rol de padre y mi rol profesional son muy distintos. Igual que mi rol deportivo y mi rol como esposo. Se trata de campos o escenarios en los que entramos y en los que actuamos y en los que debemos ser fantásticos y mostrar partes distintas de nosotros mismos.

En todo momento mostramos distintas versiones de nosotros mismos.

Es algo natural y humano. Quizás ahora mismo lleves una versión de ti con cualidades y rasgos específicos a tu Campo de Juego y en un Momento de Impacto que no te bastan. No te posicionan para tener éxito, y mucho menos para vivir en un Mundo Extraordinario, que es donde te gustaría estar.

Entonces, ¿quién o qué influye en esta versión de ti que aparece en el Mundo Ordinario?

Dentro del mundo del Efecto Alter Ego, lo denominamos el Enemigo.

Se trata de una fuerza que crea el conflicto interior y que impide que te muestres como tu Yo Heroico. Desde el principio de los tiempos, las personas han hablado de este fenómeno. Carl Jung lo llamaba *la Sombra*. En *La guerra de las galaxias*, era el lado oscuro de la fuerza. Para el mitólogo Joseph Campbell, eran los dragones a los que había que matar.

Te aseguro que el Enemigo no es nada nuevo, extraño ni antinatural. No es algo por lo que nos tengamos que odiar o castigar a nosotros mismos, aunque, en general, seamos *muy* buenos en hacernos esto.

La vida se caracteriza por la dualidad, por los opuestos. Luz y oscuridad. Nacimiento y muerte. Arriba y abajo. Dentro y fuera. Día y noche. Yin y yang. El mundo natural está lleno de dualidad y tú también formas parte de ese orden natural. Has estado luchando contra algo (el Enemigo) que, en realidad, es una parte natural de ti.

Ah, y, por cierto, tiene que estar ahí.

Para que haya luz, tiene que haber oscuridad. Para que haya un arriba, tiene que haber un abajo. Para que haya un Héroe, tiene que haber un Enemigo. Es cuestión de equilibrio.

Y, a pesar de que el Enemigo forme parte de ti, no es *tú*.

El Enemigo no es solamente la preocupación y la opinión que temes de los demás, sino que también es una mezcla de creencias y valores y rasgos específicos (habilidades, capacidades, comportamientos) que se magnifican y que te atrapan para impedir que actúes como tú quieres.

El Enemigo es la fuente de esos comportamientos y esas acciones no deseados que te mostré en el último capítulo. Tanto si eres dócil durante una negociación como si pasas el balón o no lo pasas todas las veces que sea necesario, como si te niegas a presentarte voluntario para liderar un proyecto o dices que sí a demasiadas cosas, es la fuerza del Enemigo lo que te ha atrapado. El Enemigo te ha robado tu momento y te mantiene oculto, sano y salvo, en el Mundo Ordinario.

LAS FUERZAS COMUNES

El Enemigo se oculta en la penumbra, tirando, retorciendo y manejando lo que denomino Fuerzas Comunes. Crea un efecto dominó de pensamientos, emociones y comportamientos negativos e impactantes que explican cómo y por qué aparecemos y obtenemos un mal resultado en nuestro Campo de Juego o en un Momento de Impacto.

Estas son algunas de las Fuerzas Comunes que pueden impedir que logremos nuestros objetivos:

- No controlar nuestras emociones.
- Carecer de autoestima.
- Preocuparse por lo que piensen los demás de nosotros.

- Dudar de nuestras capacidades.
- Asumir más riesgos en la vida.
- No actuar de forma deliberada.
- Tener una mala actitud.

Recuerda que, como se muestra en el Modelo de Campo de Juego [Figura 3.5], al Enemigo le encanta utilizar estas fuerzas en cualquiera de las capas.

- Preocuparte y ponerte nervioso respecto al Campo de Juego y a las personas que están en dicho campo; tu jefe, tu entrenador, tu adversario, el mercado, tu casa, la presión de la situación.
- Tener dudas sobre si tienes las habilidades, las capacidades, los recursos o el aguante para hacer que suceda algo, para lograrlo, para ganar.
- Carecer de autoconfianza para mostrarse y tener el mejor resultado posible, aunque tengas las habilidades potenciales para lograrlo.
- Preocuparte por los riesgos de intentar algo nuevo y probablemente fallar, aunque se trate de dar un paso pequeño.

Al final acabas racionalizando que es más fácil ir a lo seguro, porque así no te despedirán o no te sacarán del equipo. De todas formas, tu Verdadero Yo siente la punzada de no correr el riesgo.

Tener una mala actitud se puede convertir en una forma de poner excusas para no esforzarse más, para superar la resistencia y, básicamente, hacerte sentir a salvo. ¿Alguna vez te has dicho a ti mismo que no necesitas entrenar hoy? ¿Que está bien ser holgazán y que te esforzarás el doble mañana?

La única razón por la que digo que estas fuerzas son comunes es que son las fuerzas de las que más se habla con amigos, compañeros de trabajo o familiares. El ejemplo personal que comenté, cuando, dejándome llevar por la rabia, propiné un puñetazo a un jugador del equipo contrario en un partido de voleibol, es un buen ejemplo de la incapacidad de controlar las emociones. No había ninguna razón más profunda acechando en las sombras, sino que era, simplemente, inmadurez y falta de control emocional. El simple hecho de que sean fuerzas obvias no hace que sean menos problemáticas. Sin embargo, tal y como verás, un Alter Ego puede superar más fácilmente estos tipos de fuerza.

La única Fuerza Común que quedaba por comentar es «no actuar de forma deliberada», y es porque no se suele abordar. De todos modos, es un factor común en la falta de resultados de casi todas las personas. El poder de pensar en términos de Campos de Juego te permite actuar de forma deliberada respecto a quién aparece, que es una de las grandes ventajas de tener un Alter Ego. El problema que surge cuando una persona no actúa de forma deliberada es que puede proyectar aspectos de su personalidad en el Campo de Juego que no son adecuados para la actividad. Profundizaré más sobre esta fuerza a lo largo del libro a medida que creemos tu Alter Ego. También te mostraré cómo afectó a Rachel, la tenista, más adelante en este capítulo.

La mente humana es una fábrica gigante capaz de producir cualquier número de imágenes y emociones potentes que pueden ayudar o perjudicar a tu causa.

«No estás listo para ese ascenso. Nunca has dirigido a personas.»
«¿Seguro que quieres gastar tanto en una inversión inmobiliaria? Es un riesgo grande y, hasta ahora, solamente has hecho negocios más pequeños.»
«No lances el penalti, ¿qué pensará todo el mundo si fallas?»
«Mary es mejor chef que tú y ni siquiera ella tiene su propio restaurante. ¿Por qué crees que tú serás capaz de abrir uno?»
«Probablemente deberías dejar que Charlie sea el capitán. Es mejor líder que tú.»
«Montas un negocio cuando ya eres demasiado mayor. Deberías de haberlo hecho hace años. Dejaste pasar la oportunidad.»
«No eres demasiado bueno convenciendo a la gente para que compre lo que vendes, probablemente te costará mucho cerrar una venta.»
«¡Tu nueva estrategia de marketing es un asco!»

¿Alguna de estas frases te resulta familiar? El Enemigo utilizará estas preocupaciones, dudas y destructores de confianza para impedir las posibilidades de que te muestres como puedes hacerlo realmente. Trabajé con un jugador de baloncesto al que le costaba dejar de preocuparse por lo que pensaran de su juego sus padres y los fans que estaban en las gradas. Estaba tan absorto en lo que pensaban de él otras personas que tenía problemas para mantener el ritmo y cometía muchos errores porque no tenía la cabeza en el partido. Es una de las miles de personas que he conocido a quienes les preocupa lo que piensen los demás.

La mayor dificultad para Karen, directora financiera de una empresa consultora, era hacer presentaciones. Su cargo ejecutivo implicaba que eso fuera una gran parte de su trabajo. No importaba que su información y su análisis fueran adecuados o que siempre fuera una de las mentes más agudas y brillantes de la sala. Dudaba de sí misma.

La frase «No puedo hacer presentaciones» se repetía en bucle en su cabeza antes, durante y después de la presentación. Cuando tenía que hablar ante un grupo, sus nervios y su ansiedad eran visibles. Se le quebraba la voz y, cuando le hacían una pregunta, tartamudeaba, se atrancaba y perdía el hilo, para gran consternación suya.

No se limitaba a juzgarse a sí misma, sino que se agobiaba al preocuparse porque los demás seguro que la juzgarían, lo que creaba un círculo vicioso que perpetuaba la creencia de que no era una presentadora excelente.

He descubierto que la mayoría de las personas tienen habilidades y conocimientos a su alcance para que transformen sus resultados. Karen lo hizo, y encontró a un Alter Ego para batir al Enemigo y hacer presentaciones fantásticas. El Enemigo utiliza a escondidas las fuerzas para tramar un argumento persuasivo contra ti e impedir que tomes medidas, como montar el negocio o ir tras ese ascenso.

Por cierto, no defiendo que la gente finja tener una gran habilidad técnica sin hacer el trabajo. Si quieres ser cirujano cardiotorácico, tienes que tener títulos avanzados y años de estudios y experiencia antes de estar listo para asumir ese papel. Pero cuando lo asumas, tienes que dar lo mejor de ti el cien por cien del tiempo.

A pesar de que esas son las Fuerzas Comunes que pueden frenarte o detenerte, existen Fuerzas Ocultas que son más difíciles de detectar y que pueden controlar tu vida como si fueran las cuerdas de una marioneta. Pueden adoptar estas formas:

1. Síndrome del impostor.
2. Trauma personal.
3. Relatos.

FUERZA OCULTA 1: SÍNDROME DEL IMPOSTOR

Cuando empecé a trabajar con Dave, él ya había montado un negocio de venta de productos de *software* y lo había hecho crecer. Había logrado bastante impulso en el mercado y estaba listo para ampliar y expandir la empresa. Para ello, tenía que introducirse en el espacio corporativo donde tenía margen para crecer. No disponía de un *cash flow* suficientemente constante para financiar la siguiente etapa de crecimiento, así que por primera vez buscaba a inversores, más concretamente, a inversores de capital de riesgo. Con su historial de éxito, le resultó fácil concertar reuniones con importantes inversores de este tipo.

Uno pensaría que todo se había puesto del lado de Dave, y así era.

Salvo que Dave no estaba alineado consigo mismo.

En lugar de entrar con paso decidido en aquellas reuniones, iba como un perro con el rabo entre las piernas. No es de extrañar que no consiguiera las respuestas que esperaba. Por eso me vino a ver.

Después de hablar con Dave un rato, tuve claro que era listo, competente y experto. Pero él no se sentía realizado.

Quitaba importancia a muchos de sus logros y a su trabajo duro, diciendo que había sido cuestión de «suerte» o de «estar en el sitio adecuado en el momento justo». Y, sencillamente, no veía que encajara con aquellos inversores de capital de riesgo.

Lo que afectaba a Dave es una fuerza llamada síndrome del impostor. Muchas personas de éxito y que llegan muy alto lo padecen. Si tu Enemigo te ataca con el síndrome del impostor, consuélate, porque le pasó lo mismo a Albert Einstein, Maya Angelou, John Steinbeck y Tina Fey, por nombrar a unos pocos. Todos estos triunfadores manifestaron que sentían que eran un fraude.

Cuando el Enemigo coge fuerza con este síndrome, te susurra un relato siniestro en el oído, inventándose una historia de que tu éxito tiene que ver más con suerte o casualidad o tus genes que con el trabajo duro. Provoca que la gente no tenga en cuenta sus habilidades y capacidades o victorias anteriores. Este síndrome es uno de los problemas más traicioneros que pueden influir en tu comportamiento y en tus acciones en tu Campo de Juego.

Steve Jobs dijo: «No puedes conectar los puntos mirando hacia adelante; solo puedes hacerlo mirando hacia atrás». Eso es lo que hará el Enemigo para justificar tus logros y tu éxito. Conecta todos los puntos que hubo antes en una secuencia lógica y se inventa un relato convincente que resta importancia a tu trabajo duro y minimiza tus logros.

«Sí, bueno, estaba en el lugar adecuado en el momento oportuno», dirá el Enemigo. «Claro que gané un premio. Hace mucho tiempo que hago esto, y era inevitable. Sería un fracasado si no hubiera ganado nada a estas alturas.»

O la fuerza del síndrome del impostor lo racionalizará: «No es para tanto. Muchas otras personas lo han hecho».

No hay forma de adueñarte del éxito que consigues y ponerlo en la columna de las victorias. La fuerza no te dejará hacerlo.

¿Qué sucede cuando el síndrome del impostor se apodera de ti? Te aterra que te descubran. A pesar de todos los elogios recibidos y éxitos cosechados, eso era lo que temía Maya Angelou. «He escrito once libros, pero cada vez que escribo pienso: "Ay, ay, ay, me van a descubrir. He jugado con todos y van a descubrir el pastel"»[22]. Te sorprendería saber cuántas personas de éxito piensan que las van a «descubrir» y, después, las aislarán y ridiculizarán. Es algo irracional. Solamente sucedería si *de verdad* no tuvieras ninguna habilidad, capacidad ni conocimiento, pero, en general, no es lo que le ocurre a la gente.

Ese es el mayor miedo, ¿verdad? Ser descubierto y expulsado de la tribu. Por naturaleza, somos tribales. Los seres humanos sobrevivimos durante milenios porque formábamos parte de una tribu que cazaba, recolectaba, proporcionaba refugio y protegía a sus miembros frente a los elementos naturales, los depredadores y otras tribus. No podías ir a cazar y vigilar el fuego a la vez. Necesitabas a otras personas para tener la esperanza de sobrevivir durante la noche. Si tu tribu descubre que eres un fraude, se te activa el primitivo «Ay, ay, ay, ¡me van a expulsar! ¡Voy a estar desamparado!»

---

22. Carl Richards: «Learning to Deal with the Imposter Syndrome», *New York Times*, 26 de octubre de 2015, https://www.nytimes.com/2015/10/26/your-money/learning-to-deal-with-the-impostor-syndrome.html.

Cuando una persona está afectada por el síndrome del impostor no se toma en serio a sí misma, ni a sus capacidades, ni a sus logros. Si no te tomas en serio en ningún Campo de Juego, es probable que no consigas los resultados que quieres.

FUERZA OCULTA 2: TRAUMA PERSONAL

Hay personas que han tenido una vida dura. Han pasado por sucesos muy traumáticos: han vivido una guerra, o la muerte de su padre o de su madre, o han crecido en la pobreza, han sufrido malos tratos en casa, han padecido discriminación, han sido objeto de burlas cuando eran niños, han sufrido problemas de salud o han pasado por alguna otra experiencia que les ha marcado.

Friedrich Nietzsche escribió: «Vivir es sufrir, sobrevivir es hallar sentido en el sufrimiento».

No puedes curar heridas emocionales con un Alter Ego. No necesitas llevar ese peso contigo a todas partes. No es que haya que descartar cualquier trauma, sino que hay que tener en cuenta que las historias que nos cuenta el Enemigo sobre nosotros, sobre los acontecimientos que hemos experimentado, a menudo no nos sirven. El Enemigo te culpará por haberlo provocado tú mismo, o te dirá que la gente con tu pasado no lo puede superar. Esa historia que sale de dentro procede del Enemigo.

Veamos el caso de Javier. Es jugador de fútbol y su entrenador pensaba que la mejor forma de motivar a sus jugadores era gritarles. Algunos lo necesitaban.

Pero Javier, no. Su padre era alcohólico y en casa y con sus hijos se comportaba como un sargento. Era un hombre imponente con un genio aterrador que funcionaba mediante el miedo.

Siempre que su entrenador gritaba, Javier no sentía una inyección de energía motivadora, sino que le provocaba una reacción emocional conectada a su historia personal. Afloraban sentimientos de terror. Su pasado se interponía en su camino y hacía que sus emociones se desbordaran y cometía muchos errores y hacía muchas faltas.

Cabe señalar que la historia personal no es el Enemigo. El Enemigo solamente utiliza los traumas del pasado en tu contra si puede. A las personas les pasan cosas que no quieren constantemente, pero las utilizan para impulsar su éxito. Más adelante en el libro, conocerás a gente que ha utilizado sus traumas del pasado para cambiar el significado de aquellos hechos. O que ha creado un Alter Ego a partir de cero que no ataca esa historia y al final puede mostrarse como desea.

FUERZA OCULTA 3: RELATOS TRIBALES

Esta es una de las fuerzas más potentes porque afecta a tu pensamiento y a tu comportamiento en tu Campo de Juego a partir de los Impulsores Centrales. Se trata de las cosas más profundas con las que conectas y las creencias inconscientes que has adoptado debido a los relatos predominantes. El Enemigo es escurridizo. Pasa desapercibido y se conecta a historias sobre lo que un grupo concreto de personas puede o no puede hacer. Crea creencias sobre quién merece lograr una cosa determinada, algo que quizás hayas adoptado sin saberlo y que ahora influyen en cómo ves el mundo y lo que es posible.

Si yo creciera con un relato familiar que dijera: «Los Herman no tienen dinero» o «Los Herman son gente mediocre», ese pensamiento y esa creencia afectaría a mi comportamiento, mi rendimiento y mis ideas de lo que es posible.

El Enemigo, como relato tribal, también puede estar alrededor de tu familia. Es el relato que tu familia ha contado durante generaciones. «No somos emprendedores» es algo que oigo de muchos de mis clientes de empresa que, a menudo, son los primeros de su familia que han montado un negocio. ¿Esta historia es cierta? No. Cualquier persona puede ser emprendedora. Sin embargo, su Enemigo está escribiendo un cuento basado en su historia y en lo que han experimentado y está afectando al yo que se muestra.

Un ejemplo fantástico de alguien que supone un desafío para el *statu quo* es Misty Copeland. Es una bailarina consagrada de ballet y la primera afroamericana nombrada bailarina principal del famoso American Ballet Theatre. Cuando ella se estaba formando como bailarina, no había nadie con su aspecto en los niveles más elevados. Además de ser la afroamericana en un mundo de danza clásica predominantemente blanco, también tenía un cuerpo más musculoso que las clásicas bailarinas pequeñas y delicadas a las que estaba acostumbrado el mundo del ballet. Ahora es una bailarina célebre del American Ballet Theatre, que actúa en los escenarios más importantes del mundo ante miles de aficionados. Ella podría haber sucumbido fácilmente al Enemigo que le decía que los afroamericanos no pertenecen a ese mundo. Pero ella eligió otra cosa y ha inspirado a muchas chicas para que sueñen a lo grande.

Mencioné la necesidad de formar parte de una tribu cuando expliqué la fuerza del síndrome del impostor. Está en nuestro ADN. Imagínate que vives como un cavernícola, con tigres dientes de sable y mamuts lanudos campando por la tierra. Imagina que te echan de la tribu. Estarías solo, tendrías que cazar, vestirte y encontrar refugio por tu cuenta. ¿Quién te protegería?

Todavía nos aferramos a ese deseo de encajar, de encontrar nuestras tribus y de ser aceptados por ellas.

Una de las tribus más influyentes en nuestra vida es la familia. He visto a muchas personas luchar contra las expectativas de sus familiares o contra las creencias sobre lo que significa ser un buen miembro de ese grupo. Y esa batalla les ha impedido vivir la vida que querían. Yo procedo de una familia que está increíblemente unida. Mis dos hermanos, mi hermana y mis padres viven cerca de la granja de mi familia en Alberta, una granja que ha sido de mi familia durante generaciones.

Me encantaría vivir más cerca de ellos y que mis hijos pudieran conocer más a sus primos y estar más con ellos. Me gustaría ver a mi familia más a menudo. Pero yo tomé la decisión de construir una vida en otro lugar. Elegí la ciudad de Nueva York porque sabía que me ofrecería más oportunidades para mi carrera y mi crecimiento profesional. Incluso ahora, décadas después de haberme ido de casa, todavía siento al Enemigo tirar de esta cuerda de vez en cuando. Todavía oigo esa voz persistente que me pregunta por qué me fui y qué tipo de hijo o de hermano se va.

Con demasiada frecuencia, el Enemigo hace que nos preocupemos tanto de disgustar a nuestros allegados que afecta a nuestras decisiones. Hace que tomemos decisiones en contra de lo mejor para nuestra carrera, de nuestros esfuerzos creativos y de lo que queremos de verdad.

No sabes el número de personas que, cuando empezamos a examinar qué ocurre, resulta que tienen miedo de mostrar su Yo Heroico. ¿Por qué? Porque temen el éxito y el hecho de dejar su Mundo Ordinario y entrar en el Extraordinario, donde puede que sus amigos y su familia no acepten su nueva realidad. Se encontrarán deambulando en una tierra desolada, solos y sin nadie que les apoye.

Durante una actividad de formación *online*, yo actuaba de coach de un profesor de la Universidad de Nueva York que había trabajado previamente en la Universidad de Carolina del Norte y en la de Stanford. Durante seis años, había construido un negocio dedicado a cómo crear culturas empresariales mejores enfocadas a líderes del mundo empresarial. Creó una fórmula y un programa de estudios y tenía muchas ganas de trabajar con empresas del área metropolitana de Nueva York. Él ve su Mundo Extraordinario con claridad, pero no ha sido capaz de dar el paso para ir desde el Mundo Ordinario al Extraordinario.

«Con el trabajo de profesor a tiempo completo en la universidad y el lanzamiento de esta empresa de formación, simplemente, no tengo tiempo. Y no puedo contratar a alguien para que me ayude con este tema», me empezó a contar.

Lo interrumpí.

«Un momento, ¿Por qué no puedes contratar a alguien?»

«Porque, si los profesores de mi especialidad descubrieran que he contratado a alguien para que haga la investigación de este programa, seré el hazmerreír.»

«¿Cómo lo sabes?»

«Bueno...», replicó, pero lo interrumpí.

«¿Te das cuenta de que eso es lo que imposibilita que los clientes de la mayoría de los profesores universitarios se beneficien de las ideas inteligentes que estos puedan aportarles? ¿Te das cuenta de que estos pensamientos y creencias son lo que impide que las personas como tú lancen algo a un mundo más amplio? Te preocupa lo que todos los demás profesores, las personas de tu tribu, piensan de ti. Pero ¿qué más da lo que piensen? Ellos no son quienes te pagan el sueldo. No son los que pueden beneficiarse de tus ideas y soluciones.»

Se quedó mirándome fijamente.

Casi todos buscamos la aprobación de nuestros iguales, de las personas que consideramos que son nuestra tribu.

¿Y tú? ¿La tercera fuerza te atrapa de alguna forma? Nuestra familia y nuestros iguales solamente son dos de las maneras que utiliza este Enemigo para mantenernos atrapados. Pero también existen ideas culturales, religiosas, raciales y de género que nos dan vueltas en la cabeza.

«Esto es solamente para esa gente. Si yo hiciera eso, mi gente pensaría que soy un traidor.»

«A los de mi iglesia / mezquita / sinagoga no les gustaría que yo hiciera eso.»

«Solamente los hombres pueden hacer eso.»

«Solamente las mujeres pueden hacer eso.»

«Se me dan genial las mates y las ciencias, debería dedicarme a la medicina o la ingeniería.»

«Los canadienses son agradables y nunca discuten.» (Tenía que colocar esta frase aquí.)

El quid de la cuestión es que el Enemigo tiene muchas formas de presionarte para que no tomes medidas sobre tus objetivos y hace que elijas quedarte atrapado. Pero no por mucho tiempo...

¿Qué pasó con Rachel?

¿Te acuerdas de Rachel, que apareció anteriormente en este capítulo? ¿Qué hacía que ella no estuviera a la altura en su Campo de Juego, la pista de tenis? ¿Por qué el sándwich de beicon, lechuga y tomate me hizo darme cuenta de repente de qué era lo que provocaba que apareciera el Enemigo en la pista de tenis?

Era sencillo: Rachel valoraba la justicia. Es una de las personas más dulces y bondadosas que he conocido en mi vida. Pero cuando alguien se saltaba la cola en una cafetería, se ponía de los nervios. Si veía a un sintecho en la calle, le daba lo que llevara encima para que su día fuera más cómodo. Era extremadamente caritativa.

Y ahí es cuando tú piensas: «¡Genial! ¿Por qué va a ser un problema? Necesitamos más gente así».

Estoy de acuerdo, pero hay un momento y un lugar para todo, y el deporte o la competición no es el Campo de Juego en el que hay que ser caritativo.

Le dije enseguida: «Rachel, creo que por fin he resuelto tu misterio».

Tras salir del restaurante y cuando estábamos en la esquina de la calle Treinta y una y Lexington Avenue, me preguntó: «¿Qué quieres decir?»

Así que le pregunté: «Cuando vas ganando a alguien cómodamente y le sacas mucha ventaja, ¿qué empiezas a pensar o a sentir sobre esa persona?»

Después de darle vueltas al tema un momento, respondió: «¿De verdad tienes que ganarle de esta forma? ¡No la hagas quedar mal! ¿Tienes que restregarle que eres mejor que ella? ¿Estás intentando hacerle pasar vergüenza para presumir? Yo no soportaría perder de esta forma».

«Y, entonces, ¿qué ocurre?»

«En ese momento, aflojo el ritmo.»

«Exacto. Y por eso llevas a la Rachel "de la vida diaria" a la pista de tenis. La Rachel que valora la justicia y que todas las personas reciban un trato igual. Y eso hace que cedas. La única justicia que importa en la pista es que respetes las reglas del deporte, *no* si tienes que dejar que alguien pierda solamente por unos puntos. En las competiciones hay ganadores y perdedores, y tu rol es esforzarte al máximo y ver en qué lado acabas.

»Y, ahora mismo, estás en el que decide que alguien no debe experimentar "vergüenza, humillación o fracaso" y le estás robando la oportunidad de mejorar. Porque esas experiencias a menudo crean el catalizador para el cambio para alguien, y *eso* no es justo. Tú das a esa persona una falsa sensación de ser buena. Tú tienes que utilizar todas tus habilidades en esa pista, y si al final resulta que la machacas en el partido, ¡genial! Le acabas de dar un regalo.»

Raquel permaneció en silencio un momento, mientras los taxis circulaban como una bala y la gente pasaba apresurada a nuestro alrededor en la acera. Y, al final, dijo: «Nunca lo había pensado de esa forma. ¡Tiene tanta lógica! La "Rachel de la vida diaria" tiene un propósito, y la "Rachel de la pista de tenis" necesita un personaje que se adapte a ese entorno».

«Exactamente.»

No hay nada malo en valorar la igualdad. Pero en el mundo de los deportes y la competición no tiene cabida. Evidentemente, sí que hay que tener espíritu deportivo, pero alguien tiene que perder. La justicia era una parte tan esencial de Rachel que cuando estaba en la pista de tenis contribuía a sabotear su rendimiento.

Nunca intenté convencer a Rachel para que no valorara la justicia, ni le dije que tenía que cambiar ese valor, sino que creamos un Alter Ego que no llevara su definición de justicia al Campo de Juego. Su Alter Ego valoraba la competencia feroz y ganar con honor, como una deportista y campeona de verdad.

Volviendo a las fuerzas del Enemigo, si no tienes claro qué o quién tiene que mostrarse en tu Campo de Juego, puedes acabar llevando un Yo Atrapado a ese campo que no te servirá.

En los capítulos anteriores utilizamos dos de los Cinco Puentes del Progreso, Dejar y Menos, en la Capa de Campo de Juego y la Capa de Acciones del modelo. Ahora, hay que aplicar este marco a la Capa de Creencias y a la de Impulsores Centrales para descubrir los bloqueos y las fuerzas que afectan a tus resultados. ¿Qué quieres?

- Dejar de creer / dejar de pensar / dejar de valorar / dejar de proyectar / dejar de juzgar / dejar de llevar el peso de algún relato tribal.
- Sentir menos / pensar menos en / preocuparte menos de / dudar menos de.

Si piensas en alguna de las Fuerzas Ocultas y Comunes, podrías aplicar el marco Dejar o el Menos a cualquiera de estas opciones.

En estos últimos capítulos, al identificar todas las cosas que quieres Dejar de hacer o de las que quieres Menos, la manera como «piensas, sientes, actúas o experimentas» te ayudó a llegar a este punto en el que puedes tener claro cuál es el Enemigo y qué es lo que te podría tener «atrapado» en el Ordinario. Sin tener claro este punto es difícil construir un Alter Ego potente, porque no entenderás del todo la «visión» ni la «causa» que hay detrás. Por eso, la filosofía «fíngelo hasta que lo consigas» ha fracasado para tantas personas.

El hecho de «fingir» hasta «conseguirlo» siempre conlleva una intención equivocada. En cambio, tener una visión clara a partir de un deseo profundo por lo que quieres en un Mundo Extraordinario activa un Yo Heroico, algo que sientes que te representa de verdad y que eres capaz de lograr o crear.

Por el contrario, el Yo Atrapado solamente se considera atrapado porque cuando miras los resultados que estás consiguiendo y quién se muestra, no parece que sea tu verdadero yo. Jung lo denominó la Sombra; nosotros lo llamamos el Enemigo. Y, tal y como te he mostrado en los ejemplos anteriores, puede ser tan sencillo como seleccionar los rasgos equivocados y utilizarlos en momentos equivocados. Es como si un vaquero llevara un cuchillo a un duelo entre pistoleros.

En otro Campo de Juego, esta versión de ti mismo puede ser la mejor versión que puedas llevar, como en el caso de Rachel y su fantástica cualidad de valorar lo que es justo. Es cierto que resulta alucinante, pero también es lo que permite pensar en la vida a través del cristal de varios Campos de Juego.

CÓMO CONVERTIRTE EN TU PROPIO COACH

Como coach de rendimiento y juegos mentales, mi trabajo consiste en sostener un espejo para los atletas y los líderes con los que trabajo. Debo conseguir que vean sus comportamientos y comprendan la fuerza motriz que hay detrás de cómo y por qué se muestran en sus Momentos de Impacto.

Lo que acabo de hacer es examinar con más detalle cada una de las fuerzas para que tú puedas sostener tu propio espejo. Para algunas personas, esto resulta algo incómodo. Siempre que me siento incómodo, me recuerdo a mí mismo que este ejercicio es como revisar grabaciones de partidos. Los deportistas ven vídeos de entrenamientos y de partidos para diseccionar su forma y encontrar puntos que deben perfeccionar y entrenar para garantizar que muestran su mejor yo.

Eso es todo lo que haces ahora mismo con estas fuerzas. Estás mirando grabaciones de partidos, recabando información y averiguando por qué deberías mostrarte tal y como eres en este momento.

Quizá quieras leer de nuevo acerca de las fuerzas. Ten curiosidad. Descubre cosas nuevas. Di para tus adentros «Mmm, eso es interesante». Sorpréndete por lo que descubres. Estas sugerencias implican que utilices los factores de motivación intrínsecos inherentes en todos nosotros para mirar tu mundo con una mentalidad mejor.

A veces, las fuerzas puede que se solapen. Tal vez leas la lista y digas: «Sí, tengo esa, y esta, y, ah, y esa seguro que también». Puede que veas que solamente te identificas con una. Incluso puede que descubras que no te encaja ninguna. Si resulta que dices: «Todd, no sé de dónde vienen mis pensamientos, emociones y comportamientos», no pasa nada. A veces no hay una Fuerza Común u Oculta en acción. No dediques demasiado tiempo a revolverlo todo dentro de la caverna oscura. Si no está ahí, no está y punto.

Debes ser tu propio coach, y lo harás bien. No olvides nunca esto: el Efecto Alter Ego es algo que ya sabes hacer de modo inherente. Y si te preguntara: «¿Qué haría Batman? ¿O Ellen DeGeneres? ¿O James Bond?», automáticamente sabrías cómo jugar con la idea. Quizá no de una forma impecable, pero serías capaz de jugar con esos Alter Egos y mostrarte de una forma ligeramente distinta. Con este libro, solamente te doy más profundidad y potencia para que lo conviertas en una fuerza de cambio extremadamente potente.

Así que, si estás listo, pongamos una última etiqueta a este Enemigo.

7

CÓMO SACAR AL ENEMIGO DE LAS SOMBRAS

En 2009, Valeria Kuznetsova era una joven estrella en alza en el mundo del tenis. Creció en un pueblo pequeño y rural de Kalynivka, en las afueras de Kiev (Ucrania). Su pueblecito era igual que los demás que salpicaban la campiña de su país excepto por una pequeña diferencia que afectaba a Valeria profundamente. La mayoría de niños eran varones.

Y eran implacables.

Su hermano mayor, Dmitry, intentaba protegerla de las burlas, pero incluso él a veces se reía de ella. Le tomaban el pelo por ser una niña, por ser delgaducha y prácticamente por cualquier cosa. Lo peor era cuando no le dejaban jugar a sus juegos. A fútbol, no, porque era pequeña... A baloncesto, tampoco, porque era demasiado endeble... A rugby, no, porque... era niña.

Pero ella no se desanimaba, luchaba para poder participar en los partidos. Pero, en cuanto cometía un error, la obligaban a salir del terreno de juego.

Un día, después de volver a ser expulsada de un partido más, fue a casa llorando a su *tato* (padre) y le gritó: «¡Los niños han vuelto a ser malos conmigo!» El padre se levantó del sillón, fue hasta el armario, cogió una raqueta de tenis y una pelota, se las pasó y le dijo: «Sal fuera y golpea a esa pelota contra el garaje cien veces».

Valeria estaba enfadada porque su padre no le iba a ayudar gritando a los chicos, pero le arrebató la raqueta y la pelota de la mano, salió dando fuertes pisotones y empezó a golpear la pelota contra la pared de la casa, murmurando lo mucho que odiaba a Vlad, a Sergey, a Alexander, a Sasha y, sobre todo, a Igor, el más malo de todos.

Doce años después, Valeria se había convertido en una de las mejores tenistas del mundo. Había utilizado aquella rabia, indignación y humillación para ascender vertiginosamente y llegar a lo más alto en el mundo del tenis. Pero había un problema.

Cuando me llamó su entrenador para que fuera a Flushing Meadows en Queens (Nueva York), había pánico en su voz. Él era consciente de que aquella chica tenía un gran talento, pero veía cómo desembocaba en una angustia mental cada vez que empezaba a cometer fallos o errores no forzados.

Cuando llegué, Valeria se estaba preparando para empezar un partido contra una jugadora mucho peor clasificada que ella. Al principio del partido, Valeria dominaba a su adversaria, pero, entonces, como decimos en el mundo de los deportes, «las ruedas se desprendieron». En el momento en el que empezaba a cometer el más mínimo error, podías verla pasearse nerviosa y murmurar. Y cuantos más fallos cometía, más agitada y expresiva se mostraba.

Tras acabar el partido, que consiguió ganar, nos reunimos en el hotel para charlar, para ver si encajaríamos.

Le pregunté qué se decía a sí misma cuando estaba paseando nerviosa por la línea de saque de fondo.

Primero, se sorprendió; luego, se sintió avergonzada.

«¿Lo viste? ¿Me viste hablando sola?»

Me eché a reír y dije: «Claro. Pero no creo que sea algo malo. Todos hablamos para nuestros adentros. El quid de la cuestión es si esa conversación es constructiva para nuestra capacidad de rendir y mejorar».

Se han llevado a cabo numerosos estudios sobre el poder de hablar con uno mismo, y se afirma que mejora el rendimiento. Un estudio publicado en *Adolescence* en 1994, titulado «Private Speech in Adolescents», mostraba que narrar el proceso de tus acciones mejora tu rendimiento. Pero hay que ver también la otra cara de la moneda.

¿Qué ocurre cuando tu diálogo interno no es tan positivo?

Valeria me contó que decía cosas como estas:

«Métete en el juego.»
«Usa la cabeza.»
«Deja de forzarlo.»
«Deja de ser idiota.»
«Otra vez no.»

O se hacía preguntas de este tipo:

«¿Qué haces?»
«¿Por qué dejas que vuelva al juego?»
«¿Por qué no te calmas?»

Quizá te sientas identificado con este tipo de conversación.

Valeria había caído en la trampa de tener una «conversación circular de intimidación» en la cabeza, lo que yo denomino «efecto tiovivo». Se trata de una conversación que no va a ninguna parte, te deja molido y lo único que consigues es entrar en una espiral de diálogo cada vez más contraproducente.

De todas formas, como a nuestra mente le encanta crear una historia y convertirnos en el héroe, la solución es que tengamos un Enemigo con el que hablar cuando aparece un diálogo interno negativo.

Pasamos de un tiovivo interno negativo a un tira y afloja constructivo que nos permite echar al Enemigo a la línea de banda.

Cuando le expliqué este matiz a Valeria, se relajó enseguida, echó la cabeza hacia atrás y dijo «Igor», apretando los dientes. Después, me contó su historia de fondo, sobre dónde creció, los chicos del pueblo y todo lo que se burlaban de ella. Y que se quedaba junto a la casa de su familia, golpeando la bola contra la pared mientras murmuraba los nombres de los abusones.

Igor fue la etiqueta que puso a las «fuerzas» que utilizaría el Enemigo para intentar «atraparla» y tirar de ella hacia un Mundo Ordinario al conseguir que se enfadara o se frustrara. En lugar de añadir más emoción a su personalidad, que ya era bastante intensa de por sí, cogimos a Igor, redujimos aquel diálogo interno negativo al tamaño de un insecto molesto de un abusón de ocho años y lo expulsamos del Campo de Juego.

La rabia y la intensidad de Valeria la habían llevado a lo más alto, pero le iban a impedir ganar campeonatos. Se iba a quemar. Por eso, dimos la vuelta a lo que se había convertido en una Fuerza Oculta (su historia pasada) que reducía su rendimiento y nos enfrentamos a ella reduciendo su tamaño.

El hecho de poner nombre a tu Enemigo crea una distinción convincente entre los dos mundos que viven dentro de nosotros: el Ordinario y el Extraordinario. Permite que tu Yo Heroico responda al Enemigo que está intentando atraparte.

EL PROBLEMA CON LO QUE NO SE VE Y LO QUE NO TIENE NOMBRE

Cuando piensas en las películas que más miedo te han hecho pasar, ¿el asesino o el monstruo se reveló de inmediato? Probablemente, no. Porque cuando algo acecha en la penumbra, cuando no lo puedes ver, tocar ni atrapar, es más aterrador. Es desconocido. Y cuando algo es desconocido, resulta difícil de tratar porque la imaginación se descontrola y nos hace creer que es más grande de lo que es. Es el típico caso de «hay un monstruo debajo de la cama».

Por ejemplo, en la película *Tiburón*. En principio, Steven Spielberg tenía la intención de que el enorme tiburón mecánico tuviera un papel mucho más importante en el film. Pero se rompió, así que su equipo y él tuvieron que utilizar otros trucos para lograr el suspense. ¿Te acuerdas de la música? Se oyen unos sonidos graves y sabes que va a pasar algo, algo de las profundidades del océano…, pero no sabes cuándo ni dónde ni a quién golpeará.

Nadie ha visto al tiburón. Solamente ves a una chica chapoteando y, de repente, tiran de ella debajo del agua. ¡Es aterrador! Al no ver al Enemigo, Spielberg sabía que provocaría que nuestra imaginación se desbordara.

La imaginación es una herramienta poderosa, que utilizaremos deliberadamente para construir tu Alter Ego. Pero, como todas las grandes herramientas, puede lograr resultados positivos o negativos. A veces, si tu imaginación no está sujeta o controlada de forma correcta, se descontrolará y completará y creará una historia aún más aterradora. «¿Será grande esa cosa? No lo sé, ¡pero seguro que es enorme!»

Cuanto más tiempo permanezca en la penumbra eso que no vemos ni podemos tocar, más aterrador será.

En el último apartado empezamos a ver con más detalle el Enemigo y sus fuerzas. Ahora, quiero que lo saques de las sombras y le pongas un nombre.

Sí, quiero que pongas nombre a tu Enemigo.

En cuanto algo tiene un nombre, le has dado una identidad. Le has dado una estructura, una forma. Cuando damos una forma a algo, también estamos dando a nuestro Alter Ego algo que derrotar, algo que superar, algo contra lo que luchar.

Deja que te muestre lo que quiero decir. Cuando digo los nombres de Joker, Darth Vader o incluso Saddam Hussein, ¿qué has visto? Seguro que ha aparecido instantáneamente una imagen en la cabeza, algo tan automático como respirar, y, junto a esa imagen o pensamiento, puede que hayas sentido una emoción específica.

Este es el poder de poner nombre a algo. El nombre y la forma te permiten que hables con el Enemigo, que lo expulses de tu Campo de Juego y que le demos una buena patada para expulsarlo del Campo de Juego (te mostraré cómo más adelante en el libro).

Puedes escoger cualquier nombre.

En gran parte, depende de tu personalidad y de lo que tenga sentido para ti. Puedes ponerle un nombre tonto. O uno que dé miedo. O algo que te dé rabia o te haga enfadar. O algo que te asustaba pero que ya no te da miedo, como hizo Valeria con Igor. O, simplemente, le puedes poner un nombre de toda la vida como Michael, Sara, Jesse, Tony o Hans.

Atención con un Enemigo que aporta enfado y rabia. Pueden ser factores que hagan que los deportistas se concentren. He asesorado a deportistas olímpicos y a atletas profesionales que encauzaron la rabia durante la competición y jugaron con ella de maravilla. A diferencia de muchos libros de autoayuda que aconsejan la paz y la tranquilidad como camino para llegar al rendimiento, yo digo a mis clientes que la rabia y el enfado pueden activar un rendimiento máximo. De todas formas, tienes que asegurarte de que se ajusten a *tu* Campo de Juego.

Conclusión: haz que sea algo a lo que te quieres enfrentar y que quieres superar.

¿A qué me refiero? Humíllalo. Imagina que el Enemigo es lo más pequeño posible. Haz que sea mono. O que sea algo que te haga exclamar: «Ay, qué encanto». Haz que no te dé ni pizca de miedo. Que sea la cosa menos amenazadora que has visto en tu vida. Que sea un perrito y que se llame *Scooby-Doo*. Llámalo *Peludo* o *Pippi*.

Solamente haz que sea Darth Vader si es para recordar que Darth Vader es un actor calvo que lleva un traje incómodo.

En cambio, si eres alguien que se crece ante los conflictos, que necesita un reto en la vida para demostrar tu valor, haz lo contrario. Que el Enemigo sea feroz, aterrador e intenso. Ponle el nombre del abusón que te amargaba de niño, o el del jefe que no soportabas. O el del familiar que ha intentado frenarte o que te ha dicho que nunca llegarías a nada. Algunos de mis clientes han elegido a su padre o a su madre como Enemigo.

La verdad es que todo vale.

Tu enemigo puede ser divertido, tonto, inofensivo o intimidante, espeluznante o desafiante, pero dale un nombre. De esta forma, te será más fácil imaginar la forma y la sustancia que tiene. También puedes escoger a un personaje de un libro, un programa de televisión, una película o un cómic. Así, alguien ya se ha tomado la molestia de desarrollar los pormenores de ese enemigo. Debes incluir el máximo de detalles que puedas. De esta forma te será más fácil visualizar al Enemigo. Cuanto más vívido sea tu Enemigo, más fácil le resultará a tu Alter Ego traerlo desde tu Momento de Impacto.

Si decides escoger algo como un animal, podrías utilizar simplemente «lobo». O darle un nombre, por ejemplo, *Cristóbal*. Es la diferencia entre decir: «¡Eh, Lobo! Sal del terreno de juego, porque esta lucha no te conviene» y decir: «¡Eh, *Cristóbal*! Ahora me toca a mí. Ya no te obedezco. ¡Lárgate!»

SI ESTÁS ATASCADO CON EL NOMBRE...

Si no se te ocurre ningún nombre para tu Enemigo ahora mismo, espera.

Muchos clientes han construido su Alter Ego primero y, después, han elegido algo o a alguien que es el Enemigo natural de su Alter Ego. También escogerán algo y le pondrán el nombre de alguien que saben que su Alter Ego seguro que podrá derrotar fácilmente.

Por lo tanto, si no estás inspirado, vuelve a este punto más tarde. Construye la historia del origen de tu Alter Ego y, después, elige el nombre del Enemigo. Sigue hasta llegar a la Proclamación de Respuesta y, posteriormente, vuelve aquí.

Recuerda que no hay un orden «perfecto» de nada de lo que acabamos de ver. Cuando tengas claro el Enemigo será cuando le pongas el nombre.

8

EL PODER DE TU HISTORIA

Después de mi presentación en una sala a rebosar de Rangers y Boinas Verdes del ejército, bajé del escenario de más de medio metro de altura para saludar a algunas personas que me querían hacer preguntas. Después de hablar con algunos Rangers sobre superhéroes y villanos de los cómics, un coronel me dio un golpecito en el hombro y me preguntó si podíamos hablar en privado. Le contesté: «Por supuesto». Salimos juntos del auditorio de Fort Bragg (Carolina del Norte), la base militar más grande del mundo.

Fort Bragg alberga el Mando de Operaciones Especiales del Ejército de los Estados Unidos, que es responsable de formar, equipar y desplegar fuerzas especiales por el mundo para sus misiones. A juzgar por las líneas de expresión del coronel, estaba frente a un profesional curtido que había pasado mucho tiempo apuntando con armas y observando cosas con prismáticos y podía pasar varios días contándome historias.

«Antes que nada, quiero darle las gracias por haber venido y pasar tiempo con nuestros hombres y mujeres, muchas gracias», empezó.

Una cosa que siempre he agradecido al hablar ante una audiencia de militares, desde la fuerza de élite de los Navy SEAL hasta reclutas nuevos, es que todo el mundo es extremadamente amable con un civil como yo y siempre hablan en plural («nosotros»).

«Siempre es un honor venir a hablar y, con un poco de suerte, marcar un hito», repliqué.

«Ha dicho algo interesante que quería comentar con usted.»

«Por supuesto.»

«Usted mencionó el sentido del uniforme que todos llevamos. Y que los distintos uniformes significan cosas diferentes, y que, si no tenemos cuidado, esos significados pueden ayudarnos o hacernos daño. En ese momento, caí en la cuenta de algo. Este uniforme no me ayuda.»

«¿A qué se refiere?», le pregunté.

«Cuando me pongo esto, significa algo para mí. Me gusta llevar la bandera en la manga, me gustar servir y me gusta formar a estos hombres y mujeres. Eso quiere decir que tengo que ser duro y fuerte y plantear desafíos. Hablamos de honor, código y cadena de mando todo el día. Pero me acabo de dar cuenta de que esto ha afectado negativamente a mis hijos.

»Cuando regreso a casa, los niños quieren pasar tiempo conmigo y yo enseguida empiezo a interrogarles sobre los deberes y las tareas de casa. Incluso después de haberme quitado el uniforme, sigo siendo la misma persona. Durante los veinte últimos minutos, me he estado devanando los sesos intentando pensar cómo aplicar lo que usted ha comentado.»

«Coronel, desde la fundación de este país, los militares han estado construyendo una historia, un relato y un credo de lo que significa llevar ese uniforme. En esta base, ¿hay manuales sobre lo que significa pertenecer al Ejército estadounidense?»

«Sí.»

«Bueno, su historia es bastante parecida a lo que la mayoría de los que le rodean se dicen a sí mismos sobre el uniforme, excepto algún que otro detalle. Se refuerza a través de la repetición y de un entorno que se ha construido para darle apoyo. En cambio, ¿dónde consigue uno el uniforme de "padre"? ¿En la base? ¿O en cualquier otro sitio? ¿Dónde está el manual en el que explican la historia, el relato y el credo de lo que significa entrar a formar parte de la hermandad de la paternidad?»

«Cuando llega a casa y se quita el uniforme, ¿la ropa de civil "significa" algo para usted? Probablemente, no.»

Cuando uno presta atención, se da cuenta de que es una máquina natural de contar historias. Todos los días tú te cuentas a ti mismo una historia, es un relato animado sobre la vida. Además, escuchas a otras personas contar sus relatos personales y te tragas una historia tras otra en las redes sociales, viendo la televisión o leyendo textos impresos. En su libro *Enganchados a los cuentos*, Lisa Kron disecciona lo último de la neurología para enseñar a los escritores a contar historias que atraigan a sus lectores y mantengan su atención para que sigan leyendo. Tal y como explica Kron: «Pensamos en términos de relatos. Nuestro cerebro está programado para funcionar así. Es nuestra forma de dar sentido estratégico al mundo que nos rodea, que, de otra forma, resultaría apabullante»[23].

En este preciso instante, tanto si te das cuenta como si no, estás viviendo un relato potente. A veces, es un relato que tú has creado a lo largo del tiempo, diciéndote a ti mismo por qué puedes / no puedes, haces / no haces o debes / no debes aparecer de una forma concreta en los muchos Campos de Juego de tu vida. Otras veces, hay relatos potentes construidos en el mundo en el que vives, como el del coronel. Suelen ser ideas que hemos adoptado inconscientemente a partir de cualquier Capa de Impulsores Centrales, que podrían ser familia, religión, país, género, raza o un grupo del que formas parte. De vez en cuando, nos convertimos en esclavos de un relato que nosotros ni siquiera nos dimos cuenta de que habíamos aceptado.

¿En qué piensas cuando lees las palabras siguientes?

Tímido
Vendedora
Pelea
Jugador que resuelve
Cotilleo
Científico

Invertir
Cocinar
Volar
Colas largas
Ganador

Al leer la palabra *tímido*, ¿has pensado automáticamente en su definición literal?: «nervioso o tímido en compañía de otras personas», del *Oxford Dictionary Online*?

23. Lisa Kron, *Enganchados a los cuentos: Cómo aprovechar lo que sabemos del cerebro para atrapar al lector desde la primera frase,* Milrazones, Santander, 2014.

¿O has pensado en alguien que conoces que lo es, o en otro significado totalmente distinto o en el relato alrededor de la palabra *tímido*?

¿Y con las otras palabras?

Todos reaccionamos a las palabras de forma positiva o negativa o con indiferencia. Una vez, hablé con una emprendedora que me dijo: «Quiero hacer crecer mi red de contactos, pero evito los actos sociales y las personas porque soy tímida e introvertida».

El relato que se contaba a ella misma era: «Solamente las personas sociables y extrovertidas son aptas para conocer gente. Las tímidas e introvertidas no lo son». ¿Cuál es el problema? Conozco a muchas personas «tímidas» e «introvertidas» que hacen *networking* extraordinariamente bien. Sí, había una parte de ella que era tímida e introvertida, pero eso no es algo negativo a menos que tú hagas que lo sea. Ella salía perdiendo en su sector porque no se mostraba segura de sí misma. Para tener éxito, tenía que perder la timidez para vender sus productos y servicios.

Tenía que dejar de contarse a sí misma un relato que decía: «Soy tímida e introvertida, por eso no puedo ampliar mi red de contactos».

Este es uno de los beneficios del Efecto Alter Ego: en lugar de intentar emprender el largo camino de «cambiarse a sí misma», podía ser un Alter Ego que no fuera tímida. Así, evitaría la Fuerza Común que impide que las personas logren sus objetivos y pasaría a actuar de una forma más deliberada sobre quién debe mostrarse.

Estos relatos o historias que nos contamos a nosotros mismos son importantes porque las ideas y la emoción inconsciente impulsan la acción. A todos nos mueve más nuestro instinto visceral que nuestros pensamientos. Los que trabajan en marketing y publicidad comprenden bien la conexión que tiene la emoción con el impulso de comprar un producto o servicio para satisfacer una necesidad.

Estos maestros de la emoción saben que la forma más rápida de conseguir que alguien compre algo es contarle un relato convincente. Seth Godin, uno de los principales pensadores del marketing, afirma: «La razón por la que todos los que se dedican al marketing cuentan historias es que los consumidores insisten en que lo hagan. Los consumidores están acostumbrados a contarse historias a sí mismos y a los demás, y es natural comprar algo a alguien que nos cuente una historia»[24].

En su libro *¿Todos los comerciales son mentirosos?*, Godin comenta la idea de que «[...] todo el mundo miente»[25]. Godin escribe: «Nos contamos historias a nosotros mismos que es imposible que sean ciertas, pero *creérnoslas* nos permite funcionar» (la cursiva es mía)[26].

Quizá no haya ninguna forma más rápida de evocar una emoción fuerte que contar o escuchar una historia convincente. Sentimos las historias y, en ese momento, las emociones que tengamos (miedo, ansiedad, placer o felicidad) nos mueven a actuar. Cuando nos contamos a nosotros mismos historias negativas potentes, envueltas en una Fuerza Oculta, se convierten en profecías autocumplidas.

---

24. Seth Godin, *¿Todos los comerciales son mentirosos?*, Robinbook, Barcelona, 2006.

25. *Ibidem.*

26. *Ibidem.*

Imagínate por un momento que cinco minutos antes de una reunión importante con un cliente potencial, en tu mente se desarrolla este guion: «Nunca cerraré el trato con este cliente potencial. Él tiene mucho más éxito que yo. No tengo nada que valga la pena vender. Son mucho mejores que yo. Soy un impostor. Se van a dar cuenta de que esta sala de reuniones no es mi sitio».

Cuando esa es la historia que te cuentas sobre *ti*, es bastante difícil entrar en esa reunión relajado, confiado y seguro de ti mismo y decir que puedes ofrecer una oportunidad increíble a la persona que tienes delante y que tendrían suerte de trabajar con un socio como tú. Hay que ir con cuidado. Después de esa historia tan desmoralizadora, es difícil que puedas bordar el trato.

Fue lo que le sucedió a Jimmy, un representante comercial que trabajaba para una gran compañía aseguradora nacional. Vino a hablar conmigo en una conferencia porque se sentía frustrado. Incumplía las cifras de ventas trimestrales. Su jefe le exigía mucho y Jimmy se temía que, si no lograba aumentarlas, lo echarían a la calle. Era joven y padre de tres niños. Tenía una hipoteca. Era comprensible que estuviera estresado.

Después de ahondar más en el tema, descubrí que Jimmy odiaba hacer llamadas de venta. Algo muy grave cuando es tu trabajo.

«¿Por qué odias hacer esas llamadas?», le pregunté.

Jimmy se encogió de hombros y me dijo: «Me siento incómodo. No sé qué decir. La gente siempre está demasiado liada para hablar. Es complicado».

«Vale, cuando piensas en un vendedor, ¿qué te viene a la cabeza?», insistí.

«Alguien que resulta pesado o irritante», contestó.

«Interesante. ¿Qué es lo que hace que lo sean?»

«Que la gente sabe que lo que buscas es sacarles dinero.»

«Entonces, cuando piensas en un vendedor, te imaginas a alguien que solamente mira por sus intereses?»

«Sí.»

Jimmy no lo sabía, pero él estaba representando una historia increíblemente potente. Dicha historia estaba arraigada en una creencia profunda sobre los vendedores: «Los vendedores son deshonestos. No les importa la gente. Se limitan a soltar mentiras para poder cerrar la venta». No es de extrañar que él no soportara hacer las llamadas de venta y que no consiguiera lograr sus cifras trimestrales. Cada vez que descolgaba el teléfono, aparecía su Yo Atrapado que odiaba a los vendedores. Esta es una de las Fuerzas Comunes que señalé en el capítulo 6: «Una mala actitud».

Era imposible que su Yo Heroico, con sus mejores rasgos, fuera a brillar. Podría haber intentado cambiar sus comportamientos y sus acciones; podría haberse dicho a sí mismo que los vendedores son gente fantástica (¡que lo son!), pero, probablemente, no se le habría quedado grabado en la mente. No cuando el Yo Atrapado que llevó a su Campo de Juego creía rotundamente que no se podía confiar en los vendedores.

Jimmy no mostraba confianza, integridad ni pasión en sus llamadas. Cada vez que descolgaba el teléfono, la voz de su cabeza decía: «Eh, Jimmy, ¿por qué crees que esas personas quieren hablar contigo? Lo único que quieres es sacarles el dinero, ¿a que sí? No engañas a nadie. Te tienen calado. Venga. Tienen mejores cosas que hacer que estar hablando contigo. ¡Acaba esta llamada ya!»

Imagínate el éxito que podrían haber tenido las llamadas de Jimmy si, al coger el teléfono, hubiera representado esta historia: «Tengo ganas de hablar con Bob y averiguar si le puedo ayudar de alguna forma para que su vida sea más fácil o mejor o para que la disfrute más».

Si Jimmy creyera en esta última historia, te garantizo que él aparecería de otra forma, con más seguridad y convicción, y cerraría ventas sin problemas. Además, seguro que también se divertiría mucho más.

Si estás frunciendo el ceño, moviendo la cabeza, o reflexionando sobre la historia o las historias de la cabeza que influyen en tus resultados, no te preocupes. A menudo, el Enemigo, las fuerzas y la historia que vivimos pueden formar parte de una gran red enmarañada que nos atrapa.

He separado estos tres hilos no para que te quedes paralizado, frustrado ni sobrepasado. Te he mostrado estas áreas para ayudarte a entender mejor qué es lo que te mueve. ¿Qué podría atraparte o crear una tensión innecesaria?

TE ESPERA UNA HISTORIA MEJOR

Durante años, Amy trabajó en empresas de Estados Unidos en gestión de proyectos y planificación estratégica. Siguió su sueño de montar un negocio y, como muchos nuevos emprendedores, vio que su empresa tenía dificultades para avanzar. Cuando conecté con ella, Amy llevaba año y medio con su negocio y se enfrentaba a un mal generalizado: tenía puentes a medio acabar. Empezaba muchos proyectos, pero no podía concluirlos.

«Me decía a mí misma que era una principiante total, que nunca acababa nada. Como nunca llego hasta el final de las cosas, no es de extrañar que no consiga los resultados», me confió Amy. «Me conté a mí misma esta historia durante treinta y ocho años y creó mucho sufrimiento. Por las oportunidades perdidas, por la desconfianza y las críticas de una misma, que resultan agobiantes.»

Cuando le presenté el concepto de Alter Ego, Amy, que ahora es una emprendedora, lo encontró lógico enseguida. «Estaba en un lugar en el que estaba abierta a oír cosas nuevas sobre mí misma y sobre la forma en la que pensaba sobre mí, y así pude darme cuenta de todas las conversaciones internas que tenía y las historias que me contaba. Mi historia actual era: "Soy inconstante con mis resultados, tanto si se trata de salud y bienestar como de mis relaciones o mi negocio".»

La historia que Amy había vivido durante tanto tiempo se trataba de que era «inconstante con los resultados de su vida». La historia de su Alter Ego fue la opuesta: «Soy constante con los resultados de mi vida».

«Nunca pensé que yo podía ser distinta», dijo Amy. «Podía elegir decidir ser distinta y eso estaba a mi disposición. ¡No tenía ni idea! Pensaba que la historia de "Soy inconstante" era una parte fundamental de quién era yo y que nunca podría deshacerme de ella. ¡Escribí en un diario sobre este tema durante años! Y, de repente, esta historia no tenía por qué definirme. Podía escribir una nueva, y yo podía ser distinta.»

La historia de Amy y las anteriores revelan que, cuando utilizas la fuerza creativa de tu Núcleo del Yo y decides de una forma más deliberada quién aparecerá, las cosas y los comportamientos que «siempre has tenido» pueden cambiar en un abrir y cerrar de ojos. Tal y como dije en el capítulo 5, en tu Campo de Juego y en tus Momentos de Impacto tendrás todos estos rasgos a tu disposición. Sin embargo, la mayoría de personas no nos damos cuenta de ello. No somos conscientes de que podemos elegir ampliar distintas características en distintos Momentos de Impacto. En general, no caemos en la cuenta de que nos contamos a nosotros mismos una historia letal que creemos como si fuera la Biblia cuando, de hecho, la podemos silenciar y crear y vivir una historia nueva.

En estos últimos capítulos, hemos visto el Mundo Ordinario y de qué manera el Enemigo y las Fuerzas Ocultas y Comunes y las historias personales tienen un efecto potente sobre la forma que tienes de mostrarte como tu Yo Heroico, incluso sobre si te muestras así o no.

Una pregunta: ¿estás dispuesto a divertirte un poco? ¿Quieres utilizar el poder de tu imaginación y jugar con una parte natural de la experiencia humana?

¿Estás dispuesto a suspender a quién has sido y cómo has actuado temporalmente y mostrar otra versión de ti mismo?

Cuando empecé a trabajar con mi mentor Harvey Dorfman, me quedé maravillado por su indiferencia respecto a las opiniones de los demás. Tenía sentido que a uno de los coaches de juegos mentales más importantes del mundo no le preocupara lo que pensaran los demás. De todas formas, me asombraba porque era precisamente lo que a mí me impedía actuar. Ahora, hace tiempo que la necesidad de ser validado por los demás es agua pasada para mí. Mi mujer todavía se sorprende de que eso fuera algo que me costara en el pasado.

Cuando era veinteañero, era muy distinto. Me preocupaban tanto las opiniones de los demás que me permitía a mí mismo estar a la sombra de todo el mundo. Anteponía los deseos y las necesidades de todos a los míos. Me importaba tanto lo que pensaran de mí y si caía bien a la gente que aquello suponía un freno para mí.

El único lugar en el que no había ninguna duda y yo podía dejar de pisotearme a mí mismo y mis intereses era en el campo deportivo. Partes de la identidad y el comportamiento de mi Alter Ego, Richard, su determinación y su confianza en sí mismo procedían del campo deportivo. Algunas de las personas de las que soy coach me comentan que desearían que les dejara de importar lo que piensan los demás de ellas.

«Si pudiera hacer como tú...», me suelen decir.

Ellos pueden hacerlo, y tú también.

Por un momento, incluso por unos minutos, cualquiera puede suspender las historias que ha llevado consigo al Campo de Juego y en un Momento de Impacto. Cualquier persona puede superar la Fuerza oculta que le retiene o cambiar la historia que ha estado viviendo.

Lo único que se necesita es voluntad de suspender la propia incredulidad.

Después de preguntar al coronel si cuando vestía ropa de civil su uniforme de padre significaba algo para él, luchó contra la idea de que pudiera significar algo importante. Pero, igual que se lo aseguré a él, quiero asegurártelo a ti; hay un proceso natural que tú ya utilizas y que puede convertir algo ordinario en algo extraordinario.

9

CÓMO ELEGIR TU MUNDO EXTRAORDINARIO

Hace veintiún años conocí a un hombre que hacía lo que quería hacer yo. Crecí en una granja y 4-H era una parte natural del proceso de vivir en el mundo rural. 4-H era como una especie de Boy Scouts agrícola. Seleccionas el «club» al que quieres pertenecer (ganado, caballos, costura, plantado, etc.) y pasas el año siguiente trabajando en un proyecto. Yo estaba en el club de ganado. Y, a partir de los diez años, salía al prado con mi padre, escogía a un ternero o buey joven, me ocupaba de él durante los ocho meses siguientes, me levantaba temprano para darle de comer y llegaba de la escuela e iba directamente al establo para darle la comida otra vez. Pasaba partes del fin de semana acostumbrándolo a llevar un ronzal. Este esfuerzo culminaba en los «clubs de ganado» de nuestra zona, que «hacían desfilar» sus «novillos» en una competición final.

Por cierto, 4-H significa «Head, Heart, Hands and Health» (cabeza, corazón, manos y salud) y su objetivo es desarrollar el carácter, la responsabilidad y el liderazgo.

Yo me ocupaba de mi novillo, al que normalmente llamaba *Brutus*, *Barney* o *Bam* porque tenía la impresión de que la letra inicial de un novillo tenía que ser la *B*. Además, también teníamos que participar en la creación de un consejo de administración para nuestro club. Elegíamos presidente, vicepresidente, tesorero y secretario. El objetivo de 4-H era enseñar a dirigir una organización con profesionalidad. Asimismo, teníamos que preparar y dar un discurso sobre cualquier tema que nos interesara en una competición anual.

Esta es la parte que quizá te atemorice. Tener que comparecer ante tus iguales, tus padres y los jueces en una sala en la que hay entre sesenta y doscientas personas basta para que la mayoría de la gente se eche atrás. Y eso era lo que le sucedía a todo el mundo, excepto a mí. A mí me encantaba. Disfrutaba del proceso de escribir el discurso y de tener la oportunidad de darlo. A los diez años, gané la competición compitiendo contra chicos mucho mayores que yo. Lo irónico (por la carrera profesional a la que me acabé dedicando) es que mi discurso trataba de los Juegos Olímpicos.

Esto no es la historia de lo increíble que soy, de ninguna manera, porque, en muchas formas, las circunstancias me eran favorables. Mis padres daban presentaciones o discursos a menudo y yo era un chico extrovertido que disfrutaba de ser el centro de atención, así que estar en un escenario no me impresionaba. Pero volvamos al hombre que mencioné al principio del capítulo.

Acompañé a mi tío a un acto en las Montañas Rocosas de Canadá. Le iban a entregar un premio. Me senté junto a un hombre que estaba en la cabecera de la mesa que era distinto. Hacía preguntas a un joven de veintiún años que nunca me habían hecho.

«¿Qué te sientes llamado a hacer?»

«¿Qué quieres haber conseguido antes de cumplir los treinta años que te haga sentir orgulloso?»

«¿Cuál es la acción más grande que podrías hacer en las próximas dos semanas que te ayudarán a avanzar hacia ese objetivo?»

Fue como un soplo de aire fresco. Para mí, era inaudito que un señor mayor tuviera tanto interés en lo que yo dijera y que me hiciera pensar de otra forma. Parecía sabio, refinado y verdaderamente interesado. Le conté que me gustaba hablar de niño y que quería encontrar una forma de hacer eso como profesional. También le mencioné que quería tener mi propio negocio y viajar por el mundo porque, hasta entonces, no había visto demasiado.

La conversación fluyó hasta que fue interrumpida cuando presentaron al orador principal. De repente, el hombre con el que estaba hablando se levantó del asiento y fue hasta el podio. Me sentí como un idiota. Acababa de decir a aquel hombre que me gustaría ganarme la vida hablando y él era el orador de verdad de aquella noche. Durante los siguientes cincuenta y tres minutos, me quedé hechizado. Fue increíble.

Dijo cosas como estas:

«Todas las cosas buenas que construimos acaban construyéndonos a nosotros».

«Si no te gusta cómo están las cosas, ¡cámbialas! No eres un árbol.»

«Todos debemos sufrir una de dos cosas: el dolor de la disciplina o el dolor del remordimiento».

Jim Rohn era el hombre más elocuente y hábil con las palabras al que he escuchado en mi vida. La revista *Forbes* incluso lo nombró uno de los tres pensadores del mundo empresarial más importantes del siglo XX.

Cuando se volvió a sentar después de que el público se pusiera en pie para ovacionarlo, salí de mi asombro y me disculpé por no saber quién era. Me respondió: «Disculpa aceptada», guiñándome el ojo.

Después de aquella noche, mantuvimos el contacto y él se convirtió en mi primer mentor, tanto si le gustaba como si no. Pero, unos dieciocho meses después de conocer a Jim, estábamos hablando por teléfono una tarde y le comenté que me costaba mucho hacer que creciera mi negocio de entrenamiento deportivo. Me contestó con una frase que le he oído decir de distintas formas antes, pero esta vez me llegó de una manera muy distinta. Me dijo: «Todd, si no estás dispuesto a arriesgar algo fuera de lo común, tendrás que conformarte con lo ordinario».

CÓMO SALIR DE LO ORDINARIO Y ENTRAR EN LA ZONA

He mencionado el Mundo Extraordinario y lo que te espera cuando escapes de las fuerzas que tiran de ti hasta el Mundo Ordinario. De todas formas, el Mundo Extraordinario no son unicornios, gominolas y hadas que dan saltitos. El Extraordinario también está lleno de retos, obstáculos y dragones que hay que matar. Y esto es a la vez el camino y la recompensa.

«Muchas personas escogemos nuestro camino por miedo disfrazado de sentido práctico. Lo que queremos de verdad parece imposible, algo fuera de nuestro alcance, y parece ridículo tener esperanzas de conseguirlo, así que nunca nos atrevemos a pedírselo al universo», dijo el actor y cómico Jim Carrey en su discurso en la ceremonia de graduación de la Maharishi University of Management en 2014[27].

En lugar de pedírselo al universo, yo digo que construyas un Alter Ego que intentará conseguir lo que quieres. «Yo aprendí muchas grandes lecciones de mi padre, entre otras, que *puedes fracasar en lo que no quieres, así que podrías aprovechar la oportunidad de hacer lo que te gusta* [la cursiva es mía]», dijo Carrey en su discurso[28].

Lo Extraordinario frente a lo Ordinario está lleno de más significado, más intención y más posibilidad. Después de más de veintiún años de trabajar con la élite de los Campos de Juego del deporte, los negocios y el entretenimiento, he aprendido que todos han luchado contra un Enemigo que tira de ellos hacia el Mundo Ordinario. Todos tenían una excusa, una razón o una historia personal en la que podían apoyarse fácilmente para escapar del reto de lo que querían conseguir. Pero no lo hicieron. Muchas de estas personas se apropiaron de un Alter Ego para hacer que ocurriera.

---

27. Discurso de Jim Carrey en la ceremonia de graduación de 2014 de la MUM, 24 de mayo de 2014, https://www.youtube.com/watch?v=V80-gPkpH6M.

28. *Ibidem*.

Incluso Cary Grant dijo una vez: «Fingía ser alguien que quería ser hasta que, al final, me convertí en él. O él se convirtió en mí».

Esos retos, fuerzas, obstáculos y dragones que hay que matar, grandes o pequeños, ya están ahí, te guste o no. Y en lugar de limitarme a animar o motivar a mis clientes, utilizamos un Alter Ego. Igual que la superestrella del tenis Rafael Nadal, Beyoncé, David Bowie, Bo Jackson y miles de otras personas que logran cosas increíbles, puedes utilizar el Alter Ego para proteger a tu Núcleo del Yo y absorber las flechas, los dardos o las preocupaciones que has imaginado que pasarían si actúas de alguna forma distinta al relato y la historia personales que te cuentas a ti mismo sobre *quién eres*.

El jugador de la NFL Jay Ajayi, conocido por ser tranquilo fuera del campo de juego, explicó su Alter Ego «Jay-Train» del siguiente modo: «Creo que, para algunos jugadores, es la forma de intentar entrar en tu zona en donde todo es instintivo y simplemente estás ahí jugando el partido. Para mí, es el JayTrain»[29].

La búsqueda del «estado de flujo» o de «la entrada en la zona» ha sido el centro del trabajo que siempre he hecho con deportistas, profesionales o gente del mundo del entretenimiento. Cuando llegas a este lugar, el rendimiento llega a un punto máximo, mejora[30]. Es ese lugar em-

---

29. Matt Mullin: «Ajayi Compares "Jay Train" Persona to Brian Dawkins' "Weapon X" Alter ego», *Philly Voice,* 10 de enero de 2018, http://www.phillyvoice.com/ajayi-compares-jay-train-persona-brian-dawkins-weapon-x-alter-ego/.

30. Steven Kotler: «Flow States and Creativity», *Psychology Today*, 25 de febrero de 2014, https://www.psychologytoday.com/us/blog/the-playing-field/201402/flow-states-and-creativity.

briagador en el que parece que se pare el tiempo, en el que las capacidades fluyen a través de ti sin pensar y tienes la sensación de estar observándote actuar a ti mismo. Es increíble.

De todas formas, el reto a la hora de entrenar a una persona para encontrar ese lugar era como intentar enhebrar una cuerda por el ojo de una aguja. ¿Por qué? Porque, fundamentalmente, la mayoría de las personas, incluso las mejores, se ven afectadas por las Fuerzas Ocultas y Comunes o intentan «controlar el resultado» en lugar de confiar en sí mismas y en el proceso.

Un Alter Ego puede ayudar a construir intención, fomentar la creencia y crear confianza.

El famoso poeta John Milton escribió: «La mente es su propio lugar, y en sí misma, puede hacer un cielo del infierno, un infierno del cielo».

El poder para cambiar reside en nuestro interior.

Imagínate que eres uno de mis clientes que compite en los recientes Juegos Olímpicos de Corea del Sur en la modalidad de esquí alpino. Estás esperando tu turno en la cima de la montaña en la parrilla de salida. Tienes puestos tus esquís de dos metros de largo y miras fijamente una pista que parece un precipicio vertical cubierto por parches de hielo, a la espera de la señal de partida. Correrás a tal velocidad que adelantarías a un coche en la autopista, y lo único que se interpone entre tú y chocar contra los pinos es una valla de plástico naranja.

¿Suena peligroso? Por supuesto. ¿Deberías estar pensando en ese peligro, en que te caes, en que te resbalas en el hielo, en que chocas contra un poste de señalización? ¡Ni hablar!

Si eres esquiador y estás en la parrilla de salida y la duda te empieza a corroer, que si la velocidad del viento, que si las condiciones de la montaña, que si puedes superar el tiempo que acaba de conseguir una tal Svetlana de Eslovenia, significa que han tirado de ti hasta llevarte a tu Mundo Ordinario. No hay confianza. No hay zona ni estado de flujo. Ni tampoco habrá el mejor rendimiento personal.

Eso es lo que le ocurrió a Ian durante un partido de tenis. «Empezaba a perder y me ponía a pensar: "¿Cómo voy a remontar?" "¿Qué se siente al perder?" "¿Qué voy a decir a mis padres?" "¿Qué voy a decir a mis amigos?" "¿Qué voy a decir a mis compañeros de equipo?" ¿Sabes qué ocurre cuando entras en ese lugar? Que pierdes», me dijo Ian.

¿POR QUÉ IMPORTA TODO ESTO?

El célebre investigador sobre rendimiento humano Steven Kotler manifestó que usar nuestra imaginación aprovecha la parte creativa de nuestra mente y provoca un cortocircuito del diálogo interno negativo y la crítica que le gusta utilizar al Enemigo. Los estudios han demostrado que el diálogo interno negativo, la duda y el menosprecio se quedan callados cuando estamos ocupados haciendo un trabajo creativo[31].

Alonto, un ambicioso emprendedor, es un gran ejemplo de fuerza creativa en acción. Su sueño es liderar a miles de personas como un orgulloso filipino-americano y la primera

---

31. *Ibidem.*

vez que tuvo la oportunidad de subir a un escenario fue ante setecientas personas. Con el pequeño detalle de que no fue Alonto el que subió, sino Ola Grande, su Alter Ego, un isleño del Pacífico. Se basaba en el personaje Maui de la película de animación *Vaiana,* al que puso la voz Dwayne Johnson (conocido como «La Roca»). «Estaba muy nervioso justo antes, estaba sudando y flipando. La primera vez que comparecí ante el público y asumí el papel de Ola Grande, todas las piezas encajaron. Ni siquiera sé de dónde venían las palabras. Era casi como si supiera qué decir por el mero hecho de tener la fe de que podía asumir ese papel de liderazgo.»

Independientemente del Campo de Juego o Momento de Impacto para el que creas el Alter Ego, quiero que tengas la misma experiencia que Alonto y miles de otras personas que han utilizado este proceso. Debes imaginar cómo actuará, se comportará, pensará, hablará, se sentirá y rendirá tu Alter Ego en ese Campo de Juego. Después, cuando llegue tu momento «cabina telefónica», sabrás cómo actuar de forma intuitiva. Y la probabilidad de abrir de una patada la puerta de metal que da a la zona, el estado de flujo o el Mundo Extraordinario habrán mejorado en ese instante.

PASEAR POR LOS PUENTES DESDE FUERA HACIA DENTRO

Esta es la pregunta que más cuesta responder a la gente:

«¿Qué quiero?»

Normalmente me responden con una mirada perdida. Es como si tuvieran miedo de admitir lo que quieren. Incluso las personas que tienen éxito pueden tener problemas con esta pregunta. Una mentalidad que la gente exitosa utiliza para lograr sus objetivos habitualmente es el modo de pensar «propósito en mente», que significa que tienen una idea clara del objetivo al que apuntan, del lugar al que se dirigen o de lo que están creando.

Por suerte para ti y para mí, hay más de una forma de llegar ahí.

Me recliné en la silla, esperando a que Michael, un profesional de la compraventa de inmuebles, respondiera a mi pregunta: «¿Qué quieres?»

Parecía afligido, como si no pudiera ver o admitir la situación. Así que interrumpí su bloqueo mental y le pregunté: «¿Qué *no* quieres?»

Enseguida, embargado por la frustración y la emoción, un flujo de noes salió de sus labios:

«No quiero preocuparme más del rechazo.»
«No quiero preocuparme de lo que dirá mi jefe si no logro las cifras de venta.»
«No quiero despertarme nunca más con miedo a lo que pase ese día.»
«No quiero sentir que echo a perder el día.»

Recitó de un tirón doce noes más antes de parar para coger aire.

Como a Michael, seguro que te resulta mucho más fácil crear una lista No quiero, que es exactamente lo que hiciste al descubrir todas las capas del Modelo de Campo de Juego [Figura 9.1]. De todas formas, ahora, ha llegado el momento de que elabores la lista de lo que sí quieres.

Por lo tanto, si realmente hiciste una búsqueda interna que te revelara esas cosas, ha llegado la hora de que tengas claro tu Mundo Extraordinario.

MODELO DE CAMPO DE JUEGO

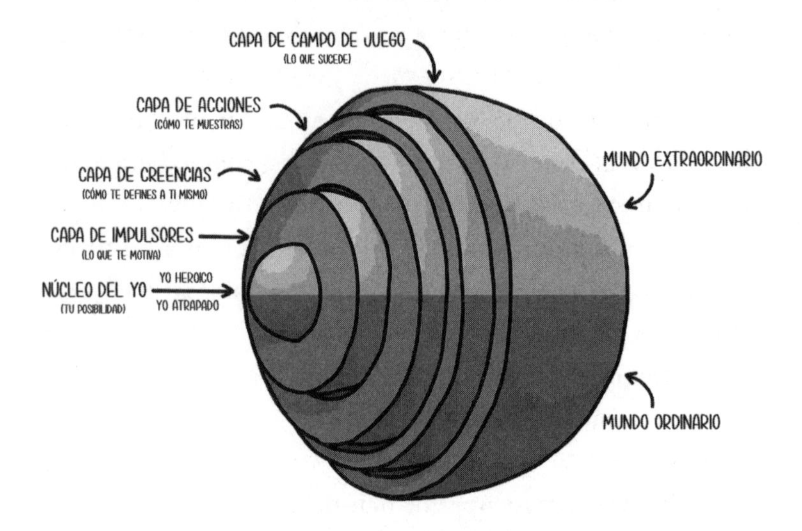

Antes de que caigas en la trampa de un diálogo interno del tipo:

»¿Quién soy yo para pedir lo que quiero?»

«Se supone que no debo querer ni tener más que otras personas.»

«Parezco demasiado egoísta», me gustaría contestar a este comentario de «Parezco demasiado egoísta» lo siguiente:

El hecho de admitir que quieres algo no es egoísta. Es sincero.

Tal y como hemos utilizado el Marco de los Cinco Puentes en capítulos anteriores, los aplicaremos a tu Mundo Extraordinario y empezaremos con tus resultados ideales en el Campo de Juego elegido, y después estudiaremos las capas hasta llegar a tus Impulsores Centrales.

Recordarás que los Cinco Puentes consisten en Dejar, Empezar, Continuar, Menos y Más. Lo que ocurre es que en este caso solamente utilizarás tres de los puentes: Continuar, Menos y Empezar. Estás cambiando tu «orientación» del Modelo de Campo de Juego y cambiando tus intenciones a algo positivo, lo que saca provecho de la Mentalidad ¡Wow! o «autoexpansiva» o que cambia tus motivaciones a las cosas que te gustaría obtener, no a lo que quieres perder o evitar[32].

Para empezar el proceso de tener claros tus objetivos, consecuencias o resultados, comenzaremos con tu Campo de Juego. ¿Qué te gustaría?

- Continuar experimentando / continuar consiguiendo como resultado de eso / continuar logrando.
- Experimentar más de / conseguir más de / lograr más de.
- Empezar a experimentar / empezar a lograr / empezar a conseguir.

Para facilitarte la tarea, piensa que todos estos resultados serían cosas que podrías oír, ver, probar, tocar u oler. Por ejemplo, quizá quieras:

32. Frode Stenseng, Jostein Rise y Pål Kraft: «Activity Engagement as Escape from Self: The Role of Self-Suppression and Self-Expansion», *Leisure Sciences* 34, número 1 (2012): pp. 19-38.

- Continuar oyendo el *feedback* positivo sobre tu trabajo creativo.
- Continuar viendo cómo crecen tus ingresos.
- Continuar viendo las reacciones que suscitan los platos que cocinas / los cuadros que pintas / lo que escribes / tus diseños, etc.
- Continuar probando tus recetas mejoradas.
- Continuar oliendo los aromas del lugar en el que vives.
- Continuar tocando las herramientas de calidad con las que consigues trabajar.
- Oír hablar a las personas o compartir más tus ideas.
- Anotar más puntos en un partido.
- Conseguir más entrevistas.
- Ganar más premios.
- Recibir más recomendaciones.
- Obtener más ingresos.
- Hacer más llamadas de ventas.
- Hacer más pares y *birdies* cuando juegas a golf.
- Ir a más actos de networking y comunicarte con más gente.
- Hacer más ejercicio.
- Empezar una carrera profesional nueva.
- Empezar a ver que tu trabajo creativo se expone públicamente.
- Empezar a poseer más inmuebles.
- Empezar a viajar al extranjero y entrar en contacto con nuevas culturas.
- Empezar a conseguir ofertas de becas.
- Empezar a oír a ojeadores hablar de ti.
- Empezar a conseguir que tu trabajo aparezca más en la prensa.

- Empezar a ver cómo crecen tus inversiones.
- Empezar a vivir en un sitio nuevo.

Seguro que, si miras tu Campo de Juego, ya hay algunos elementos positivos que puedes seguir desarrollando. La conclusión es que, cuando tengas clara esta área, todo es tangible. El Campo de Juego es donde existen tus resultados. Cuando pases a la Capa de Acciones, tienes que pensar en las acciones, los comportamientos y las habilidades que utilizará tu Alter Ego para que se produzcan esas consecuencias. Te tienes que plantear qué quieres:

- Empezar a hacer / empezar a responder / empezar a comportarte como / empezar a elegir / empezar a decir / empezar a pensar / empezar a intentar.
- Hacer más / elegir más / comportarte más como / decir más / pensar más en / intentar más.
- Continuar haciendo / continuar eligiendo / continuar pensando / continuar comportándote como / continuar diciendo / continuar intentando.

La Capa de Acciones engloba tus acciones, reacciones, comportamientos, habilidades y conocimiento. Son todas las capacidades que llevas a tu Campo de Juego. ¿Cómo te muestras? ¿Cómo actúas? ¿Cómo te comportas? ¿Qué elecciones haces? Si pasas todas estas preguntas por los puentes de Empezar, Continuar y Más, tendrás aún más claro cómo se mostrará tu «nuevo yo». En mi caso, cuando yo estaba empezando mi empresa, quería «actuar de una forma más decisiva» porque me quedaba bloqueado en el análisis. Por lo tanto, quizá quieras:

- Insistir más en la venta.
- Pintar más.
- Actuar con más confianza.
- Celebrar más reuniones.
- Andar con la cabeza alta y con más confianza.
- Hacer más contacto visual.
- Acudir más a los otros.
- Empezar a cocinar.
- Empezar a escribir.
- Empezar a tocar la guitarra.
- Empezar a prepararte mejor.
- Empezar a planificar tu semana o tu mes de forma más efectiva.
- Empezar a anotar más puntos.
- Entrenar más.
- Beber más agua.
- Decir más «Te quiero».
- Sonreír más.
- Lanzar más ofertas de productos.
- Reunirte más con los miembros del equipo.
- Asistir a más conferencias.
- Invertir más dinero.

Esta lista no es exhaustiva, pero incluye cosas que podrías hacer para que se produzcan las consecuencias. Se trata de acciones nuevas que podrías llevar a cabo durante esos Momentos de Impacto. En el Mundo Ordinario, son las acciones, los pensamientos o los comportamientos que no haces y que te conducen a los resultados que no quieres. (Si te interesa ver una lista más exhaustiva de acciones posibles, visita AlterEgoEffect.com/resources.)

Cuando te mueves por esta capa, debes aplicar este mismo marco a tu Capa de Creencias para revelar los nuevos sentimientos, emociones, calidades y expectativas que poseerás, algo que hará que dichas acciones sean mucho más fáciles de ejecutar. Esta es la nueva experiencia interna que tendrás cuando te acerques a este Campo de Juego y lo experimentes. Son las fuerzas que tu Alter Ego utilizará para combatir las Fuerzas Ocultas y Comunes con más gracia, resiliencia y confianza. Por lo tanto, ¿qué quieres...?

- Empezar a creer / empezar a esperar / empezar a sentir / empezar a valorar.
- Creer más / esperar más / sentir más / valorar más.
- Continuar creyendo / continuar esperando / continuar sintiendo / continuar valorando.

Básicamente, te estás planteando qué debes creer para que dichas acciones sean fáciles, alegres o más cómodas. También debes pensar qué debes esperar de ti mismo o del Campo de Juego en el que estás para que se den dichos cambios. Asimismo, reflexiona sobre qué debes valorar sobre ti mismo, el mundo, la gente con la que interactúas, tus habilidades y tu conocimiento para sentirte más seguro de ti mismo / resuelto / entusiasta / tranquilo / optimista, etc. (Si te interesa ver una lista más exhaustiva de emociones positivas para facilitarte la tarea, visita AlterEgoEffect.com/resources.)

Quizá quieras:

- Empezar a valorar más la acción que la perfección.
- Empezar a sentirte más competente.

- Empezar a creer que eres capaz.
- Sentir más entusiasmo sobre tu progreso.
- Sentir más optimismo sobre tu capacidad de cambiar las cosas.
- Esperar que la gente diga que sí a tus ideas.
- Esperar continuar superando retos gracias a tu determinación.
- Obtener más satisfacción por tu esfuerzo.
- Sentir más agradecimiento por las oportunidades que se te presentan.
- Empezar a esperar que anotes puntos.
- Sentir que eres una fuerza imparable.
- Sentir que la gente quiere saber de ti.
- Esperar que tu arte emocione a la gente.
- Creer que el escenario te quiere y tener ganas de actuar.
- Sentir que eres tan importante como cualquier otra persona.
- Disfrutar cuando fracasas en algo, ¡porque sabes que estás mejorando y actuando!

Al contrario de lo que afirman los memes y las citas populares sobre la gente que tiene éxito, este último punto es clave. Los ganadores llegan a serlo porque han fallado más que otras personas. Por lo tanto, ¿por qué no tener una relación sana con esa experiencia? No significa que aceptes el fracaso como identidad. Solamente quiere decir que no dejas que te defina y que sabes que, con cada intento que haces, eres más sabio.

En última instancia, este proceso te va a ayudar a encontrar un Alter Ego que encarne esas cualidades de forma natural, para que puedas asumir su poder y crear una realidad nueva para ti mismo.

¿QUÉ ASPECTO TIENE TU MUNDO EXTRAORDINARIO?

Ian, a quien te presenté anteriormente en el libro, disfruta de una próspera carrera profesional como destacado redactor publicitario y fundador de varias empresas. En muchos aspectos, es un hombre de éxito. Sin embargo, Ian lleva toda la vida con un objetivo que no había sacado a la luz hasta hace poco. Fue precisamente cuando empezó a aprovechar y utilizar el Alter Ego cuando se sintió listo y dispuesto a admitir lo que quería ser: humorista de monólogos.

Eso es lo que quiere perseguir. Es su Mundo Extraordinario. Actualmente, está preparándolo todo para que sus empresas funcionen sin que él deba dedicarles su atención a jornada completa para así poder dedicarse a su carrera profesional como humorista. Ha admitido, declarado y actuado, en este momento, para perseguir un objetivo para toda la vida.

Ian nunca habría dado esos pasos si no hubiera admitido ante él mismo que era lo que más quería.

¿Quieres ser un presentador potente? Fantástico. Reconócelo. ¿Quieres ir a un acto y estrechar manos y saludar a personas con chispa y encanto? Genial. Admítelo. ¿Quieres ser un líder tranquilo, asertivo y seguro de sí mismo en los momentos de crisis? Maravilloso. Reconócelo.

Imagina los comportamientos y las acciones que llevas a tu Mundo Extraordinario. ¿En qué se diferencian de tu Mundo Ordinario? ¿Eres más valiente? ¿Más atento? ¿Estás más centrado? ¿Cumples y acabas todos los proyectos que empiezas? ¿Eres más elocuente, asertivo o activo? ¿Estás más relajado o tranquilo? ¿Eres más rebelde? ¿Eres más fiero, atrevido o intrépido?

¿Qué rasgos aparecen en tu Mundo Extraordinario?

¿Qué pensamientos y sentimientos tienes? ¿Qué pensarías de tus capacidades para crear un Mundo Extraordinario? ¿Cómo te sentirías sobre ti mismo, el mundo que te rodea, las personas con las que interactúas? ¿Qué emociones predominan en ti? Recuerda a Bo Jackson: su emoción predominante en el campo de fútbol americano era una certeza de que destrozaría a todo lo que se interpusiera en su camino, y no le importaba quién fuera. No le importaba.

A pesar de que no puedas controlar las consecuencias y los resultados de tu Mundo Extraordinario, quiero que te imagines cuáles serían. Hazte una composición mental. ¿Qué se siente al vivir en tu Mundo Extraordinario? ¿Quieres que te conozcan por ser un líder fuerte en tu empresa? ¿Quieres ser alguien que dice lo que piensa en las reuniones de equipo y que comparte sus ideas con seguridad? ¿Quieres ser una persona a la que recurra tu equipo cuando necesita consejo y seguridad, alguien que dirija de una forma sosegada y asertiva durante una crisis? ¿Quieres que te den un trofeo en el escenario por ser «el vendedor del año»? ¿Quieres oír que tus hijos comentan entre ellos que «su mamá es la mejor»?

¿TODAVÍA TE SIENTES ATASCADO?

Si admitir lo que quieres o cómo quieres que sea tu Mundo Extraordinario te resulta difícil, intenta lo siguiente: plantéate: «¿Qué admitiría mi Alter Ego que quiere o que espera oír, ver, sentir, tocar u oler?»

A pesar de que no hayas construido aún tu Alter Ego, seguro que tienes alguna idea de qué identidad secreta podrías querer. Suspende tu incredulidad un momento e imagina que tu Alter Ego no tiene ningún complejo a la hora de expresar lo que quiere. Él / ella / ello admite lo que quiere con facilidad y sin problemas. ¿Qué cree tu Alter Ego que puede hacer? ¿O crear?

10

EL PODER DE UNA MISIÓN

Hay parques pequeños a lo largo del río Hudson que se distribuyen por todo Manhattan. Para una isla llena de cemento, pavimento y rascacielos, es un escape necesario del alboroto y el ruido de la vida urbana. Siempre que viene a Nueva York un deportista o un líder empresarial con el que trabajo, es una oportunidad cómoda de conectar cara a cara. Casi siempre les llevo a dar un paseo a lo largo del Hudson. Caminamos porque, según mi experiencia, las personas tendemos a abrirnos más cuando estamos en movimiento. Además, el aire fresco y el ejercicio nunca están de más.

En esta ocasión, un cliente me puso en contacto con un compañero de equipo en su segundo año en la Liga Nacional de Hockey. Después de años de ser siempre uno de los jugadores de referencia, Matt tenía problemas. Había pasado de ser una estrella a hundirse en el centro mediocre de su equipo de la Liga Nacional de Hockey. Habíamos andado unas veinte manzanas junto al agua hablando de su futuro y decidimos hacer una pausa en el muelle de la calle 26.

Mientras nos sentábamos en un banco, me incliné hacia adelante y le dije: «Batman lucha por la "justicia". Tengo curiosidad, ¿por qué luchas tú?»

«¿Qué quieres decir?», contestó.

«Bueno, estos últimos veinte minutos han sido como intentar sacar una muela a un león para conseguir que me dijeras qué quieres lograr realmente en tu carrera profesional. Y tú simplemente acabas de decirme que sentías que dejabas que tus sueños se esfumaran por lo bloqueado que estabas. Personalmente, eso me cabrearía. La idea de que todo lo que me he matado por conseguir esté enredado en una telaraña de sandeces, tener esos pensamientos, me daría rabia. Entonces, *¿por qué* vas a empezar a mostrarte de otra forma? ¿Por qué luchas? Batman luchaba por la justicia después de ser testigo de la muerte de sus padres a manos de unos criminales. Todos tenemos algo por lo que luchar: justicia, honor, imparcialidad, nuestra familia, nuestra comunidad, nuestra religión, nuestro apellido, incluso nuestro talento creativo. En tu caso, ¿qué es?»

Se sentó en el banco inclinándose hacia adelante con los codos descansando en sus enormes muslos de jugador de hockey, se quedó mirando a los ferris que pasaban y, tras una larga pausa, dijo: «Por respeto a mí mismo».

«¿Por qué respeto...?» Pero, antes de poder acabar mi pregunta, continuó: «Para demostrar que alguien de mi pueblo, Podunk, de Ohio, ha triunfado. Y llevar la Copa Stanley a nuestra pista cutre de hockey».

«Buf, suena a tópico. Lo he oído antes», repliqué.

«¡Vete a la mierda!», me respondió rápido, muy enfadado. «¿Por qué dices eso? Pensaba que me ibas a ayudar, no que me fueras a hundir.»

«Matt, ese sentimiento que está saliendo ahora mismo, ¿qué es?»

«Cabreo.»

«Vale. No lo olvides. Porque esto es lo que sé: tú llevas eso contigo cada vez que no juegas con agallas en el hielo. Y diriges ese cabreo a ti mismo cuando no das la talla. Mi trabajo no es ser tu mejor amigo, sino ayudarte a rendir y, a veces, eso puede suponer desafiarte.»

Acabas de admitir lo que quieres. Bien. Ahora, ¿sientes una atracción emocional fuerte hacia lo que quieres? ¿Te sientes tan motivado para intentar conseguirlo que no te va a parar nada, que nada se va a interponer en tu camino? ¿Tiene sentido?

Si tu respuesta es no, tenemos un problema.

El superviviente del Holocausto y célebre psiquiatra Viktor Frankl dijo una vez: «La vida nunca se vuelve insoportable por las circunstancias, sino solamente por la falta de significado y propósito».

Si te fijas en los superhéroes de los cómics, los grandes personajes de las películas y la literatura, todos parecen luchar por algo más grande que ellos mismos. Incluso los que empezaron haciendo buenas acciones por razones egoístas acabaron encontrando un sentido más profundo en su trabajo. Da un propósito más elevado al esfuerzo, la lucha y el reto.

Cada vez más estudios muestran que la obsesión con la «felicidad» hace que la gente se sienta vacía[33]. En un estudio publicado en el *Journal of Positive Psychology* en 2013,

---

33. Roy F. Baumeister: «Some Key Differences between a Happy Life and a Meaningful Life», *Journal of Positive Psychology* 8, número 6 (2013).

Roy Baumeister y sus colegas descubrieron que las personas que hacían actividades solamente por placer personal carecían de un sentido en la vida. Otro estudio, llevado a cabo por Steven Cole, de la Facultad de Medicina de UCLA, y Barbara Fredrickson, de la Universidad de Carolina del Norte en Chapel Hill, reveló que las personas que encontraban un sentido más profundo en la vida tenían sistemas inmunitarios más resistentes que las que tenían un enfoque vital más centrado en sí mismas[34]. Esto sugiere que, si quieres perseguir tus objetivos, el hecho de encontrar un sentido más profundo a tus esfuerzos te hará, literalmente, más fuerte.

Tienes que sentir como si te arrastrara una cinta transportadora que solamente va en una dirección. No puedes hacer nada para evitar ser llevado hasta tu Mundo Extraordinario. Si careces de la resonancia emocional fuerte o si eres indiferente a tu Mundo Extraordinario, entonces..., ¿por qué vas a emprender este viaje? ¿Por qué construir un Alter Ego para un mundo que quieres experimentar, pero solamente quizás, algo, en cierto modo?

«Las emociones son mecanismos que fijan los objetivos de más nivel del cerebro. Cuando un acto la desencadena, la emoción dispara la cascada de subobjetivos y sub-subobjetivos que denominamos *pensar* y *actuar*»[35], explica Steven Pinker, profesor de Harvard y uno de los científicos cognitivos más importantes del mundo.

---

34. Barbara Fredrickson y Steven W. Cole, National Academy of Sciences, 29 de julio de 2013.

35. Steven Pinker, *Cómo funciona la mente*, Destino, Barcelona, 2008.

Es decir, nuestras emociones impulsan nuestras acciones. Es casi imposible que des pasos para hacer algo si ese algo te resulta indiferente.

Pero, más allá de dar pasos, la resonancia emocional que sientes por lo que deseas, la razón por la que creas este Alter Ego, es también tu motivación. La palabra *motivación* proviene de la palabra latina *motivus,* que significa «causa del movimiento».

Como coach de fuerza mental, hay algo que se escapa de mi trabajo: la motivación. No toco ese tema. Es una de las pocas cosas que nadie puede entrenarte para que hagas ni puede crear por ti. Es la incógnita. No puedo obligar a un deportista a levantarse a las 4 de la madrugada para una sesión de entrenamiento. No puedo hacer que un emprendedor quiera montar y hacer crecer un negocio o mantenerlo en los momentos difíciles. No puedo hacer que alguien quiera su objetivo lo bastante para verse empujado a superar cualquier obstáculo, por duro o elevado que sea el coste.

En su superventas *Cómo decidimos*, Jonah Lehrer argumenta que la racionalidad depende de la emoción. El sentimiento, no el intelecto, es lo que impulsa la motivación. Lehrer señala: «La *emoción* y la *motivación* comparten la misma raíz latina, *movere*, que significa "mover". El mundo está lleno de cosas y son nuestros sentimientos los que nos ayudan a elegirlas».

Tienes que encontrar la motivación interior y, muy a menudo, esa motivación procede de sentirte tan conectado emocionalmente a lo que haces que no te importa nada más. Es nuestra razón de ser. Tenemos que hacer esta búsqueda. Tenemos que entrar en nuestro Mundo Extraordinario, cueste lo que cueste, sin importar las posibilidades ni las consecuencias.

SE BUSCA: EMOCIÓN FUERTE

Cuando desglosas las motivaciones de todos los grandes héroes y heroínas de los cómics, películas o libros ves que, en general, existen cuatro motivadores centrales y que, a menudo, puede haber una mezcla de dos o más:

Trauma
Destino
Altruismo
Autoexpresión

El trauma es algo que está en el centro de lo que empezó la misión de Batman. Él se dedicó a luchar contra el crimen después de presenciar el asesinato de sus padres. Tanto si es para reparar un daño («rebelarse contra la autoridad») como para demostrar a alguien que te menospreció que eres imparable, el trauma es una de la fuentes más comunes de la misión de una persona. En muchos aspectos, es lo que impulsó a Oprah Winfrey. Incluso su famosa cita: «No se puede discriminar al mejor», revela su resiliencia frente a la discriminación y el trauma.

El destino es lo que impulsa a Buffy Cazavampiros. Descubre que ella es «la elegida», que posee poderes sobrenaturales para luchar contra los demonios. Al principio se muestra reacia a aceptar el reto, pero al final lo asume. Muchas personas ambiciosas con las que he trabajado o con las que he hablando a lo largo de estos años me han mencionado esta «sensación de ser el elegido». Hablaban de sus aspiraciones como si hubieran sido elegidos para perseguirlas y como si no hubiera más remedio que hacerlo. Eran los que «tenían que encontrar una forma de hacer que sucediera». Muchas personas nos identificamos con la sensación de asumir una gran responsabilidad.

El altruismo es uno de los impulsores centrales de Wonder Woman. En la película de 2017, intenta salvar a la humanidad del mal de forma desinteresada. El altruismo puede manifestarse como activismo y querer ayudar o servir a los demás porque están olvidados o por un gran amor hacia ellos. En muchos aspectos, este era un impulsor central de Matt, el joven jugador de hockey que mencioné al principio del capítulo. Él encontró un significado profundo al dar esperanza a una zona diezmada por el cambio del paisaje estadounidense. Un gran número de deportistas jóvenes que proceden de hogares monoparentales consideran que este hecho es un factor motivador fundamental para ellos y cuidan del padre o la madre que se sacrificó tanto por ellos para que triunfaran.

La autoexpresión es un impulsor central de las personas motivadas por el mero hecho de querer responder la pregunta: «¿Qué puedo hacer / crear / encontrar?» Hay personas que están profundamente motivadas por descubrir «de qué pasta están hechas» y les encanta el proceso creativo, deportivo o científico. Leonardo da Vinci, Charles Darwin, el gran Wayne Gretzky y muchas otras personas pertenecen a este grupo. (Gretzky también tenía una gran reverencia por el hockey como deporte y su familia, lo que también evocaría altruismo.)

Cuando miras cualquiera de estos cuatro factores de motivación, todos surgen de acontecimientos, situaciones o experiencias que hicieron que emprendieran ese camino. De todas formas, al final encontraron un sentido más profundo de su trabajo. Batman siguió su misión porque le gustaba ayudar a las personas y luchar por el hombre de a pie. Oprah continuó siendo feliz al presentar a personas con una autenticidad y una sinceridad que el público no había experimentado antes, algo que cambió la vida de la gente. Buffy siguió luchando porque estaba allí para salvar a las personas a las que quería. Y Wonder Woman siguió persiguiendo los ideales de justicia e igualdad mientras salvaba a los humanos del mal.

En todas estas situaciones, su propósito verdadero al final se transformaba por los Impulsores Centrales señalados en el Modelo de Campo de Juego del capítulo 3:

- Familia.
- Comunidad.
- País.
- Religión.
- Raza.
- Género.
- Grupo Identificable.
- Idea.
- Causa.

Cuando empiezas a conectar lo que intentas conseguir a algo más grande que tú, da un propósito más profundo a tu misión. Y cuando se trata de sentimientos, no hay una respuesta correcta o incorrecta a lo que estás sintiendo.

Solamente tienes que ser fuerte. Puede que no seas capaz de expresar ese sentimiento, las palabras son una forma torpe de describir una sensación. Si crees firmemente en lo que quieres pero no me puedes contar lo que sientes, no hay ningún problema. Puede que más adelante encuentres las palabras para expresarlo, o no. Aquí, lo importante es el sentimiento, no las palabras.

A pesar de lo que se dice en algunos libros de autoayuda, las emociones negativas como la rabia y el enfado pueden ser increíblemente motivadoras, sobre todo al principio, cuando das un paso nuevo e intentas ganar impulso. Esas emociones potentes nos mueven y eso es lo que necesitas al principio. La mayoría de la gente está atascada, sentada en la banda, pero el juego de la vida sucede en el terreno de juego. Lo único que importa es lo que te hace ir al campo, lo que te mueve.

Te tienes que plantear: «¿Por qué quiero esto?», o «¿Por qué quiero convertirlo en mi Mundo Extraordinario?», o «¿Por qué quiero crear un Alter Ego?»

El propósito y la emoción están íntimamente entrelazados. Por ejemplo, mi familia era y todavía es uno de los factores principales que explican por qué elegí crear y hacer crecer empresas y trabajar con deportistas, emprendedores y líderes empresariales. Desde que era niño, siento un profundo sentido de la responsabilidad y resonancia con mi apellido. Las buenas personas de mi familia me impulsan. Forma parte de mi motivación. Es una de las razones por las que quiero hacer realidad mi Mundo Extraordinario.

Y fíjate en que he dicho «mi Mundo Extraordinario», no el tuyo ni el de mi padre, el mío. Eso no quiere decir que sea egoísta, porque una parte *enorme* de mi mundo es servir a los demás. De todas formas, yo soy quien decidirá el aspecto, las sensaciones y los sonidos de ese mundo, no otra persona.

A muchas personas a las que he conocido o con las que he trabajado les impulsa querer escapar de algo o de alguien de su pasado. Sentían ira o rabia por una experiencia o por el maltrato de alguien. Hace años conocí a un empresario mexicano-estadounidense en una conferencia. Hicimos buenas migas, así que decidimos escabullirnos y comer juntos. Me enteré de que había acumulado una cantidad considerable de riqueza en su carrera profesional. Era amable y de voz suave, bastante modesto, pero cuando empezaba a hablar de su historia, tenía fuego en la mirada.

Me contó la primera vez que fue a ver a un cliente potencial a su casa. Mientras caminaba por el camino de entrada, alguien salía y, cuando se cruzaron, esa persona le dijo: «Ah, debe de ser el nuevo jardinero que va a podar los setos».

Me dijo que aquel comentario fue un punto de inflexión para él. La única razón por la que aquella persona pensó que era el jardinero era el color de su piel. Me dijo: «Me prometí a mí mismo en el acto que un día sería tan rico que daría la vuelta a la tortilla y contrataría de jardinero a algún blanco». Encontró su resonancia emocional, que le ayudó a avanzar hacia su Mundo Extraordinario. Esa fue su fuerza motivadora inicial. Pero, con el tiempo, empezó a ver la influencia que ejercía en su comunidad y la inspiración que suponía para otros mexicano-estadounidenses y se convirtió en un Impulsor Central, para seguir creciendo y asumiendo riesgos.

Este es el tipo de resonancia emocional fuerte que te pido que encuentres y reconozcas. Es el propósito que te hizo elegir este libro en primer lugar, y la razón por la que estás construyendo tu Alter Ego.

Otro ejemplo es John, cuyo linaje es impresionante. Su abuela descendía de una familia real que se vio obligada a huir durante la Segunda Guerra Mundial. Se refugió en México y se casó con un general. John es vástago de una familia conocida por su poder y su posición social. Es estadounidense de primera generación y está intentando darse a conocer en el ámbito de los negocios. John tiene un gran respeto por su familia, su herencia y su linaje. Y quiere plantar la típica bandera familiar orgullosamente en un nuevo país y continuar el legado familiar. Esta mezcla de sus Impulsores Centrales de Familia, Causa e Idea es lo que le impulsa a superar cualquier barrera con la que se ha tenido que enfrentar en el pasado.

A veces la resonancia emocional está impulsada por nuestra familia, nuestra comunidad o nuestro país. Tuve una clienta que compitió en los Juegos Olímpicos de Londres de 2012. Su inspiración era ser la primera persona por la que desplegaran la bandera de su país mientras ella la veía subir despacio por el asta desde el podio. No le importaba que sonara su himno nacional porque ella hubiera conseguido el oro. Lo único que quería era ver la bandera de su país. El orgullo nacional fue un Impulsor central que le dio la conexión emocional con el Mundo Extraordinario que imaginaba.

Esta atleta nunca experimentó lo que había imaginado, pero sí que se clasificó en el puesto veintiocho del mundo en su deporte. Ni siquiera era la atleta número uno de su país, pero acabó cuarta en los Juegos Olímpicos y rompió todas sus marcas personales previas.

A veces, la resonancia emocional que hay detrás de lo que queremos es muy individual. Queremos ser ricos. Queremos sentirnos seguros. Queremos tener más poder. Si tu motivo es más individualista, no pasa nada; no tiene que ser un gran plan para salvar a la humanidad ni tiene que estar impulsado por un sentimiento tranquilo, afectuoso y amable. Sin embargo, tal y como señalan los estudios que he mencionado anteriormente, debe ser profundamente significativo para ti. Y, en la mayoría de los casos, estos motivadores iniciales acaban encontrando sus raíces en cualquiera de los Impulsores Centrales. Estás explorando los límites de lo que puedes hacer. La motivación inicial de «querer más dinero» acaba conectándose con causar un gran impacto en la familia, la comunidad o el país. O se conecta a una idea que te deja planteándote cuánto más puedes crear.

Algunos de los atletas, los empresarios y los emprendedores más exitosos con los que he trabajado fueron impulsados hacia su Mundo Extraordinario por razones egoístas. Y no lo digo en sentido negativo. Si esa es la resonancia emocional que te mueve, adelante. Dime que quieres ver tu nombre en un cartel luminoso delante de una agencia inmobiliaria. Dime que quieres ver tu nombre como chef de un restaurante con estrellas Michelin. Dime que quieres vender una empresa por millones de dólares y, después, coger la documentación de la compraventa, dejarla caer de golpe contra la mesa de la cocina de tu padre y decirle: «¿Conque nunca haría nada en la vida, eh? Mírame ahora, papá».

Muchos clientes, sobre todo los emprendedores, me dicen que quieren ayudar a los demás, o cambiar el mundo. Si esa es la emoción que te impulsa, si esa es la razón por la que construyes y creas un Alter Ego, ¿quién soy yo para decirte que la cambies?

A mí no me importa la emoción o el propósito que te motive, no es asunto mío. Lo que me interesa es que seas sincero contigo mismo sobre sentir una fuerte resonancia emocional con lo que quieres y por qué lo quieres. Esa emoción es lo que va a impulsarte ahora y en el futuro.

Cuando empecé, mis deseos eran muy individualistas. Con el tiempo, he descubierto que buena parte de mi propósito y mi resonancia emocional proceden de querer tener el mayor impacto posible en el máximo número de personas. Eso es lo que me motiva. Por eso hago lo que hago hoy en día.

LOS 5 POR QUÉS

Si ya tienes resonancia emocional y es fuerte, o si ya sabes la razón por la que creas tu Alter Ego, puedes saltarte este apartado. Pasa directamente al siguiente capítulo.

En cambio, si te cuesta llegar al centro emocional y conectar con la razón por la que deseas lo que deseas, intenta utilizar la técnica de los 5 Por qués. Se trata de una herramienta para resolución de problemas inventada por Sakichi Toyoda, fundador de la Toyota Motor Company, en la década de 1930 y desarrollada más formalmente por Taiichi Ohno, un pionero del sistema de producción de Toyota de la década de 1950. Los 5 Por qués te ayudarán a encontrar y comprender la causa de un problema[36].

Es un proceso relativamente sencillo y resulta fantástico para comprender lo que te motiva de verdad. Tienes que hacer lo siguiente: preguntar «¿por qué?» y seguir preguntándolo hasta que llegues al meollo de la cuestión, al lugar de la resonancia emocional profunda.

Por ejemplo, yo me levanto a las 04.30 porque quedo con mi entrenador de 05.00 a 06.30 los lunes, los miércoles y los viernes.

¿Por qué? Porque quiero estar más en forma.

¿Por qué quiero estar más en forma? Porque cuando juego con mis hijos quiero tener más energía que ellos. Hace unos meses, estaba jugando con ellos cuando, de repente, empezó a dolerme la espalda y me costaba respirar. A los diez minutos ya estaba agotado. Tuve que hacer una pausa. Dije a los niños que tenía que descansar, estaba agotado. Sus miradas de desilusión me dejaron hecho polvo. No quería ser el padre que no se cuidaba, que se perdía momentos y oportunidades de jugar con ellos por no estar en el mejor estado físico.

De acuerdo, no necesité cinco «por qués» para descubrir lo que me motivaba. Solamente necesité dos. Y fijarme el objetivo de estar a la altura de los niños puede que fuera ambicioso, pero yo estaba listo para el reto de cansarlos. Por lo tanto, mi Impulsor Central para ponerme en forma fue mi familia.

---

36. Taiichi Ohno: «Ask "Why" Five Times About Every Matter», Toyota, marzo de 2006, http://www.toyota-global.com/company/toyota_traditions/quality/mar_apr_2006.html.

Plantéate todas las preguntas con «¿por qué?» que necesites. Y si continúas con este proceso, casi siempre verás que acaba conduciendo a uno de los Impulsores Centrales: Familia, Comunidad, País, Religión, Raza, Género, Grupo Identificable, Idea o Causa. Esto es como buscar petróleo. Tienes que seguir preguntando hasta que descubras un «pozo de emoción». Lo reconocerás enseguida porque la emoción será fuerte. Saber que esto es lo que hará que la llama no se apague cuando estés cansado y dolorido y quieras dejarlo o rendirte. Todas las personas exitosas y de rendimiento elevado se enfrentan a esta clase de momentos en los que dudan de si deben o incluso de si quieren seguir adelante con ese asunto. Todos se cuestionan si los sacrificios y las elecciones que hacen tienen importancia.

Los que siguen adelante son los que saben *por qué* están en esta carrera. Saben cuál es su propósito para perseguir su Mundo Extraordinario y construir un Alter Ego que les ayude a llegar allí.

Por lo tanto, la pregunta es sencilla:

¿Por qué quieres Activar este Yo Heroico en tu Campo de Juego?

¿Es por una conexión profunda con los siguientes Impulsores Centrales?

- Familia.
- Comunidad.
- País.
- Religión.
- Raza.
- Género.
- Grupo Identificable.

- Idea.
- Causa.

O tu motivación original podría depender de que te hayan hecho daño, que te hayan ofendido, que tengas una expresión creativa o una necesidad egoísta. De todas formas, a medida que avances descubrirás un nuevo Impulsor Central que te sostendrá a largo plazo.

UN TRUCO PSICOLÓGICO

A muchas personas les cuesta reflexionar sobre su propia vida. Los científicos denominan este fenómeno *paradoja de la autorreflexión*. La idea de hacerse preguntas difíciles o complicadas como «¿qué quieres» o «¿por qué quieres algo?» puede convertirse en un nudo psicológico que te ata. Sin embargo, hay una técnica útil denominada *autodistanciamiento*. Dos psicólogos de la Universidad de Minnesota y de la Universidad de California en Berkeley, Ethan Kross y Özlem Ayduk, han dedicado miles de horas de investigación a esta técnica y sus beneficios[37].

«Es posible que una persona dé un paso atrás al pensar en experiencias de su pasado y razone sobre dichas experiencias desde la perspectiva de un observador en la distancia, como si fuera una mosca en la pared», escriben.

---

37. Ethan Kross y Özlem Ayduk: «Making Meaning Out of Negative Experiences by Self-Distancing», *Current Directions in Psychological Science* 20, número 3 (2011): pp. 187-191.

Para aprovechar este truco psicológico, una de las formas más efectivas es preguntarte: «¿Por qué "Jane" quiere escribir novelas que sean superventas?» o «¿Cuál es el propósito de "Todd" en la vida?» Cuando hablas en tercera persona, obtienes un efecto de observador que te permite tomar distancia en una pregunta complicada o difícil.

La técnica del autodistanciamiento proporciona aún más pruebas del poder del Efecto Alter Ego. El Alter Ego acaba dándote una ventaja de tipo observador que te permite liberarte de los bucles de diálogo interno o espirales emocionales. Te da la oportunidad de plantearte lo siguiente: «¿Qué haría Wonder Woman?», o «¿Cómo respondería la Madre Teresa en esta situación?», o «¿Por qué Batman va a acabar este proyecto difícil?»

Por lo tanto, cuando pienses en cuáles son tus Impulsores Centrales o pienses en los Impulsores Centrales de tu Alter Ego, utilizar esta técnica de autodistanciamiento puede ayudarte a encontrar respuestas.

EL TIEMPO DEJA CLARO EL «¿POR QUÉ?»

Cuanto más lleves tu versión más potente de ti mismo a tu Campo de Juego, más descubrirás tu «¿por qué?» Muchos atletas, escritores, emprendedores y otros creativos me han dicho que no empezaron sus viajes sabiendo la respuesta al «¿por qué?» Solamente les interesaba algo o tenían algunas habilidades y se comprometieron a desarrollarlas. Lo importante era la autoexpresión y, a medida que su rendimiento mejoraba y sus resultados cambiaban, su pasión por ese algo crecía. A medida que aumentaba su pasión, también veían con más claridad su «¿por qué?»

A veces, la respuesta crece desde la acción, no desde el pensamiento ni el sentimiento.

11

CÓMO DEFINIR TUS SUPERPODERES Y AFINAR EL NOMBRE

Uno de los deportes más exigentes con los que he trabajado es la equitación, y Lisa era un hueso duro de roer…

Resulta abrumador pensar en todos los componentes difíciles que intento aunar para que un deportista de élite pueda rendir al máximo. Alinear los mundos mental, emocional y físico parece igual que controlar a tres gatos al mismo tiempo. En el mundo de la equitación, hay que añadir un factor que no hace más que magnificar esos tres mundos: un caballo.

La equitación es un conjunto fascinante de disciplinas distintas: salto de obstáculos, carreras de caballos, polo y doma clásica, por mencionar algunas. Y la última es en la que competía mi clienta Lisa. Es un deporte fascinante, porque en otros como fútbol, baloncesto o golf no tienes a un caballo de casi 500 kilos debajo de ti detectando cada ínfimo movimiento, sentimiento o pensamiento que tienes.

Si no estás familiarizado con los caballos, has de saber que se cuentan entre los animales más maduros desde el punto de vista emocional. Precisamente por eso se utilizan en terapia y en trabajo de recuperación para personas que tienen trastorno de estrés postraumático, autismo, adicción y muchos otros problemas relacionados con la salud mental. Pero es esta hiperconciencia que tienen los caballos lo que hace que la doma clásica sea un deporte tan difícil.

El diccionario Merriam-Webster define la *doma clásica* como «la ejecución por parte de un caballo entrenado de movimientos de precisión en respuesta a señales apenas perceptibles de su jinete». Piénsalo un momento. «Movimientos de precisión» de un animal que puede pesar 500 kilos con una capacidad emocional aguda y que el caballo ejecuta guiándose por «señales apenas perceptibles de su jinete»; es decir, un ser humano. Y todos sabemos que los seres humanos distamos mucho de ser perfectos. Pero es el único deporte en el que, sientas lo que sientas, se transmite al caballo. Significa que, sea cual fuere el estado emocional de Lisa, su caballo se daría cuenta y a menudo lo reflejaría en su rendimiento.

El problema al que se enfrentaba Lisa era un nerviosismo y una ansiedad extremos antes de las competiciones, y esto se mostraba en su postura. Iba un poco cabizbaja y encorvada. También se notaba en la presión con la que cogía las riendas; al agarrarlas con tanta fuerza, era como si fuera un teléfono que enviaba una señal directamente al caballo para decirle: «Ahora mismo, no me siento segura y estoy supernerviosa, ¡o sea que tú también deberías estarlo!» Su caballo, *Ricky Bobby*, captaba todo perfectamente y se pondría a dar vueltas, su postura sería incorrecta y condicionaría a la puntuación de los jueces. Al fin y al cabo, el deporte consiste en hacer movimientos de precisión durante una rutina predefinida mediante señales sutiles del jinete.

Durante una de nuestras primeras conversaciones, pregunté a Lisa: «¿Quién o qué representa el control total, la confianza total y el verdadero aplomo?»

Después de pensárselo un rato, respondió: «Wonder Woman».

Me dijo que, de niña, le encantaba esa heroína y el personaje clásico que interpretaba Lynda Carter en la televisión. Me habló del lazo dorado, y de que Wonder Woman descendía de una tribu de amazonas que montaban a caballo para ir a luchar. Lisa tenía una conexión emocional increíblemente fuerte con Wonder Woman, además de que compartían la querencia mutua por los caballos. Así que se convirtió en un Alter Ego natural para ella, que asumía cada vez que se sentaba en la silla de montar.

Todos los superhéroes tienen superpoderes que les ayudan a superar los conflictos que surgen en su mundo. Wonder Woman tiene poderes como superfuerza y velocidad, y puede volar. Spiderman tiene inteligencia y capacidad para adherirse a paredes y techos y lanzar una telaraña desde las muñecas. Aquaman puede controlar el mar, tiene superpoderes y puede respirar debajo del agua.

A pesar de que tú no utilizarás superpoderes extraordinarios, como detener balas con una muñequera, usar un lazo dorado para obligar a la gente a decir la verdad ni disparar telarañas desde las muñecas, tu mente tiene un poder increíble para liberar recursos que ya posees a través de un Alter Ego que tú puedes representar. Estas balas que detiene Wonder Woman podrían ser las balas de las opiniones, el miedo a las críticas o la procrastinación que tu Alter Ego vence para seguir adelante. Igual que los superhéroes solamente necesitan y utilizan superpoderes específicos para sus mundos, nosotros también necesitamos solamente algunos superpoderes específicos.

Los superpoderes que mi Alter Ego utilizaba en los negocios eran los poderes de la confianza, la firmeza y saber expresarse bien. ¿Por qué? Porque era lo que me faltaba cuando empecé y eran las cualidades necesarias para ganar en mi Campo de Juego. ¿Mi padre, que lleva una finca ganadera en Canadá, necesita esos superpoderes? Quizá, pero no necesariamente. Los superpoderes que considero imprescindibles para ser un padre fantástico son ser juguetón, intrépido y divertido. ¿Son los superpoderes que tú tienes que utilizar como padre o madre? Quizá, pero no necesariamente.

Eso es lo que tiene de bueno este proceso. Tú defines las características.

Los superpoderes que tú seleccionas para tu Alter Ego serán los que necesites más para garantizar que te muestras como tu Yo Heroico en tu Campo de Juego o durante un Momento de Impacto. Cuando miramos tu Mundo Ordinario, vimos cómo te muestras y quién eres ahora mismo. Miramos algunos de los comportamientos, los pensamientos, las emociones, las acciones, las creencias, los valores y otros rasgos que se mostraban.

Ahora, ha llegado el momento de actuar de forma más deliberada y encontrar los rasgos (los superpoderes) que tiene que llamar y utilizar tu Alter Ego durante el Momento de Impacto.

Es habitual que la gente pregunte qué viene antes: el Alter Ego o los Superpoderes. Los dos y ninguno de los dos. No importa. Algunas personas saben enseguida quién es su Alter Ego. Si ese es el caso, entonces retrocedemos para mirar por qué alguien eligió un Alter Ego concreto para desentrañar todos los rasgos y deconstruir la identidad del Alter Ego: sus comportamientos y manierismos, sus habilidades y capacidades, sus pensamientos, emociones, creencias y valores sobre sí mismo y el mundo.

Otras veces empezamos mirando los Superpoderes que alguien quiere invocar en un Momento de Impacto; por ejemplo, aplomo, confianza y asertividad. Después, buscaremos a una persona o una cosa que represente esos rasgos, y ese será su Alter Ego.

No hay una manera correcta o incorrecta. A pesar de que este libro se presente de forma secuencial, en realidad construir un Alter Ego se parece más a entrar cruzando puertas al Mundo Extraordinario. Te puedes mover por los distintos capítulos para inspirarte y que, así, los demás componentes al final encajen. Veamos el caso de Zach: era uno de los mejores jugadores de hockey universitario del país y ahora es jugador profesional. Como muchas personas, quería lanzarse a crear y utilizar un Alter Ego lo antes posible. Vimos rápidamente los primeros pasos, sin indagar sobre su rendimiento actual, la forma que adoptaba su Enemigo, el nombre de su Enemigo ni el propósito más profundo que le llevaba a construir un Alter Ego.

Cuando empezamos a trabajar juntos, le costaba controlar el disco en las esquinas de la cancha. Él quería luchar más, pero había sufrido una mala lesión años atrás cuando otro jugador le atacó por la espalda, por lo que el miedo y la preocupación hacían que se lanzara al combate con mucha agitación. Cuando empezamos a hablar sobre cómo le gustaría batallar en las esquinas, enseguida pensó en el Diablo de Tasmania, así que ese fue el Alter Ego que eligió. Empezó a llevar esa mentalidad a la cancha y su juego mejoró. Pero no era constante. Así que retrocedimos para trabajar todos los componentes para construir un Alter Ego para permitirle que se viera reflejado y que conectara su propósito más profundo. Al final, Zach acabó creando un Alter Ego compuesto, muy parecido al mío que jugaba al fútbol americano.

Este libro es muy similar a las novelas de «Elige tu propia aventura», en las que tú controlas el orden de las cosas. Mientras vas cruzando todas las puertas (capítulos), colocarás a tu Alter Ego para que dé el Puñetazo en el Suelo más fuerte posible. Y, a fin de cuentas, eso es lo que me importa.

CÓMO CONSTRUIR LOS SUPERPODERES DE TU ALTER EGO

Cuando miramos el Mundo Ordinario, vimos a quién estás mostrando en tu Campo de Juego.

Ahora, vamos a descubrir a ese Yo Heroico creando un Alter Ego desde cero. Si sabes quién o qué es tu Alter Ego y conoces sus superpoderes, utiliza las páginas siguientes para perfeccionar, redefinir y reforzar tu Alter Ego.

PASO 1: EMPEZAR CON LOS SUPERPODERES

Busca adjetivos. ¿Cómo quieres que se muestre tu Alter Ego durante tu Momento de Impacto? ¿Quieres que sea resuelto, adaptable, flexible, ambicioso, amable, extrovertido, calmado, brillante, desenvuelto, duro, valiente, dinámico, relajado, encantador, escandaloso?

Si tienes dudas, intenta acabar esta frase: «Me gustaría ser...»

¿Qué o quién representa los adjetivos que has seleccionado? ¿Hay alguien a quien asocies con la confianza en sí mismo? Podría ser alguien que también se encuentre en tu Campo de Juego, o quizás alguien de otro sector empresarial a quien admiras porque tiene ese rasgo. Aquí no hay límite. No hay una respuesta correcta o incorrecta. Tampoco se juzga qué o a quién eliges.

Lo único que importa es que selecciones algo o a alguien con el que te sientas profundamente identificado. Una clienta mía, Heidi, utilizaba un Alter Ego que es un cruce entre MacGyver, el personaje televisivo ficticio, que nunca se ha topado con un problema que no pudiera resolver, y Marie Forleo, una empresaria de Nueva York que tiene un popular canal de vídeos *online* llamado MarieTV y una personalidad dinámica y creativa.

Julia, a la que conocimos anteriormente, tenía problemas para mostrarse firme al negociar con los clientes. Según ella misma decía, siempre complacía a los demás, decía que sí a todo el mundo incluso cuando era algo que no le iba bien a ella. Quería dejar de ceder terreno siempre y defender sus propios intereses. Estaba cansada de que la vieran como a alguien amable y de voz suave, quería mostrar la ambición y la determinación que sentía.

Cuando conoció el concepto de Alter Ego, pensaba que tendría que dar un giro de 180 grados a su personalidad. Si era amable y hablaba con una voz suave, ahora tenía que rugir como un león. Solamente había un problema: no sentía ninguna resonancia emocional con ese felino. De hecho, sí que lo asociaba a algo, pero negativo. Julia no se sentía como ese animal, no era un espíritu afín y parecía algo forzado.

Entonces, su marido le regaló una tarjeta de felicitación para su cumpleaños. En la tapa había un ciervo con cuernos. A Julia le encantaban esos animales: «¡Me vuelven loca!» La gente llena sus tableros de Pinterest de gatos; ella, en cambio, tiene ciervos. Su marido también le regaló un collar con una cornamenta. «Mi marido me dijo: "Eres amable y delicada y, a la vez, tan fuerte", y la combinación de esas tres cosas dio en el blanco realmente.»

Julia encontró su Alter Ego: el ciervo. «Los ciervos se mantienen firmes, y, al mismo tiempo, son tranquilos y amables. Y mejor que no te metas con ellos. Son determinados y tozudos».

Ella utiliza su Alter Ego para que le ayude a mostrarse firme incluso en situaciones incómodas. Esta es la conexión que tienes que buscar con lo que elijas.

No tienes que construir un mundo enorme ni tener dieciocho Superpoderes. Cuando creé a Richard, solamente utilicé tres Superpoderes: tener confianza, ser resuelto y ser elocuente. Kisma, un emprendedor, también tiene tres superpoderes: ser receptivo, claro y abierto.

Si todavía te atascas con los rasgos que quieres poseer para que te ayuden a mostrarte en tu Campo de Juego como quieres, revisa el capítulo 4: «Tu Mundo Ordinario» e invierte los rasgos que te frenan. La razón por la que elegí «ser resuelto» como una de mis características era que yo era muy poco decidido y tendía a aplazar las cosas que sabía que tenía que hacer para tener éxito. Tú puedes hacer lo mismo.

PASO 2: ELIGE A ALGUIEN O ALGO QUE ADMIRES

El segundo punto es empezar con una persona, un animal o una cosa que ya te resulte admirable y plantearte lo siguiente: «¿Por qué?» ¿Qué tiene que yo admire? ¿Qué rasgos (o superpoderes) posee?

Si te atrae un héroe del cómic como Superman, Wonder Woman, Batman, Pantera Negra, Tormenta, Batwoman, Hulk, Lobezno, o Spiderman, ¿por qué? ¿Qué rasgos tienen que tú admires o valores?

Quizá te llame la atención una figura histórica como Abraham Lincoln, Juana de Arco, Cleopatra, Winston Churchill, Marie Curie, Copérnico, Malala, Martin Luther King Jr. o Leonardo da Vinci. ¿Por qué? ¿Qué rasgos tienen que tú admires o valores?

O puede que te gusten personajes literarios como Jane Eyre, Harry Potter, el capitán Ahab, Nancy Drew, Scarlett O'Hara, Casanova, el conde de Montecristo o incluso Winnie the Pooh (sí, en serio, todo vale), o un personaje de ficción de una película o de un programa de televisión. ¿Por qué? ¿Qué rasgos tienen que tú admires o valores?

Quizás optes por un famoso, deportista, periodista, escritor, director o político. ¿Por qué? Puede que sea un familiar, quizás un abuelo o una abuela, un padre o una madre, un mentor o una profesora. ¿Por qué? Quizá sea un animal. ¿Por qué? ¿Qué rasgos tienen que tú admires o valores?

¿Te gustan los coches de carreras, los camiones, los trenes, los cuchillos, los artilugios, los aparatos o cosas robóticas? Si me dices que, sin ninguna duda, tu Alter Ego es un motor que nunca se para, ¿quién soy yo para discutírtelo? Es tu mundo y tú creas tu Alter Ego. La clave, como con cualquier Identidad Secreta que elijas, es tener una fuerte conexión emocional con dicho Alter Ego.

El mundo deportivo está lleno de atletas que utilizan máquinas como Alter Ego. El corredor de la NFL Jerome Bettis (apodado «el Bus») y Jay Ajayi (conocido como «el Tren») son grandes ejemplos. A los dos les gusta la idea de ponerse a sus equipos a la espalda y llevarlos a la victoria. O abrirse paso a través de la defensa. Una vez, un representante comercial me dijo que había escogido como parte de su Alter Ego a un imán, para atraer a los clientes y las transacciones perfectos. «Mi Yo Atrapado tenía una actitud horrible. Sentía que todo era, simplemente, más difícil para mí que para los demás. Por eso quería que mi Alter Ego experimentara menos resistencia y esfuerzo para todo lo que estaba haciendo. Así nació Mike Murphy, el Imán.»

Puedes construir un Alter Ego a partir de cualquier fuente, como las siguientes:

- Personaje de cine o televisión.
- Personaje literario.
- Personaje de dibujos animados.

- Superhéroe.
- Alguien del mundo del entretenimiento.
- Figura histórica.
- Animal.
- Máquina.
- Algo abstracto.
- Deportista.
- Alguien de tu vida, como algún familiar, una profesora, una amiga o un mentor.

(Para una lista más exhaustiva, con los rasgos asociados con distintos personajes, visita AlterEgoEffect.com/inspiration.)

Joanne, la señora que mencioné en el capítulo 3, nació en Inglaterra y, a los diecinueve años, se fue a vivir a Australia varios años. Vio un documental sobre Tracy Edwards, la navegante británica que, en 1989, capitaneó la primera tripulación íntegramente femenina en la vuelta al mundo a vela, la Whitbread Round the World Yacht Race. Joanne sentía una conexión profunda con Tracy, que de pequeña creció en una ciudad pobre sin litoral.

«Allí estaba yo, una chica de Manchester que iba a la Universidad de Southampton, donde van todos los grandes regatistas, donde construyen barcos y donde los hombres son caballeros, y lo primero que hice fue ir al club y apuntarme. Acabé ganando el Campeonato Europeo de Vela dos veces, pero en aquel momento no tenía ni idea de cómo navegar, sino solamente la determinación de aprender, como Tracy.

»Decidí encarnar a Tracy Edwards, aquella mujer que veía centrada, fuerte y que se rodeó de otras mujeres fuertes y competentes. Nunca había visto aquello antes. Hasta que vi aquel documental, no me había dado cuenta de que yo podía ser una mujer y tener éxito sin tener que emular a los hombres.»

MaryAnn, que es propietaria de un taller de reparación de coches junto con su marido, vio que siempre le habían atraído los estampados animales. Cuando empezó a jugar con un Alter Ego, se planteó por qué le atraían ese tipo de estampados. «Los animales son puro instinto. No tienen el síndrome del impostor. Simplemente, son fuertes y hacen lo que tienen que hacer», explica. «Sin darme cuenta, me sentía atraída hacia ese tipo de energía. Me hacía sentir más segura y poderosa.»

PASO 3: ESTÁ JUSTO DELANTE DE TI

¿Hay alguien de tu pasado con quien tengas una conexión o que creas que es un espíritu afín?

Dos de los valores del Alter Ego de Julia son la aventura y los viajes. Le gustan los Alpes austríacos, aunque creció en Alemania. Su tatarabuelo fue alpinista y hay un museo dedicado a él en su pueblo. Además, era pintor de paisajes románticos y, en busca de documentación geológica, decidió escalar los Alpes austríacos para pintar una vista panorámica de 360 grados. Julia me dijo que tuvo la oportunidad de visitar el museo y, mientras lo recorría, se había dado cuenta de algo: «A veces, solamente tienes que salir de tu propio camino y aceptar que ya está allí».

Otra posibilidad es que tu Alter Ego sea un miembro de tu familia que todavía esté vivo. Podría ser un padre, una madre, un abuelo, una abuela, un hermano, una hermana, un primo, una prima, una tía o un tío. Si miras tu historia familiar, puede que te sorprenda a quién puedes encontrar y quién te inspira a ser consciente de la pasta de la que estás hecho o hecha y de dónde vienes.

Un director general que conocí en una conferencia me contó su experiencia después de graduarse en la universidad. Al salir al mundo real, descubrió que no estaba preparado para los retos de la vida profesional, sobre todo las relaciones de poder en la empresa, la aspereza de los compañeros y la ansiedad de tener que hablar de productos a clientes que no le querían escuchar. «Como alguien que no tiene una personalidad de tipo A, sentí que iba a vivir cuarenta años en el purgatorio si no cambiaba algo. Me estaba comiendo por dentro.»

Me contó que uno de sus profesores tenía un enfoque dinámico, divertido y apasionado sobre el trabajo. «El profesor Martinez parecía intrépido y libre y asistí a todas las clases que impartía que pude. Él fue mi "mentor a distancia". Él no lo sabía, pero yo lo admiraba mucho y me fijaba en todo lo que hacía. Por eso, decidí encarnar al "Profesor" en mi trabajo.»

Lo que más sorprendió al director general a través del proceso fue lo mucho que se sentía a gusto consigo mismo cuanto más jugaba con el Alter Ego. «Me di cuenta de que yo era más que quien era. Siempre había pensado que yo era de los que se relajan y dejan que otros tomen las riendas porque eso era lo que hacían "ese tipo de personas". Los de carácter fuerte, los escandalosos, los extrovertidos. Sin embargo, descubrí que me encantaba ser dinámico, me gustaba ser divertido y apasionado. Sentía como si hubiera encontrado un universo alternativo en mi interior. Me estaba liberando.»

Igual que en el caso de este director general, puede que hayas tenido un profesor, un coach o un mentor a quien admiraras. Estas personas pueden ser una gran fuente de inspiración.

CÓMO ELEGIR AL MEJOR

Me suelen preguntar qué o quién es el mejor Alter Ego. ¿Un superhéroe? ¿Una estrella del cine o de la televisión? ¿Un personaje de ficción? Y siempre respondo lo mismo:

El mejor Alter Ego es aquel con el que tengas una conexión emocional más profunda; la conexión emocional supera a cualquier otra cosa.

Si hay un personaje que te gusta desde que tenías quince años, vale la pena que lo mires. Si hay un actor al que siempre has admirado, empieza por ahí. Si hay un mentor, un miembro de tu familia, como tu madre, tu abuelo, tu tía o tu tío, adelante.

La gran ventaja de las fuentes que hemos comentado es que, como tenías tanto contacto con ellas, al leer, ver o interactuar con ellas, te resulta fácil adoptar y crear los mismos rasgos y cualidades en tu Alter Ego o Identidad Secreta. Es como un «Alter Ego en una caja», porque ese escritor, director de cine, historia familiar o interacciones diarias ya han creado un fuerte relato en tu mente.

CREA UNO PROPIO

Por último, también es posible optar por un Alter Ego que ya sea significativo para ti y construirlo de forma creativa.

Este fue mi caso cuando jugaba fútbol americano en el instituto y en la universidad cuando fusioné a dos de mis jugadores preferidos. Crear al tuyo exige más imaginación, pero puede dar como resultado una conexión emocional mucho más rica y profunda. Puse a Walter Payton, a Ronnie Lott y a una tribu de héroes nativos americanos para crear a «Jerónimo». Me limité a seleccionar cuidadosamente los distintos atributos y cualidades de cada persona y elaboré la Identidad Secreta con la que salir al terreno de juego. Y, para el niño flacucho que jugaba contra bestias que eran el doble de grandes que yo, funcionó.

Otro ejemplo es Ted, que perdió la confianza tras sufrir algunos reveses en su negocio y construyó su Alter Ego de una forma parecida. Ted tiene una empresa que crea soluciones tecnológicas a medida para empresas de *software* que necesitan reducir el tiempo en llegar al mercado y el coste general de los productos.

Él creció jugando al aire libre y trabajando en la granja de su familia en Honduras. Emigró a Estados Unidos con una beca de la Universidad de Vermont, donde se licenció en ingeniería eléctrica e informática.

Después de sufrir algunos contratiempos y empezar a perder la fe y la confianza en sí mismo, decidió dejar a su «yo con problemas» fuera del terreno de juego y asumir el papel de un Alter Ego. Cuando Ted se enfrentaba a nuevas oportunidades de negocio, a hacer llamadas y presentaciones, recurría a «Catracho Spearo». *Catracho* es un gentilicio coloquial sinónimo de hondureño y *spearo* se refiere a la pesca submarina con arpón en Honduras.

Ted solía ir a pescar con arpón siempre que podía, y aún va alguna vez. Y cuando ve nuevas oportunidades de negocio, se imagina que está buceando a una profundidad de 18 metros, rodeado de grandes tiburones blancos de casi 4 metros. Todas las mañanas, Catracho Spearo sale en su barco y nada en el mar, lleno de valentía, confianza y audacia, buscando nuevas oportunidades de negocio como si intentara pescar un pez para ese día. «Catracho Spearo está centrado y es poderoso y duro», dice Ted.

Tal y como dice, cuando buceas en busca de un pez, tus recursos son mínimos y solo puedes coger aire una vez antes de bajar para aprovechar rápido la oportunidad de arponear un pez. Quieres pescar un atún de aleta azul, un halibut o una langosta grande, pero no eres el único que busca una presa. Los grandes tiburones blancos que pueblan esas aguas son una amenaza no solo para tu oportunidad de pescar, sino para todo tu negocio en general.

El objetivo, todos los días, es capturar una oportunidad y llevártela sin ningún percance al barco.

«Me costaba superar el miedo y mis puntos débiles», dice Ted, «pero me convierto en Catracho Spearo cuando hago presentaciones o voy a una reunión o cuando me siento incómodo con un proyecto o una tarea nuevos. Catracho Spearo dice: "He estado en situaciones peores. Lo único que necesito es tener listo mi arpón, sumergirme y aprovechar la oportunidad cuando surja. Mientras salga al Campo de Juego, algo picará, y va a ser algo grande"».

Lo que convierte a Catracho Spearo en un Alter Ego fuerte es que, en primer lugar, le apasiona el aire libre y la pesca con arpón, así que *¡bam!* Está conectado al instante con los rasgos y las capacidades necesarios para tener éxito en esos entornos y tiene una conexión profunda con ellos. Después, ha añadido la conexión a su país natal,

Honduras, con el mote *Catracho*, que tiene una conexión emocional profundamente significativa para él. Es su lugar de origen, su familia todavía vive allí y está orgulloso de ser de ese país. *¡Bam!* Otra profunda conexión emocional que honrar y utilizar para llevar el orgullo a su familia y a su tribu.

Tal y como dije anteriormente en este capítulo, hay muchas formas de encontrar a tu Alter Ego. A lo largo de este capítulo, te he indicado cómo construirlo identificando los rasgos y las capacidades que más te gustaría mostrar en tu Campo de Juego para ayudarte a crear un Mundo Extraordinario.

Aquí tienes más preguntas que puedes utilizar para descubrir esos rasgos:

¿Qué cualidades admiras de otras personas de tu Campo de Juego?
¿Las personas excepcionales de tu Campo de Juego tienen esas cualidades?

Si fueras prolífico en tu trabajo:

¿Qué pensarías de ti mismo?
¿Qué actitudes tendrías sobre el negocio? ¿Y sobre tus habilidades en el negocio?
¿Qué creencias tendrías?
¿Cómo te mantendrías desde el punto de vista físico?

Imagínate que ha pasado un año y que tu identidad ha cambiado por completo debido a tu compromiso con tu Alter Ego. ¿Qué dirían tus mejores amigos, los que más te apoyan, que son las tres cosas que más les han sorprendido de tu transformación? ¿Qué dirían a los demás sobre tu transformación y tus nuevos resultados?

Cuando miras lo que escribiste en el apartado del Mundo Ordinario, ¿cuáles son los opuestos de todos esos puntos débiles o atributos negativos percibidos que pusiste en la lista?

¿Qué rasgos, capacidades, actitudes, creencias, valores y comportamientos poseerías para derrotar al Enemigo que está intentando detenerte?

Señala o anota los rasgos de carácter de la lista siguiente que ya posees. A continuación, subraya o escribe entre cinco y diez rasgos que tu nueva identidad o Alter Ego va a poseer.

Aburrido
Activo
Adaptable
Afable
Afectuoso
Agradable
Agudo
Alto
Amable
Ambicioso
Amigable
Amistoso
Animado
Apasionado
Atento
Audaz
Bueno
Calculador
Cálido
Callado
Cariñoso
Claro
Comedido
Cómico
Compasivo
Competitivo
Completo
Complicado
Comprensivo
Comunicativo
Concienzudo
Considerado

Constante
Controlado
Cordial
Cortés
Creativo
Cuidadoso
De mente abierta
Delicado
Despiadado
Detallista
Determinado
Diligente
Dinámico
Diplomático
Directo
Disciplinado
Discreto
Divertido
Dulce
Duro
Emotivo
Encantador
Enérgico
Entusiasta
Escurridizo
Extravagante
Extrovertido
Exuberante
Feroz
Fiable
Fiel
Fiero
Filosófico
Flexible
Fluido
Firme
Fuerte
Generoso
Gigante
Gracioso
Guay
Honesto
Imaginativo
Imparcial
Independiente
Ingenioso
Innovador
Intelectual
Inteligente
Intrépido
Intuitivo
Inventivo
Justo
Leal
Letal
Ligero
Listo
Majo
Misterioso
Modesto
Mortal
Optimista

Ordenado
Organizado
Osado
Paciente
Persistente
Perspicaz
Plácido
Poderoso
Potente
Práctico
Proactivo
Pulcro
Pulido
Querido
Racional
Rápido
Reservado
Resuelto
Rudo
Seguro de sí mismo
Sencillo
Sensible
Servicial
Simpático
Sincero
Sistemático
Sociable
Sosegado
Talentoso
Tenebroso
Tolerante
Trabajador
Tranquilo
Valeroso
Versátil
Voluntarioso

Después de seleccionar entre cinco y diez rasgos de carácter que definirían a tu Alter Ego o a tu nueva identidad, ¿cómo mostrarías o demostrarías dichas cualidades?

Por ejemplo, si has elegido «poderoso», ¿cómo mostrarías esta cualidad en el mundo de los negocios?

¿Qué le parecería a otra persona?
¿Cómo lo experimentarías tú?
¿Cómo sonarías tú delante de otras personas?
¿Qué actitudes sobre ti mismo o sobre el negocio te harían ser más poderoso?

¿Tienes un ejemplo de alguien que ya consideras que tiene esa característica? ¿Cómo actúa / habla / piensa esa persona?

Utiliza alguna de estas preguntas, o todas, para averiguar las cualidades básicas de tu Alter Ego. Otra forma de realizar el ejercicio y un cambio fuerte de mentalidad sería responder estas preguntas desde el punto de vista de tu Alter Ego. Si has elegido Superman, Wonder Woman, Indiana Jones, Oprah Winfrey, tu abuela, Muhammad Ali, Winnie the Pooh, el Señor Rogers, Dora la Exploradora, Abraham Lincoln, Ellen DeGeneres... Si respondes esas preguntas como tu Alter Ego, puedes liberar un nivel nuevo de creatividad, conciencia e imaginación respecto a lo que es posible.

Tal y como he mencionado a lo largo del libro, no hay muchas reglas respecto a este proceso; encontrar tu Identidad Secreta es un proceso personal. Utiliza la que te vaya bien a ti. ¿Te acuerdas de uno de los grandes atletas de todos los tiempos, Bo Jackson, y la historia que te conté al principio de este libro? Su Alter Ego era el Jason de las películas de terror de *Viernes 13*. Para el hombre medio, parece una locura, pero es que su Alter Ego no se basa en lo que piensen *los demás*; sino en el sentido que *él* sacaba de ese personaje, que era impasible e implacable, las dos cosas que Jackson necesitaba para luchar contra su Enemigo interno de ira incontrolable.

Implícate y piensa detenidamente estas preguntas. Así, aumentarás tu capacidad de lograr un impacto tremendo en tu Mundo Extraordinario. ¡Tú puedes hacerlo!

CÓMO PONER UN NOMBRE A TU ALTER EGO

Para algunas personas, el nombre de su Alter Ego es obvio. Si has elegido un personaje de ficción o alguien de la vida real, lo más probable es que utilices el nombre que ya tiene.

Si has elegido a un animal, o si te has metido en el laboratorio para construir cuidadosamente tu Alter Ego después de inspirarte en los superpoderes de varios personajes, tendrás que ponerle un nombre.

¿Por qué? Por la misma razón por la que se lo ponemos al Enemigo. El nombre da forma a algo. Vamos por la vida con nombres, ¿verdad? No vamos gritando por ahí: «¡Eh, tú, ven aquí!» ni «Eh, tú, el calvo con un tatuaje en el antebrazo derecho». Un nombre engloba todos los Superpoderes y rasgos y da a tu Alter Ego una identidad real.

Puedes optar por algo como Catracho Spearo, como hizo Ted, o puedes crear algo como hizo Alonto, que bautizó a su Alter Ego con el nombre de «Ola Grande». Alonto y su mujer tienen una empresa de marketing. Alonto nació en Filipinas e inmigró a Estados Unidos cuando tenía doce años. Fue a la escuela de candidatos a oficiales del ejército, sirvió en la Marina estadounidense durante ocho años y ahora trabaja como ingeniero aeroespacial.

Antes de montar su negocio, Alonto nunca había dado un discurso en público, nunca había hecho una presentación y nunca se había presentado como orador. Sin embargo, le habían pedido que hablara ante un público de setecientos asistentes.

El Alter Ego de Alonto, Ola Grande, vive al lado del escenario esperando a que lo llamen.

Ola Grande es uno de mis nombres de Alter Ego preferidos por varias razones. La primera es que Alonto es filipino e isleño del Pacífico. Según sus propias palabras, «siempre ha sentido atracción por el estilo de vida de los exploradores de las islas». ¿Resonancia emocional? Sí.

Ola Grande está inspirado en el personaje de Maui, interpretado por Dwayne Johnson (conocido como «La Roca»). Es un semidiós que ayuda a la heroína, Moana, en la película de Disney *Vaiana*. «Es mi personaje, mi Alter Ego», explica Alonto. «Gran parte de su legado es de la isla, pero ese personaje tiene algo con lo que me siento identificado. Es alguien que me inspira cuando pienso en mi Alter Ego.» ¿Resonancia emocional, otra vez? Sí y sí.

Ola Grande es un nombre único de Alter Ego por varios motivos. El primero es que Alonto tiene una fuerte conexión emocional con el mar y con el estilo de vida isleño. El segundo es que el nombre tiene un sentido cultural para Alonto y está conectado con su familia y con el lugar en el que nació y creció. El tercero es que, como comentamos anteriormente, el Alter Ego nos ayuda a alcanzar el estado de flujo. Ola Grande y el flujo encajan a la perfección. Es un juego de palabras y crea una imagen conectada al flujo, así que es como otro detonante para la mente de Alonto, que dice que quiere entrar en el estado de flujo.

La megaestrella Beyoncé Knowles utilizaba el nombre Sasha Fierce para asumir el papel de su Alter Ego en el escenario. Creció en una familia religiosa y de niña cantaba góspel en el coro de la iglesia todos los domingos, por lo que empezó a actuar en un entorno conservador y modesto. Que yo sepa, no había muchas faldas cortas ni movimientos provocativos en la iglesia. Por eso, cuando empezó su carrera como cantante pop y le pidieron que hiciera rutinas de baile y que cantara letras provocativas, lo lógico era que compitiera con su identidad existente. Crear un Alter Ego para expresar con más libertad sus impulsos creativos era una parte natural del proceso. Y me encanta que utilizara el nombre *Fierce*. Tiene personalidad, algo que seguro que necesitaba al principio para expresar su nueva identidad y actuar de una forma más deliberada sobre quién iba a mostrar en ese Campo de Juego. Y es bastante difícil rebatir su éxito.

La superestrella del baloncesto Kobe Bryant eligió «Black Mamba» como Alter Ego en el terreno de juego. ¿Por qué? En una entrevista publicada en la revista *New Yorker*, Kobe afirma que se le ocurrió ese apodo por la película *Kill Bill* de Quentin Tarantino, en la que la serpiente, conocida por su agilidad y su agresividad, fue utilizada como nombre en clave de un asesino letal.

«Me fijé en el animal y pensé: "Esto es increíble" recuerda Bryant. «Es la descripción perfecta de cómo quería que fuera mi juego.»

La inspiración para el nombre de tu Alter Ego puede llegar de muchas formas, pero esto es lo que sé. Normalmente, evoluciona. Por lo tanto, no te preocupes, no tiene que ser perfecto. Es igual que la primera vez que pones nombre a tu mascota, su nombre puede que cambie con el paso del tiempo.

Cuando elijas el nombre de tu Alter Ego, recuerda que tienes que tener una conexión emocional con él (igual que Alonto, Kobe, Joanna, Beyoncé y yo).

Además, debe conectar con los Superpoderes que tendrás que tener en tu Campo de Juego y actuará como otro desencadenante que te recuerde lo que quieres aprovechar durante esos Momentos de Impacto.

Aquí tienes algunas ideas para activar tu imaginación:

a. Si has decidido combinar dos o más fuentes de inspiración, puedes unir los nombres; por ejemplo, «Black Wonder» mezcla «Black Panther» y «Wonder Woman».
    i. Buda-Man (combina Buda y Superman).
    ii. Napoleón Patton (Napoleón Bonaparte y el general George S. Patton).
    iii. Mess-Aldo (Lionel Messi y Cristiano Ronaldo).
    iv. Abuela Osa (tu abuela y una osa).
    v. Sonic Bond (Sonic el erizo y James Bond).

b. Da a tu Alter Ego un título como rey, lord, reina, general, comandante, princesa, máster, mago, campeón, experto, etc. A continuación, podrías añadir tu nombre o el nombre de tu Campo de Juego o de la característica principal que te gustaría mostrar o la actividad / elemento que intentas dominar:
    i. Comandante de la Pista [«Introduce el título» del Campo de Juego].
    ii. Joanna, Reina de la Sala de Juntas [«Introduce el nombre», «Introduce el título» del Campo de Juego].
    iii. Matthew, Señor de los Instrumentos de Cuerda [«Introduce el nombre», «Introduce el título» de la «Introduce la actividad / el elemento que intentas dominar»].
    iv. Susan, Reina del Cierre [«Introduce el nombre», «Introduce el título» de la «Introduce la actividad / el elemento que intentas dominar»].

v. Taylor la Imparable [«Introduce el nombre», el/la «Introduce la característica»].

c. Simplemente, da a tu Alter Ego el nombre del animal o el objeto que hayas elegido y añade tu nombre:
   i. La Black Mamba o Kobe «la Black Mamba» Bryant.
   ii. El León o Kerri «el León» Herman.
   iii. El Gran Blanco o Keith «el Gran Blanco» Krance.
   iv. La Roca o Dwayne «la Roca» Johnson.

d. Crea un nombre ficticio como Identidad Secreta y, después, añade un adjetivo que describa cómo te gustaría enfocar tu Campo de Juego, como Beyoncé hizo con Sasha Fierce:
   i. Tracy Dura.
   ii. Jackie Tranquila.
   iii. Michael Agudo.
   iv. Kenny Valiente.
   v. Wynona Ingeniosa.

e. Pon el nombre del superhéroe o personaje que te inspira y añádelo delante o detrás de tu propio nombre o la profesión / papel que haces, como Tasmanian Zach:
   i. Editor Bond [Profesión + James Bond].
   ii. Michelle Lennon [Tu nombre + John Lennon].
   iii. Increíble Jugador [Increíble Hulk + Papel (jugador de baloncesto)].
   iv. Sally Winfrey [Tu nombre + Oprah Winfrey].
   v. Winston Marshall [Winston Churchill + Tu nombre].

No hay reglas en este paso, solamente tienes que escoger un nombre y empezar a utilizarlo.

Esta parte del Efecto Alter Ego es una de mis preferidas del proceso porque hace que dejes correr la imaginación y permite que *tú* crees *tu* Mundo Extraordinario. También es el punto en el que estás en el laboratorio creando la Identidad Secreta para luchar contra las fuerzas del Enemigo que intentan arrastrarte al Mundo Ordinario. Ahora, vamos a empezar el proceso de añadir aún más profundidad, fuerza y potencia a tu Identidad Secreta construyendo una Historia del Origen. ¡Allá vamos!

12

CÓMO INSUFLAR VIDA A TU ALTER EGO

La adolescencia es dura.

Además de que las hormonas están descontroladas y dominar las emociones es como parar la embestida de un rinoceronte, ver que otros chicos crecen más rápido que tú es complicado. Sobre todo cuando eres un deportista que intenta competir por papeles protagonistas.

En Connecticut están locos por el béisbol. Forma parte del área de tres estados cuyo centro es la ciudad de Nueva York, donde viven y trabajan millones de personas. Casi siempre encontrarás a aficionados de los Yankees en esa área, con algún fan simbólico de los Mets y muy pocos de los Red Sox. (Vale, hay muchos fans de los Mets, pero no lo admiten.) Tim no era una excepción, vivía obsesionado por los Yankees.

Era un niño poco común. Tenía once años pero era muy maduro y tenía habilidades de liderazgo para dar y vender. Me caía bien porque era pequeño y enérgico y nunca se rendía.

Durante la última década, he tomado a algunos deportistas jóvenes bajo mi protección y he sido su mentor de forma gratuita. Tienen que presentar una solicitud, escribir una redacción y someterse a una evaluación para mostrarme que son lo suficientemente serios para hacer ese esfuerzo. Tim era uno de ellos, y trabajamos juntos durante años.

Durante los dos primeros años, me lo puso muy fácil. Él hizo su trabajo, construyó sus rutinas y empezó a crear una fuerte base de juego mental. Sin embargo, se empezaron a entrever fisuras. Durante una de nuestras llamadas regulares por Skype, él no estaba tan animado y positivo como siempre. Al principio, él lo achacaba a los problemas cuando le tocaba batear.

Trabajamos técnicas de visualización e imágenes, pero no resultaron útiles.

Un día volvió de un torneo en Georgia en el que su rendimiento había sido deficiente. Se le escapó un comentario sin pensar: «¡Es que tendrías que haber visto lo grandes que eran aquellos tíos! ¡Parecían hombres! ¡No podía con ellos.»

Cualquier persona que oiga un comentario así puede pensar que es algo que dice un adolescente, sin más. Pero me sorprendió su manera de decir «¡No podía con ellos.»

«¿A qué te refieres?», le pregunté.

«A que esos tíos son cada vez más grandes. A algunos no les llego ni a la altura del pecho. ¡La mitad ya tienen hasta barba!»

«Tim, ¿es eso lo que piensas cuando te toca el turno al bate?»

«Muchas veces. A menos que el lanzador sea más pequeño que yo. Entonces, estoy bien. Pero incluso mi padre ha empezado a notar que algo me preocupa y me grita desde las gradas todo el rato: "¡Concéntrate!" Antes nunca lo hacía, pero, ahora que estoy bajo de moral, me da más instrucciones y lo único que consigue es que le dé más vueltas en la cabeza a todo.»

«¿Así es como te ves ahora, Tim? ¿Más pequeño y débil que los demás jugadores, solamente porque son más altos o pesan más que tú?»

Tartamudeó y farfulló. No lo quería admitir, pero, al final, soltó: «A ver, es difícil evitarlo».

Tim había pasado de ser un jugador de béisbol muy seguro de sí mismo a olvidar que el juego implicaba algo más que un cuerpo fornido. Las habilidades, la técnica y la estrategia también contaban, pero cuando perdía la confianza, perdía sus habilidades.

En lugar de intentar conseguir que Tim volviera a creer en sí mismo y dejara de concentrarse en la estatura de los demás jugadores, era la oportunidad perfecta para crear una nueva versión de sí mismo. Un Alter Ego que sería un gigante.

«Tim. ¿Has oído hablar de Paul Bunyan?»

«No, creo que no.»

«Vale. Quiero que busques información sobre él y me llamas mañana después de clase», le dije.

Se quedó algo confundido porque no le estaba ayudando a resolver el problema que tenía, como hacíamos normalmente.

«Ah, y, ¿ya hemos acabado?»

«Sí. Hablamos mañana.»

Al día siguiente, me llamó a las cuatro en punto y me puso al corriente acerca de lo que sabía sobre «el gran Paul Bunyan».

Me contó que Bunyan era un personaje de un cuento popular de Estados Unidos, era un leñador que medía 28 metros y que ayudó a los primeros colonos en los albores de los Estados Unidos. «Era superfuerte, superrápido y buenísimo con el hacha», dijo Tim.

También me dijo que había averiguado que su apellido procedía de *bon yenne*, que en francés canadiense significa sorpresa y estupefacción. «Básicamente, es un tío realmente bueno y *realmente* grande que sabe cómo hacer que sucedan las cosas.»

«Formidable», le dije. «¿Te acuerdas de cuando hablamos sobre el Alter Ego hace tiempo?»

«Sí.»

«Entonces, ¿y si cuando te tocara el turno al bate fueras como Paul Bunyan? ¿Qué pensaría él sobre el lanzador? ¿Le preocuparía alguna de las cosas que te preocupan a ti? Él tiene un hacha que puede derribar un árbol enorme con un movimiento; ¿crees que él podría batear la bola fuera de un estadio de béisbol?»

Lo mejor de trabajar con jóvenes es que no les queda lejos la época en la que jugaban a fingir que eran algún personaje. Dejan volar la imaginación. En la pantalla de mi ordenador vi cómo Tim cambiaba su lenguaje corporal y empezaba a parecerse más a como era antes.

Estuvimos dando vueltas al tema y le dije que podía utilizar a Paul Bunyan y dejar al «pequeño Tim» fuera del terreno de juego. «Entonces, ¿puedo dejar que Paul tome el poder?», preguntó.

«¿Por qué no? Ya has dejado que otra persona se apodere de tu *swing* y de tu mente. ¿Por qué no intentarlo con otra persona?», respondí.

Se animó a hacerlo.

Tal y como comentamos, en todas las formas en las que te muestras en tu Mundo Ordinario (los comportamientos, los pensamientos, las emociones y los rasgos), debes identificar cómo se mostrará tu Alter Ego en tu Mundo Extraordinario. Hay muchas maneras de lograrlo. Si ya has pensado en un Alter Ego o en una Identidad Secreta, utiliza las capas de este capítulo para perfeccionar y completar esa identidad. Si todavía no tienes un Alter Ego, no hay problema; podrías crearlo desde cero y, en los siguientes capítulos, es posible que encuentres una fuente de inspiración que también tenga esas cualidades. O no. No hay reglas en este asunto. Podrías crear un Alter Ego completamente nuevo y único sin ninguna inspiración de las fuentes que ya hemos mencionado.

Hace tiempo hablé con una mujer que quería ser «buena cocinera», pero que no sentía que «fuera su fuerte». «Me gusta el lado creativo, pero creo que o se tiene o no se tiene.» Dejando de lado una sesión de terapia con ella, porque intuí que sus dudas procedían de que alguien le había dicho que era mala cocinera y, además, no soy terapeuta, le sugerí que buscara inspiración en la famosa chef Julia Child y que viera qué ocurría. Ella ya me había comentado que le encantaba aquella chef. «¿Por qué no aprovechar sus conocimientos?», le pregunté.

Lo pensó un momento y lo descartó. Le pareció una idea divertida, pero que «probablemente no era para ella». Ahí no acaba la historia, pero veremos el final más adelante.

En el capítulo anterior, empezamos a tratar superficialmente cómo descubrir tu Alter Ego y definir sus Superpoderes. En este, vamos a verlo con más detenimiento y profundidad. Cuanto más vívido lo puedas hacer, más probable es que aparezca en el Campo de Juego y ganes.

Al principio, cuando luchaba por salir adelante en el negocio que había emprendido, empecé a utilizar a «Richard» como Alter Ego. No tenía que pararme a pensar cómo quería comportarme. No imaginaba cómo eran los pensamientos, las emociones, las creencias y los valores de Richard. No tenía que pensar en estar preocupado y asustado como Todd. Ya sabía cómo se mostraría Richard por las inspiraciones con las que contaba.

Si ya tienes una idea de alguien o algo que te gustaría encarnar como Alter Ego, puedes hacer una de estas dos cosas con los ejercicios siguientes. Una, responde las preguntas como si vieras al Alter Ego aparecer en el Campo de Juego. Esto se denomina «Técnica del observador». Simplemente, estás viendo o imaginando lo que haría, diría, pensaría o sentiría. La segunda opción es hacer los ejercicios como si *tú fueras* el Alter Ego. Esta es la «Técnica de la inmersión». Mediante las preguntas estás pensando *como* tu Alter Ego. Es un entrenamiento fantástico para jugar con tu Alter Ego.

Algo que ha ayudado mucho a otras personas con este proceso, igual que a Tim, es leer entrevistas que haya concedido tu Alter Ego y ver vídeos de tu Alter Ego para observar su comportamiento y sus gestos peculiares. Si se trata de un personaje de ficción de la literatura, lee los libros. Si es un animal, infórmate sobre sus características y sus cualidades heroicas.

Por ejemplo, si has elegido a Oprah, métete de lleno en su mundo. La imaginación cobra vida cuando hay detalles.

Para ayudarte a empezar, trabaja las capas del modelo del Efecto Alter Ego.

CAPA 1: CÓMO TE MUESTRAS

(Habilidades, Conocimientos, Comportamientos, Acciones, Reacciones)

¿Qué habilidades, conocimientos, comportamientos, acciones o reacciones quieres que posea tu Alter Ego? Podría ser tu capacidad de controlar una sala con tu presencia, o la capacidad de expresar algo de una forma concisa y carismática.

Uno de mis clientes se resistía a adquirir conocimientos del campo de las finanzas. Pero cuando diriges un negocio que mueve millones de dólares, esta reticencia supone un hándicap grave. Al fin y al cabo, una empresa es como un juego en el que se apuntan los tantos con cifras. En lugar de desarrollar sus habilidades financieras, aquel cliente nunca quería analizar las entradas y salidas de su *cash flow*.

Evidentemente, podía hacer que otras personas gestionaran el dinero de la empresa, pero, como propietario o ejecutivo, si no te interesas por la realidad financiera en absoluto, limitas tus capacidades de ganar a lo grande. Ganar a lo grande en las negociaciones. Ganar a lo grande en los beneficios. Y ganar a lo grande cuando entiendes tu camino al crecimiento. Tarde o temprano, se aprovecharán de ti. Te colarán un trato malo, o negociarás condiciones poco ventajosas. Mi cliente tenía una fuerte presencia en su campo, pero su negocio estaba con respiración asistida.

No descubrimos por qué no le gustaban los números, pero yo sabía que venía de alguna creencia profundamente arraigada en su relación con el dinero. Procedía de una familia que no tenía mucho. Así que fijamos los «Viernes de Finanzas», un día para ocuparse de ese asunto y que incluía todas las reuniones financieras. El que iba a dichas reuniones no era él, sino su Alter Ego. Le encantaba ese tema, y era diligente con los detalles y los números.

Cuando exploramos tu Mundo Ordinario, miramos algunas de tus acciones y comportamientos actuales y los resultados que has obtenido en tu Campo de Juego. Ahora, queremos ver cómo le irá a tu Alter Ego en el Campo de Juego, en ese Momento de Impacto.

¿Cuáles son tus acciones y comportamientos? Por ejemplo, en las negociaciones, inclinarse hacia adelante puede indicar una actitud agresiva, y hacerlo hacia atrás puede señalar indiferencia. Si hablas de forma clara y tranquila, das la impresión de tener control y seguridad en ti mismo. ¿Es un rasgo de comportamiento o personalidad mejor que el otro? Realmente, no. Depende de la intención que tengas.

Lo que importa es cómo quieres que se muestre tu Alter Ego. Si quieres que hable de forma tranquila y calmada y con un aire de autoridad, querrás que tu Alter Ego se muestre de esa forma. Si deseas que tenga el superpoder de estar entusiasmado, animado y con ganas de hacer cosas, así es como debe mostrarse. Evidentemente, la influencia principal en este tema es la fuente de inspiración de tu Alter Ego. En una entrevista de trabajo, no se comportarían igual Elon Musk que Abraham Lincoln, Ellen DeGeneres, Simon Cowell, Barack Obama u Oprah.

¿Qué comportamientos representa tu Alter Ego? ¿Cómo actuará? ¿Cambiará su postura? ¿Cómo colocará la cabeza? ¿Cambiarán tus expresiones faciales? Conozco un jugador de la NBA que, cuando se enfrenta a un adversario, entrecierra los ojos. Al mismo tiempo, se mantiene callado y evita decir tonterias. Se queda mirando al contrario un montón de rato, hasta que el otro aparta la mirada. Quiere que se sienta incómodo.

Piensa en los gestos peculiares de tu Alter Ego. (Esto no es obligatorio, pero hay gente que los utiliza para afianzarlo.) Este tipo de gestos puede ser una manifestación de un atributo positivo. Por ejemplo, Cary Grant sostenía el vaso de whiskey de una forma que le hacía parecer más refinado. Si «refinado» era el atributo que quería, era su forma de actuar de esa manera. Si alguien te dice algo en una reunión y tú normalmente hablas sin pensar y contestas algo de lo que luego te arrepientes, ¿tu Alter Ego hará una pausa y responderá con calma «Déjame que lo piense» o «Es interesante» o «Deja que mire el calendario y te digo algo»? Si alguien hace una pregunta durante una reunión y tú nunca levantas la mano, ¿tu Alter Ego se inclinará hacia adelante y dirá lo que piensa?

Si lo necesitas, piensa en las acciones que llevabas a cabo durante tus Momentos de Impacto en tu Mundo Ordinario, y, después, piensa en la acción nueva que quieres que realice tu Alter Ego. O, si ya sabes quién o qué inspirará a tu Alter Ego, ¿qué gestos le caracterizan?

Asimismo, puedes considerar otros rasgos físicos, como qué aspecto tendría tu Alter Ego. Cuando le pregunté a un emprendedor cómo eran otros emprendedores de éxito, me respondió que iban bien vestidos, con trajes hechos a medida. Esa no es la imagen que tengo yo, conozco a bastantes emprendedores de éxito que visten con vaqueros o pantalón corto y camiseta. Pero mi opinión no tiene ninguna importancia. Mi cliente estaba creando su mundo y, allí, los emprendedores visten con estilo.

En tu mundo, ¿cómo viste tu Alter Ego? ¿Lleva alguna prenda de ropa específica, como un sombrero o una bufanda? ¿Hay un estilo de vestir que asocies rápido a tu Alter Ego? Hace años, estaba hojeando una revista sentado en una terminal de aeropuerto y vi una foto de cuatro hombres vestidos de esmoquin. Uno me llamó la atención. Las mangas de la chaqueta eran unos cinco centímetros más cortas que las de los otros hombres y sorprendía lo mucho que destacaba. Me gustó, así que lo adopté. ¿Quién era aquel hombre? Frank Sinatra. Cuando vi a Sinatra vestido con aquel esmoquin, vi confianza y estilo.

Respecto a la presencia de tu Alter Ego, ¿cómo se comporta en una sala? Mark Cuban, un emprendedor sin pelos en la lengua, propietario del equipo de baloncesto de los Mavericks de Dallas y una de las estrellas del programa de televisión *Shark Tank*, suele sentarse hacia atrás en el programa con una pose muy relajada. A veces se inclina hacia delante cuando le interesa la idea que ha expresado alguien. Daniel Craig, cuando interpreta a James Bond, hace un movimiento pronunciado con los hombros al caminar.

Aquí tienes una lista útil de atributos posibles que podrías aprovechar:

Adaptable
Afectuoso
Agradecido
Agudo
Ahorrativo
Alerta

Amable
Ambicioso
Analítico
Apasionado
Arrojado
Atento
Caprichoso
Centrado
Compasivo
Con conciencia social
Con talento
Concentrado
Cooperativo
Coqueto
Correcto
Cortés
Creativo
Curioso
Desinhibido
Desinteresado
Diplomático
Disciplinado
Discreto
Dulce
Eficiente
Empático
Encantador
Entusiasta
Espiritual
Espontáneo
Estrafalario
Estudioso
Extravagante
Extrovertido
Favorable
Feliz
Fiable
Filosófico
Generoso
Gracioso
Honorable
Hospitalario
Humilde
Idealista
Imaginativo
Impulsor
Independiente
Ingenioso
Inocente
Inspirador
Inteligente
Intrépido
Introvertido
Juguetón
Justo
Leal
Listo
Maduro
Meticuloso
Natural
Obediente
Objetivo

Observador
Optimista
Organizado
Osado
Paciente
Patriótico
Pensativo
Perceptivo
Persistente
Persuasivo
Precavido
Proactivo
Profesional
Protector
Relajado
Reservado
Responsable
Resuelto
Saludable
Seguro de sí mismo
Sensible
Sensual
Sentimental
Simpático
Simple
Sincero
Sofisticado
Tolerante
Trabajador
Tradicional
Tranquilo
Valiente

CAPA 2: QUIÉN ERES

(Actitudes, Creencias, Valores, Percepciones, Expectativas)

A ese nivel, debes profundizar en ese espacio en el que se incluyen actitudes, creencias, valores, percepciones y expectativas.

«Mi Alter Ego cree…»

Acaba la frase.

«Mi Alter Ego cree que es un escritor interesante que atrae a gente en todas sus historias y a los lectores les encanta todo lo que crea.»

«Mi Alter Ego cree que ella es una presentadora potente en el escenario. Su mera presencia cautiva y emociona al público.»

Ahora, ¿qué tal si cambiamos la palabra *cree* por *sabe*? Vuelve a leer esas frases cambiando el verbo.

«Mi Alter Ego sabe que ella es una presentadora potente en el escenario. Su mera presencia cautiva y emociona al público.»

Hay una gran diferencia entre saber y creer; yo quiero que tú *sepas* que eres genial.

Brian trabajaba para una enorme compañía de seguros y, aunque tenía ideas geniales, nunca las exponía. Se consideraba introvertido y a menudo se sentía intimidado por la gente de tipo A en las reuniones de la junta directiva. Eso era resultado del acoso de su hermano mayor. Su Alter Ego era Señor Fantástico, de *Los cuatro fantásticos*. Con este Alter Ego no trataba solamente de cambiar su comportamiento, sino también la forma de pensar. «Tengo ideas brillantes para compartir y todo el mundo quiere oírlas.» El Alter Ego de Brian, el brillante científico Reed Richards, nunca habría pensado que él no debía compartir sus ideas.

¿Qué cree tu Alter Ego sobre sí mismo? ¿Y qué sabe sobre sí mismo? ¿Qué piensa sobre el Campo de Juego en el que está?

Mientras piensas en tu Alter Ego, piensa en qué pensaría de sí mismo y sobre el mundo, cosa que puede incluir a otras personas. Si estás en una reunión con posibles clientes o intentando cerrar una venta, ¿qué pensarían sobre el Alter Ego? «Están impacientes por tener la oportunidad de trabajar conmigo?», pensaría tu Alter Ego. «El público quiere oírme hablar», pensaría tu Alter Ego justo antes de salir al escenario.

Sentado en una sala con Oprah, pensarías cosas distintas sobre ella que sobre un león o Lincoln o Malala.

También puedes considerar los valores de tu Alter Ego. Hay cientos de valores que puede que te sirvan o que no en tu Campo de Juego. La equidad, la justicia, la riqueza, la alegría, la familia, la amistad, la lealtad y el poder son ejemplos de valores que pueden ayudar o entorpecer a tu Alter Ego en función de cómo tenga que mostrarse durante tu Momento de Impacto.

Aquí no se te juzga. No hay valores buenos ni malos, sino solo valores que te ayudan a actuar y valores que te impiden avanzar. El poder es un valor. A veces es sano, y otras, valorarlo demasiado te deja solo y aislado.

También puedes considerar qué pensamientos tendrá tu Alter Ego. Si no estás seguro, intenta lo siguiente: ¿qué pensamientos no tendría nunca tu Alter Ego? Si miras los capítulos sobre el Mundo Ordinario y te das cuenta de que piensas «No puedo convencer a los inversores y cerrar la venta», tu Alter Ego pensará: «Voy a convencer a los inversores y conseguir que firmen nuestros acuerdos siempre».

Cabe recordar que todo este conjunto de preguntas, capas y ejemplos no son requisitos indispensables para utilizar el Efecto Alter Ego y beneficiarse de él. Lo más probable es que ya hayas utilizado algo similar en algún momento de tu vida. Ahora, solamente te estoy dando las llaves para abrir un sistema más robusto. Igual que muchas calles y avenidas conducen al centro de la ciudad, hay muchas formas de ayudarte a conectar con este concepto, utilizarlo y llevar a tu Yo Heroico al Campo de Juego.

EL PAQUETE

Una tarde, aproximadamente un mes y medio después de la conversación con la aspirante a cocinera que quería encontrar a su Julia Child interior, llegué a casa y vi que me habían enviado un paquete. No reconocí el nombre del remitente, pero lo abrí para ver qué había dentro. Después de abrir la caja de cartón, descubrí una caja de regalo maravillosamente envuelta que incluía una tarjeta. La saqué del lazo al que iba pegada y la leí: «TENÍAS RAZÓN. JULIA».

La caja estaba llena de los mejores *brownies* de chocolate que he comido en mi vida. Y pensé que tendría que haber dicho antes a la gente que recurrieran a su Julia Child interior.

MÁS EJERCICIOS PARA CONSTRUIR TU ALTER EGO

Estos ejercicios son una recopilación de algunos que he utilizado con clientes en el pasado para ayudarles a tener más claro su Alter Ego. Intenta uno, o todos; seguramente haya alguno que encaje contigo.

Ejercicio 1: Relájate e imagina la vida de tu personaje, desde su nacimiento hasta ahora. ¿Qué le moldeó? ¿Qué hace de forma distinta a lo que haces tú? ¿Qué aspecto tiene? ¿Cómo habla? ¿Qué palabras o frases utiliza? ¿Cuáles son sus sentimientos? ¿Qué habilidades y capacidades posee?

Ejercicio 2: Imagínate que estás en un laboratorio creando este Alter Ego. ¿Qué añades? ¿Qué quitas? Uno de mis clientes hizo este ejercicio imaginándose que era su hermano gemelo y que fueron separados al nacer. Su hermano estaba en un agujero negro de sabiduría y aprendió todas las habilidades de él al nivel más elevado. Mi cliente recurría a su Alter Ego cuando quería mostrarse en el Campo de Juego como una fuente de sabiduría infinita.

Ejercicio 3: Escribe una conversación entera entre el Alter Ego y tú. Una vez, hice que una de mis clientas imaginara que se había quedado atrapada en un ascensor con su Alter Ego y que no había nadie más con quien hablar. Le dije que le preguntara cómo trabajaba su mente antes de una competición. ¿Qué piensa de la competencia? ¿El Alter Ego se siente tan seguro que ni siquiera le importa la competencia? ¿Piensa en los demás competidores? ¿Le preocupaba algo al Alter Ego? ¿Se esforzaba por conseguir algo? Ella observó al Alter Ego; ¿qué aspecto tenía? ¿Qué postura adoptaba? ¿Cómo se movía? ¿Qué expresiones tenía? Después, le pedí que describiera el Alter Ego a un amigo tras haber salido del ascensor.

En un discurso pronunciado en la Escuela de Negocios de Stanford en 2014, Oprah Winfrey animó a los graduados a encontrar un propósito y un significado en su trabajo. Les animó a encontrar aliados que les ayudaran en los malos momentos igual que hicieron su mejor amiga, Gayle King, Stedman Graham y otras personas por ella. Pero también dijo algo bastante profundo al comentar la fuente de su poder: «Vengo como una, y me mantengo en pie como diez mil. Cuando entro en una habitación..., literalmente, me siento y soy esas diez mil». Estaba parafraseando «Nuestras abuelas», un poema de Maya Angelou. Encontrarás la fuente de ese poder del que hablaba Oprah en el próximo capítulo.

13

LA HISTORIA DEL ORIGEN HEROICO

Imagina que estás sentado en la terraza de una cafetería disfrutando de un café capuchino, un té o lo que sea que tus papilas gustativas ansíen y ves a un anciano corriendo frenético por la calle detrás de un globo morado. ¿Qué pensarías?

«Ese anciano está chiflado.»

Ahora, imagina lo siguiente...

Estás sentado en la terraza de la cafetería, tomando tu bebida, y un anciano se sienta en la mesa de al lado. Tiene un globo morado. Entablas una conversación con él y le preguntas por el globo que lleva atado a la muñeca y te empieza a contar la historia de su vida. Te habla de una chica intrépida y animada a la que conoció de pequeño. Enseguida se hicieron íntimos porque les unía una imaginación desbordante. La chica tenía una casa abandonada, que convirtió en su casa de juegos, donde pasaban horas y días urdiendo planes y jugando a juegos de fantasía.

Crecieron, se casaron y arreglaron aquella casa abandonada y la convirtieron en su hogar. Nunca tuvieron hijos ni ahorraron lo suficiente para viajar por el mundo tal y como habían pensado. Sin embargo, todavía soñaban con visitar cierto lugar mágico algún día. Todas las semanas se proponían ahorrar para el viaje, pero algo (la vida y sus responsabilidades y sus facturas y necesidades) se interponía siempre en su camino. Con cada circunstancia, vaciaban su «alcancía para el viaje» y volvían a empezar de nuevo. Los años pasaron y los dos envejecieron juntos; eran los mejores amigos el uno del otro. Continúa contándote que él había planeado el viaje mágico para sorprenderla, para poder llevar a cabo su «gran aventura».

A estas alturas te has inclinado hacia delante, la historia de este hombre te ha atrapado y estás impaciente porque salga su mujer de la cafetería con su té para poder conocerla.

Pero él te cuenta que su mujer falleció y lo dejó solo en su casa grande y vieja. (Tú tienes ya un nudo en la garganta y se te van a saltar las lágrimas.)

Ahora, ha decidido atar todos los globos que pueda a su casa para levantarla del suelo y flotar hasta su lugar mágico. Allí, podrá cumplir su sueño de toda la vida y mostrar a su familia que al final lo consiguió. Y el globo morado que sostiene es el último globo para lograr su sueño y salir hacia su aventura.

Entonces, si ese globo morado se le desatara de la muñeca y el anciano se levantara para intentar cogerlo, ¿cómo reaccionarías? ¿Acaso no pensarías: «No voy a dejar que se le escape ese globo»?

¿Por qué?

Porque el hombre y el globo tienen un contexto emotivo. Hay una historia que los conecta. Y ahora, te conecta a ti también.

Por si no te habías dado cuenta, esta es la escena inicial de *Up*, una película de Pixar Entertainment. Y los dos tortolitos eran Carl y Ellie que querían llegar a su destino soñado, las Cataratas del Paraíso. Es una de mis películas favoritas.

Todos los héroes tienen su Historia del Origen. Trata de cómo llegaron a ser quienes son hoy, cómo se les concedieron los Superpoderes y lo que les impulsa desde el punto de vista interno para derrotar a sus Enemigos, los del mundo externo y los que tienen en su interior. Y de la misión que tienen para hacer realidad su Mundo Extraordinario.

La desgarradora escena inicial de *Up* que nos cuenta la historia de fondo de Carl también prepara el terreno para el resto de la película. Ahora sabemos por qué ha atado miles de globos de helio a su casa. Quiere zarpar en busca de las Cataratas del Paraíso y acabar así la aventura que le prometió que harían juntos a su mujer. Al enterarnos de la historia de Carl, comprendemos qué motivó a nuestro héroe cascarrabias y nos atrae emocionalmente a su historia.

Nos hemos enganchado. Compadecemos a Carl. ¿Por qué? Porque, de alguna manera, nos vemos reflejados en él. Sabemos qué significa que las responsabilidades de la vida nos alejan de nuestros sueños. Sabemos qué es planificar y ahorrar para el futuro y que después ese futuro soñado desaparezca. Sabemos qué es que nos frustren los sueños como a Carl y Ellie, que nunca tuvieron hijos y que nunca hicieron aquel viaje. Sabemos qué es que nos rompan el corazón. Sabemos qué es sentir la trágica punzada de la desesperación y ver después una luz diminuta que enciende la idea de que quizá podamos dar la vuelta a la tortilla. Animamos a Carl mientras hace acopio de valor, cobra fuerzas y decide llevar la casa que construyó con Ellie a las Cataratas del Paraíso.

Animamos a nuestro héroe porque su historia nos toca la fibra sensible.

Seamos sinceros. En nuestra vida diaria, hay basura que nos tenemos que comer con patatas. Nos afectan la frustración, las molestias y las circunstancias imprevistas. El Enemigo se alimenta de esto porque es una oportunidad perfecta de llevarte al Mundo Ordinario, distraerte o hacer que dudes de ti mismo o te escondas de tus deseos verdaderos. Tu Enemigo te empuja, estira de ti e intentará robarte la gloria de tu Campo de Juego.

Sin embargo, tu Alter Ego puede estar allí para volver a tirar de ti y fijar una defensa potente ante el Enemigo. Y la Historia del Origen de tu Alter Ego es una historia de las herramientas que utilizamos.

Mi pregunta es: ¿cuál es la fuerza motriz de tu Alter Ego? ¿Qué lo impulsa a enfrentarse al Enemigo y derrotarlo en todo momento?

La fuerza motriz que tú buscas se suele encontrar en la Historia del Origen de tu Alter Ego. Igual que tú has estado viviendo una historia, vamos a conectar con una historia nueva y más dominante que vivirá tu Alter Ego.

CÓMO ENCONTRAR TU ALTER EGO MEDIANTE UNA HISTORIA

No llevaba ni treinta segundos en el taxi cuando recibí un mensaje de texto:

«Hola, Todd. Soy Mitch. Ha sido genial saludarte hoy. Me gustaría que quedáramos para ver si me puedes ayudar a que esta transición sea un éxito.»

«Claro. ¿Quedamos para comer el miércoles?»

«Perfecto. Nos vemos en mi despacho y pedimos algo para comer.»

«Suena bien.»

Mitch y yo nos conocimos en 2011, en una cena en Nueva York con otras cuatro personas. Un amigo y yo nos turnamos para organizar reuniones pequeñas con gente interesante. Invitamos a personas del campo de las finanzas, la tecnología, las artes, el entretenimiento, las organizaciones benéficas y, por supuesto, los deportes, para que conecten y mantengan conversaciones interesantes. En aquella ocasión estábamos en casa de mi amigo Jayson Gaignar. Es un experto en hacer de anfitrión, incluso ha escrito un libro fantástico sobre el tema.

En la cena me senté al lado de Mitch, un hombre que había construido una carrera profesional de éxito en Wall Street. Conectamos porque a los dos nos encanta el deporte. Me interrogó sobre el alto rendimiento y los juegos mentales. Me di cuenta de que sus preguntas iban encaminadas a solucionar parte de la incertidumbre y la volatilidad de aquella nueva situación. Hacía poco que había hecho la transición de un papel en el que había estado durante años y había sido contratado por una gran empresa financiera para liderar una unidad de negocio nueva. Le exigía unas habilidades y una capacidad de liderazgo completamente nuevas.

Intercambiamos las tarjetas de visita y prometimos volver a vernos pronto. La cena acabó a altas horas de la noche, nos despedimos de nuestros nuevos amigos y salí a la esquina de la calle en busca de un taxi. Entonces, recibí el mensaje de texto.

Mientras comíamos, le hice una evaluación que hago a todos los clientes nuevos y tuve claro que la herramienta que utilizaría para ayudarle sería un Alter Ego. Le expliqué el concepto y, a continuación, le pregunté: «¿Hay alguien a quien admires y respetes de verdad por su capacidad de liderazgo?»

«Es fácil. A mi *bubbe.*»

No había oído nunca aquella palabra, así que le pregunté: *«¿Bubbe?»*

«Es *abuela* en hebreo. Mi abuela era increíble. Y es la persona más inspiradora de mi vida.»

Mitch me contó que ella había crecido en Polonia, lugar en el que se había casado y había tenido cuatro hijos. La familia quedó devastada por el estallido de la Segunda Guerra Mundial. Tomaron presos a su marido y a sus dos hijos mayores. Su marido no sobrevivió, pero por algún milagro, después del fin de la guerra, pudo encontrar a los dos hijos que le habían arrebatado. Los llevó a Canadá, y, al final, a la ciudad de Nueva York para que conocieran a otros familiares que habían inmigrado a Estados Unidos. Debido a la guerra, no tenía literalmente nada excepto cuarenta y ocho dólares «y una barra de hierro como columna vertebral».

Sacó adelante a su familia en un estudio diminuto del Lower East Side de Manhattan: «Se mató trabajando y colmaba de amor a sus hijos en un ambiente doméstico muy estricto».

«Mi padre me contaba historias del "cucharón de la madre patria", una de las pocas cosas que mi abuela se trajo de Europa.» Lo tenía colgado entre dos ventanas diminutas y les amenazaba con él si se pasaban de la raya. «Nadie quería ser castigado con el cucharón», me dijo.

«Mi abuela —continuó Mitch— crio a cuatro hijos que lograron un éxito increíble. Dos fueron médicos, uno promotor inmobiliario y mi padre, profesor universitario.»

Cuanto más hablaba él de ella, más le cambiaba la cara. Estaba radiante. Se notaba que estaba extremadamente orgulloso de proceder de aquella historia. Le miré y le dije: «Mitch, tenemos a tu Alter Ego».

Le guie por todo el proceso que ya hemos comentado antes, para que desarrollara su Alter Ego y, al final, eligiera un Artefacto que lo representara. (Explicaré esto en el capítulo sobre Tótems y Artefactos.)

Nunca me dijo el nombre de su Alter Ego. Él sabía exactamente cuál sería y quería que fuera secreto. Sus Superpoderes fundamentales eran fuerza, coraje y convicción. Y utilizó su Historia del Origen y sus retos para crear una motivación para que le impulsara en su nueva carrera profesional.

En los últimos capítulos quizás hayas descubierto y conectado con la motivación de tu Alter Ego. Tener una historia profundamente arraigada en tu mente por la razón que eliges o por la persona que eliges ayuda a Activar este Yo Heroico. Algunas personas que pensaron que habían encontrado a su Alter Ego lo cambiaron después de encontrar a otro en una historia más significativa y con la que se sentían más identificadas. Una vez más, no hay nada correcto o incorrecto, sino que lo que importa es que te encaje a ti.

Si todavía te surgen dudas sobre la identidad de tu Alter Ego, piensa en historias de personas de la vida real o de personajes de ficción de la televisión, una novela o un cómic. ¿Hay alguna historia que te atraiga? ¿Por qué? ¿Qué es lo que te ha cautivado o te ha tocado la fibra sensible?

Si no se te ocurre nada, intenta leer sobre personas de éxito en el área que hayas elegido. Las biografías y las autobiografías son grandes fuentes para encontrar la historia de alguien que puede que se ajuste bien con la tuya y, *¡bum!*, ya tienes a tu Alter Ego.

En general, las Historias del Origen más sencillas son las que llegan a ser más potentes.

La Historia del Origen rellena los espacios en blanco y explica de dónde viene tu Alter Ego. La historia cuenta cómo desarrolló sus Superpoderes, por qué los necesita y contra qué lucha.

Sin una historia, te arriesgas a perder la conexión emocional con tu Alter Ego. Construir y utilizar un Alter Ego es algo más que un ejercicio intelectual. Se trata de transformar cómo actúas y cómo te muestras durante tu Momento de Impacto. Es la única forma de que entres en tu Mundo Extraordinario. La Historia del Origen te ayuda a comprender la identidad del Alter Ego, meterte de lleno en ella y actuar basándote en ella.

Recuerda que no hay que fingir. Por eso, la filosofía de «fíngelo hasta que lo consigas» ha fracasado para la mayoría de las personas. Se trata de encarnarlo. Como en el estudio de los niños pequeños que utilizaron a Batman o Dora la Exploradora, tenían resultados mejores cuando se metían de lleno en el personaje al enfrentarse a acertijos en comparación con los niños que se limitaban a fingir que lo eran[38].

IMPULSORES CENTRALES

En el Modelo de Campo de Juego hay un grupo de Impulsores Centrales y, cuando te identificas con ellos, son profundamente motivadores y te «conducen» a pensar, sentir y actuar de determinadas formas. Además, tienen capas porque incluyen relatos relacionados con dichos factores y definiciones de lo que significa formar parte de ellos.

En el capítulo 3 señalé los Impulsores Centrales de la primera capa que impacta en tu mundo. Estos son los más comunes:

Familia
Comunidad
País
Religión
Raza
Género
Grupo Identificable (por ejemplo, agentes de policía, soldados, granjeros, tribu)
Idea
Causa

38. *Ibidem.*

Es cualquier cosa con la que conectas que, de alguna manera, es más grande que tú. Algunas Historias de Origen específicas tienden a tener más resonancia emocional que otras por alguna razón. Hay una fuerza motriz detrás de estas historias, muy similar a tu Misión para crear un Alter Ego. Por ejemplo, cuando trabajo con atletas olímpicos, muchas Historias de Origen conectan con su cultura o su nacionalidad. Algunos atletas transforman su rendimiento al saber que son uno de los elegidos para representar a su país. Les mueve el deseo de hacer que su país se enorgullezca de ellos. Competir en los Juegos Olímpicos cambia la historia en la mente y los corazones de algunos atletas.

Cuando trabajo con atletas olímpicos siempre intento ver si tengo que subir o bajar el orgullo nacionalista. Para algunas personas, la historia sobre representar a su país hace que se hundan. La presión es demasiado grande. En ocasiones, estos deportistas no sienten cariño o no tienen interés por su país. A veces, lo que quieren es que su pueblo o su familia se enorgullezcan de ellos.

Trabajé con un atleta de biatlón de un país nórdico hace unos años y hubo algunos fallos antes de que encontráramos una fuerza motriz con la que conectara. Este deporte extenuante requiere que los biatletas se calcen unos esquís de máximo 7 centímetros de ancho y que corran en un terreno nevado cuesta arriba y cuesta abajo con un rifle a la espalda. Luego esquían hasta un área de disparo y, en cuestión de segundos, ¡cogen el arma y disparan a un objetivo no más grande de 4,6-11,4 centímetros de diámetro desde una distancia de quince metros! Si quieres probar algo difícil, intenta practicar este deporte. ¡Estos atletas son impresionantes!

Volviendo a nuestro biatleta. Yo pensaba que conseguiría que entrara en su estado de flujo utilizando a su país como fuerza motriz, pero me equivocaba. Cuanto más hablábamos sobre su país y experimentamos con este como fuente de motivación, peor iba el asunto. No hacía que «arrancara». Tuvimos que cambiar de rumbo. Nos centramos entonces (por suerte) en la historia de su familia. Procedía de una larga saga de biatletas y, durante la Segunda Guerra Mundial, muchos de los miembros de su familia fueron ojeadores y espías que cruzaban el duro terreno nórdico. Algunos de ellos murieron en combate y otros recibieron medallas al valor por su coraje. Este biatleta encontró la fuerza motriz de su Alter Ego en la Historia del Origen de su legado familiar. Para él supuso una fuente impresionante de orgullo y significado representar a su familia. Y esos miembros de la familia se convirtieron en una tribu de guerreros que utilizó como Alter Ego cuando las carreras se ponían difíciles.

Ese fue el corazón de la Historia del Origen de su Alter Ego.

CÓMO CREAR LA HISTORIA DEL ORIGEN DE TU ALTER EGO

Alinearse con una historia existente es uno de los caminos más fáciles y el que recomiendo normalmente a los clientes para que empiecen. Coge tu Alter Ego y encuentra su Historia del Origen.

Seguro que no es necesario decirlo, pero por obvio que sea, para que no haya malentendidos: asegúrate de que la

Historia del Origen que elijas esté conectada contigo. Si tu Alter Ego es Batman y usas su Historia del Origen, tienes que conectar emocionalmente con su historia de fondo. Quizá, como Batman, sufriste un trauma cuando eras pequeño y por eso te identificas con su sentido profundo de «hacer lo correcto». O quizá conectas con su sentido del honor y el anonimato de las buenas acciones. O el hecho de que lleva un traje que representa exactamente lo que más temía.

Tuve a una clienta que utilizó a Batman para que le ayudara a hacer la transición del marketing al teatro. Había evitado la cosa que más deseaba hacer en toda su vida y nunca se permitiría intentar por miedo al fracaso. Así que, igual que Batman, se enfrentó a su miedo y se alineó con la historia para entrar en el Mundo Extraordinario.

«Al principio, fue duro. Dejar atrás catorce años de trabajo duro y una carrera profesional de éxito parecía una locura. Sin embargo, era peor no responder nunca a la pregunta de "¿y si...?" Pasé de cenas y copas caras con amigos a quedarme en casa y comer sopa de fideos. Pero pensé que solamente estaba preparando el terreno, como el personaje de Christian Bale en *Batman Begins*. Y, la verdad, nunca he sido más feliz. Pero no lo podía haber hecho sin mi Identidad Secreta y mostrándome en las audiciones con la confianza de Bruce y Batman.»

CÓMO UNA MADRE SOLTERA ENCONTRÓ SU FUEGO

Maggie es una emprendedora y madre soltera que trabaja duro para criar a sus dos hijos en Londres. Encontró a su

Alter Ego gracias a la Historia del Origen de una escritora / celebridad con la que se sentía identificada porque ambas se habían enfrentado a muchas dificultades.

Cuando empezamos a trabajar juntos, le daba pavor contar sus cosas al mundo. Le iba bien, pero no lograba el gran golpe en el campo de los negocios ni conseguía causar el impacto que quería. Daba pasos, pero pequeños. Jugar a pequeña escala no es malo si es tu objetivo y si eso te basta, pero, en el caso de Maggie, no era suficiente. Ella tenía grandes ideas para hacer crecer su impacto y su influencia, pero no acababa todos los proyectos que empezaba.

Mientras me contaba su historia personal, yo no hacía más que pensar: «Su historia se parece tanto a la de J. K. Rowling, una madre soltera que no llegaba a fin de mes. Escribió su primer libro de Harry Potter en cafeterías mientras su hija y ella vivían de la ayuda estatal[39]. ¿Vendió el manuscrito la primera vez que lo envió? En absoluto. Oyó «No» doce veces antes de que una editorial le diera una oportunidad[40]. Y, después de todo su éxito con Harry Potter, escribió la siguiente serie utilizando un seudónimo y se la rechazaron[41].

«No hay ninguna razón por la que no puedas ser la siguiente J. K. Rowling», le dije a Maggie. «Ella se enfrentó al rechazo antes de convertirse en una de las escritoras más veneradas. Tú puedes crear y enviar lo que es-

39. Alison Flood: «JK Rowling Says She Received "Loads" of Rejections Before Harry Potter Success», *The Guardian*, 24 de marzo de 2015, https://www.theguardian.com/books/2015/mar/24/jk-rowling-tells-fans-twitter-loads-rejections-before-harry-potter-success.

40. *Ibidem.*

41. *Ibidem.*

cribes a las editoriales. A quién le importa cuántas veces te lo rechacen, porque, a fin de cuentas, ganarás, perseverarás, porque así es como eres. Eres una luchadora. Nunca te rindes. Tú luchas para conseguir una vida mejor para tus hijos y tienes algo especial que contar al mundo.»

Mis palabras fueron recibidas con un resoplido. Yo sabía que le había tocado la fibra sensible. Igual que ocurre con la película *Up*, cuando algo nos llega al corazón, lo sabemos. Maggie sintió la luz de la verdad, se sentía identificada con J. K. Rowling y con su historia.

Maggie eligió a dicha escritora como su Alter Ego y fusionó su Historia del Origen con la de esa famosa autora, creando una fuerza profundamente motivadora que la impulsara en su Campo de Juego, la iniciativa empresarial. Su Alter Ego diría: «Puede que me estén rechazando mucho porque es lo que le pasa a todo el mundo. Pero yo sigo adelante. No me voy a rendir, porque tengo algo dentro que quiere salir y lo voy a escuchar».

Maggie se sentía identificada con la historia de J. K. Rowling, por lo que fue fácil elegirla como Alter Ego. ¿Tenía que elegirla a ella? No. Podía haber optado por otra persona, como su abuela, y, después, conectarla con la historia de Rowling para crear el entusiasmo emocional que necesitaba para la Historia del Origen.

Si estás aprovechando la Historia del Origen de alguien o algo, asegúrate de tener una conexión emocional. La televisión, el cine y la literatura pueden ofrecer Historias del Origen ricas, profundas y significativas. Lo único que tienes que hacer es encontrar una con la que conectes y con la que te sientas identificado.

Para crear una Historia del Origen genial para tu Alter Ego, tienes que saber qué impulsará su ascenso. MaryAnn, la copropietaria del taller de reparación que llevan su marido y ella, vio que la historia de su Alter Ego está impulsada en gran medida por el deseo que tiene ella de demostrar a las mujeres que pueden tener éxito en entornos y sectores dominados por los hombres. Su historia comienza cuando su marido y ella se apuntaron a gremios y asociaciones comerciales y empezaron a asistir a actos. «Yo iba a esos actos y era quizás una de tres o, a menudo, dos mujeres en una sala de doscientas cincuenta personas. Me acuerdo de que al principio pensaba: "Uf, esto puede ser intimidante".»

MaryAnn no se contentaba con ser «la fea del baile». No quería observar el Campo de Juego desde la distancia, así que se armó de valor y empezó a presentarse a los hombres y a entablar conversaciones con ellos. «Tenía que hablar con convicción, porque ellos pensaban que yo había ido simplemente a ayudar y apoyar a mi marido y su negocio. No se daban cuenta de que éramos socios en pie de igualdad.»

Hace poco, MaryAnn ha pasado de tener solamente el taller de reparación a abrir una agencia de consultoría para ayudar a las empresas pequeñas a hacer crecer sus negocios y servir mejor a sus clientes.

«Quería ser un ejemplo para otras mujeres», me contó MaryAnn, «porque yo sabía que hay mujeres en el sector que necesitaban apoyo y ser validadas. Quería que otras mujeres me vieran allí y pensaran que ellas también podían hacerlo, y que se dieran cuenta de que tenían algo valioso que ofrecer a sus sectores y comunidades.»

Cada Alter Ego tiene una fuerza motriz. Mira en tu interior para encontrar la tuya. ¿Qué gran misión crees que tu Alter Ego debe llevar a cabo? Puede que no sirva a una comunidad grande; puede ser algo más pequeño, por ejemplo, tu familia.

También puede ser personal. Joanne utiliza una mezcla de historias de su vida y de las personas de su vida, como su padre y su abuelo, para crear algo único para ella. Joanne había crecido en una familia de clase trabajadora en Manchester (Inglaterra). Su padre procedía de una familia acomodada, y su madre, de una más humilde. Cuando su padre se casó con su madre, su familia lo repudió. Al ser apartado de su propia tribu, se vio obligado a labrarse su propio futuro. Eso significó que Joanne y sus dos hermanos vivieron momentos de muchas dificultades económicas.

«Yo no voy a ser pobre», afirma Joanne. Esa es la fuerza motriz de la Historia del Origen de su Alter Ego. O, como mínimo, eso es lo que creía ella hasta que lo comentamos más profundamente. Afirma que su Alter Ego tiene el mérito de haberla ayudado a salir de su tribu y darle la confianza y el valor para crear uno nuevo. «Soy la única chica. Todos mis primos son chicos. Yo fui la única que no fue a una buena escuela. Se consideraba que, al ser mujer, lo que tenías que hacer era limpiar la casa, cocinar, servir el té... No te daban una buena educación. Por eso, salí de allí y me eduqué por mi cuenta.»

En esta historia, ¿crees que el objetivo era «No ser pobre» realmente? Yo creía que no. Así que le pregunté sobre el tema.

Le dije: «Joanne, todo lo que me acabas de contar me da la sensación de que era más para demostrar a la familia que abandonó a la tuya que podías triunfar. Sí, tú no querías ser pobre. Pero yo creo que era más una cuestión de honor, de honrar a tu madre y a tu padre y demostrar a la otra parte de la familia que no pueden pisotear tus sueños».

Se le saltaron las lágrimas y, con un nudo en la garganta, me respondió: «Tienes toda la razón, era eso».

Esa es la clase de emoción que quiero que tengas.

Tu Alter Ego puede ser «Por algo» o «Contra algo», o «Ambos». Joanne estaba a favor de su familia y contra el trato que su padre y su madre habían recibido. Y es difícil negar el éxito de Joanne. Es una luchadora extraordinaria.

¿TE INSPIRA UN ANIMAL?

Si, como Julia, has elegido a un animal como Alter Ego, puede que te preguntes cómo puedes construir su Historia del Origen. Céntrate en los rasgos que representa dicho animal y que fueron los que te atrajeron. ¿Qué representa una tortuga para ti? ¿Qué significan un águila, una pantera o una pitón para ti?

Puedes leer historias de pueblos indígenas. Los animales y la naturaleza eran símbolos y puede haber historias culturales sobre un animal en concreto. Trabajo con un cliente de las islas Caimán y su Alter Ego es la tortuga marina. No es un animal fiero, pero se lanza a la aventura en las profundidades del mar y sobrevive durante mucho tiempo. Algunas especies de tortuga marina viven 150 años o más. Para mi cliente, la tortuga marina es sabia, intrépida y respetada. En este ejemplo, la Historia del Origen estaba arraigada en su lugar de procedencia y en el animal que encarnaba las cualidades que él deseaba tener en ese Campo de Juego, las ventas corporativas.

Llamó Tortuga a su Alter Ego. Al principio, simplemente aprovechó los rasgos que admiraba, pero, con el tiempo, creó una Historia del Origen para Tortuga. «Era mi forma de conectar con aquel yo sabio, tranquilo e intrépido y honrarlo cuando hacía lo que se me daba bien.»

Si has elegido a un animal como Alter Ego, intenta buscar historias y ver documentales sobre dicho animal. Cuanto más sepas, más podrás aprovechar sus capacidades sobrenaturales. Investiga qué han dicho los expertos; ve sus entrevistas o discursos. A menudo, su pasión es contagiosa. Si nunca has visto a la familia Irwin de Australia hablar sobre animales, no sabes lo que te pierdes. Son capaces de convencerte de que cualquier cosa es «realmente increíble».

¡Qué narices! Incluso los libros infantiles pueden ser una gran fuente de personajes o animales con Historias del Origen que nos dan fuerza, nos inspiran y son significativas.

La Historia del Origen de tu Alter Ego no tiene que ser necesariamente una novela ni un poema épico. Basta con poner unas frases cortas; si no se te da bien la creación literaria, no pasa nada. Lo importante es que puedas aprovechar el tirón emocional para tu Alter Ego. Es la misma idea que comentamos anteriormente. Hay muchas formas de aplicar el Efecto Alter Ego. Por lo cual, tanto si lo construyes para jugar con una idea nueva como si lo haces para utilizar un nuevo yo creativo o para que te ayude a salir de tu propio camino y conquistar las Fuerzas Ocultas que te han frenado en el pasado, la Historia del Origen es una forma más que tenemos de ayudar a tu Alter Ego a cobrar vida.

Ahora que has construido un Alter Ego, le has puesto nombre y lo has conectado con la Misión y la Historia del Origen, ha llegado la hora de Activarlo.

14

CÓMO ACTIVAR TU ALTER EGO CON UN TÓTEM O UN ARTEFACTO

En 1940, mientras el mundo era arrastrado a la Segunda Guerra Mundial, Winston Churchill, conocido como el «Bulldog Británico», estaba a punto de ser nombrado primer ministro de Gran Bretaña. Churchill me fascina desde que yo era pequeño y crecía en nuestra granja familiar en Canadá. Había esa increíble mitología sobre él y una leyenda que ha perdurado durante décadas por cómo dirigió al pueblo británico y a Europa en un momento peligroso.

Recuerdo haber leído en una biografía que Churchill utilizaba sus sombreros para apelar a una personalidad u otra. Cuando recibió un telegrama en el que le informaban de que iba a ser el nuevo primer ministro, se quedó muy preocupado por si no podía dirigir el país durante aquel momento tan difícil. Sin embargo, mientras se estaba preparando para viajar a Londres para entrevistarse con al rey y para aceptar el cargo, se puso delante de su pared llena de sombreros y proclamó: «¿Qué "yo" debo ser hoy?»[42]

En la película del año 2017 *El instante más oscuro*, se ve ese preciso instante en el que coge el sombrero de copa, dice la frase y sale por la puerta.

Churchill no es el único que utiliza lo que denomino *tótem* para actuar de una forma más deliberada sobre su rendimiento.

Martin Luther King tenía una visión perfecta, pero llevaba gafas. Si estás familiarizado con este gran líder del movimientos de los derechos civiles, puede que te sorprenda. En algunas de sus fotografías más famosas puedes ver que lleva gafas. Lo único que pasa es que no eran para ver mejor, sino, según sus propias palabras: «Siento que me hacen parecer más distinguido». Por cierto, las gafas de Martin Luther King están expuestas en el aeropuerto de Hartsfield en Atlanta.

Aquí tienes a dos grandes figuras de la historia, Winston Churchill y Martin Luther King, que superaron los retos a los que se enfrentaban aprovechando elementos del Efecto Alter Ego. Utilizaron el poder de la imaginación humana y el poder de un Tótem para Activarlo, algo que tú harás en esta etapa final para acabar la transformación.

EL PODER DEL SENTIDO SIMBÓLICO

Imagínate que eres un médico que lleva la típica bata blanca y que te cuelgas un estetoscopio en el cuello. ¿Qué ras-

---

42. Joe Wright, director, *El instante más oscuro*, 2017, Perfect World Pictures.

gos asocias con un médico? ¿Aplomo? ¿Respeto? ¿Preocupación? ¿Compasión? ¿Inteligencia? ¿Entrega?

Ahora, imagina que entras en un auditorio lleno de estudiantes que están haciendo un examen. Y encuentras una silla, te sientas y tú también haces la prueba. ¿Cómo te sentirías como el doctor que se sienta a hacer el test? ¿Qué dirías para tus adentros? ¿Qué tipo de emoción te recorrería el cuerpo? ¿Qué notas en otras personas cuando te miran mientras llevas la bata blanca de laboratorio para hacer el examen? ¿Qué historia se cuentan a sí mismos sobre cómo vas a hacer el examen tú?

Bueno, pues resulta que lo más probable es que te fuera mucho mejor el examen.

En un estudio de la Kellogg School of Management[43], los investigadores descubrieron que no se trata solamente de lo que se lleva puesto, sino también de si entiendes su «sentido simbólico». El estudio examinaba los efectos de llevar una bata blanca para la atención y la precisión de los estudiantes. Los investigadores descubrieron lo siguiente:

- La atención no aumenta cuando la bata *no* se lleva puesta ni cuando se asocia con un pintor.
- La atención solamente aumenta cuando la bata a) se lleva puesta y b) se asocia con un médico.
- La influencia de la ropa depende de si se lleva y de su sentido simbólico.

---

43. Hajo Adam y Adam D. Galinsky: «Enclothed Cognition», *Journal of Experimental Social Psychology* 48, número 4 (julio de 2012): pp. 918-925.

Por lo tanto, en resumen, si pensabas que llevabas una bata de pintor, no cambiaba nada. En cambio, si creías que era de médico, mejoraba tu atención y tu precisión.

Este fenómeno se denomina *cognición atávica* y solamente se da cuando entiendes el «sentido simbólico» del elemento y la «experiencia psicológica de llevar ese elemento que te recuerda constantemente lo que representa el elemento»[44]. En el experimento, el poder simbólico de la bata blanca cambiaba en función de lo que se les decía que representaba. Si era la bata de un pintor o un artista, hacía que la persona fuera más artística. Si era de médico, el individuo se mostraría más atento. Y si era una bata de laboratorio, el sujeto era más cuidadoso. (No queremos que estalle el laboratorio, ¿verdad?)

En algún lugar de tu interior tienes una historia sobre lo que representan los médicos, cómo actúan, qué piensan y cómo se sienten. Si te dijera que cogieras los rasgos que identificas (aplomo, compasión, inteligencia) e intentaras que cobraran vida, parecería más difícil. Tendrías que pensártelo primero. En cambio, en cuanto te doy un «símbolo» que representa a un médico, como un estetoscopio o una bata de laboratorio, empiezas a «vestirte» con los rasgos que tú has asociado con dicho símbolo. Ahora, si te digo que actúes como un médico, te resulta mucho más fácil encarnar sus rasgos y obtener resultados similares respecto a cualquier cosa que asocies con ellos.

Espero que veas las ramificaciones que tiene esto y lo mucho que te vas a divertir. Tras esforzarte para identificar, construir y crear tu Alter Ego, ahora vas a encontrar

---

44. *Ibidem.*

un Tótem que constituya un símbolo para Activar tu Alter Ego. Igual que Winston Churchill, Bo Jackson, David Bowie, Martin Luther King, yo mismo y miles de otras personas.

EL PODER DE LOS SÍMBOLOS, LOS OBJETOS Y LOS ENTORNOS

Vivimos en un mundo lleno de símbolos, y la mente humana tiene esta capacidad fantástica de crear un sentido a partir de prácticamente cualquier cosa. Cualquier objeto puede tener un significado, ya sea cultural o intensamente personal. Tu imaginación puede crear historias vívidas basándose en elementos aparentemente aleatorios. Y puedes asociar emociones, ideas, historias y las acciones de lo que representa dicho elemento.

Como nuestras experiencias vitales son distintas, cada uno de esos elementos significará algo distinto para nosotros: un tractor, una pelota de béisbol, un águila imperial, una placa de agente de policía, un delantal, la bandera de tu país, un libro, unas gafas, una capa.

Podría seguir. Veamos un ejemplo con algo sencillo, como unas gafas. Martin Luther King se consideraba más distinguido cuando las llevaba. Yo utilicé gafas para estar más «seguro de sí mismo y ser más elocuente y resuelto». Un famoso cliente de la NBA se pone gafas para «ser más apacible, como Clark Kent, fuera de la cancha» y como «escudo frente al público, para proteger su vida personal». Un objeto tiene muchos significados y sirve para muchos propósitos.

¿Has estado alguna vez con alguien cuando ha perdido algo y se ha puesto de los nervios? Para ti el asunto no tenía importancia, pero para esa persona significaba algo. «Simbolizaba» algo. Está claro que, hoy en día, una persona normal pierde el móvil y es como si la hubieran amputado del resto del mundo. Todos hemos visto a alguien frenético porque ha perdido el teléfono, ¿verdad?

Esto se debe a que representa nuestras relaciones, nuestros contactos, nuestro trabajo y nuestros recuerdos con fotos y conversaciones guardadas. Representa nuestra seguridad, porque ¿y si alguien lo encuentra y lo hackea? Hay pocas cosas que tengan más significado que un *smartphone* hoy en día.

En mis discursos sobre «rendimiento máximo» o «el juego mental de ganar» hablo sobre el poder de los símbolos. En una de mis charlas más populares, mostraba a cuatro maniquíes cubiertos con sábanas. Iba descubriendo a cada maniquí ante el público. El primero llevaba un uniforme de policía. Me giraba hacia el público y preguntaba: «¿Qué significa para vosotros ver este uniforme?»

Después, iba mostrando un maniquí tras otro. Uno llevaba un uniforme militar, otro iba vestido de médico y el último iba con un traje de Superman o Wonder Woman.

Después de cada destape, me giraba y preguntaba a la audiencia qué significaba para ellos ese uniforme. «Tenéis que responder con una o dos palabras», les indicaba. Me daban respuestas variopintas. Los uniformes simbolizaban algo distinto para todo el mundo, pero con frecuencia había un tema constante. Tal y como expliqué anteriormente, no había respuestas correctas ni incorrectas. La única respuesta válida era la que daba cada persona.

Después, invitaba a alguien del público a subir al escenario y le pedía que se pusiera uno de los uniformes y encarnara la identidad que representaba ese atuendo. A continuación, le preguntaba a la persona cómo se sentía y cómo enfocaría alguno de los retos a los que se enfrentaba en ese momento. El sujeto en cuestión siempre respondía algo positivo y sentía que podía abordar sus llamadas de ventas y negociaciones (o tratar con su conyuge, sus niños o cualquier otra cuestión de su mundo) con más confianza.

Un ejercicio divertido era pedirles que me enseñaran cómo andarían, cómo moverían la cabeza, qué postura adoptarían, qué caras pondrían. En resumen, ¿cómo se comportarían? El público se reía, pero el quid de la cuestión era mostrar lo rápido que pasamos de un papel a otro en nuestras vidas. En el escenario, veíamos cambios muy potentes.

Por ejemplo, una chica que había sufrido acoso escolar durante años, se puso el traje de Wonder Woman se imaginó que había unas chicas a la derecha del escenario y les gritó.

Después, la chica dijo: «Si hiciera eso en el instituto, probablemente, me pegarían. Pero a mí no me importaría, porque Wonder Woman lo podría controlar».

En otra ocasión, mientras hablaba con un grupo de agentes de una gran compañía de seguros, un hombre cogió un teléfono imaginario e hizo todo el «guion de llamada» perfectamente mientras llevaba el uniforme del ejército. Cuando comentamos la experiencia, dijo: «Fue como si pudiera frenar todas mis preocupaciones sobre el rechazo, porque es imposible que a un Navy SEAL le importe». Después, nos contó lo siguiente: «Nunca he podido acabar ese guion. Me olvido de algunas partes porque soy muy emotivo. Ahora, sé de lo que soy capaz».

Es increíble lo rápido que podemos cambiar nuestra idea de lo que es posible cuando adoptamos una nueva identidad, igual que ya has leído con investigaciones, ejemplos y estudios que he señalado a lo largo del libro. Y, ahora, con un «símbolo» como un tótem, será mucho más fácil introducirte en tu Alter Ego.

LA FÓRMULA PARA CONSEGUIR UN TÓTEM POTENTE

El Tótem encarna los superpoderes, la Historia del Origen y la misión de tu Alter Ego. Cuando ese Tótem se activa, invoca a tu Alter Ego. Igual que la bata blanca cambiaba a los estudiantes.

Para mí, el colegio siempre fue algo difícil. No es que no me gustara, sino que no entendía lo que leía. No sabía por qué y estaba claro que no quería que nadie supiera que era «demasiado idiota» para leer. Esta situación me obligaba a ser creativo cuando los profesores nos mandaban algún trabajo de lectura en clase. Me esforzaba al máximo para hacerlo y, antes de que acabara el tiempo, empezaba a preguntar a mis amigos qué opinaban del texto. Eso hizo que me etiquetaran de «payaso de la clase», «alborotador» o «cotorra», pero era mi forma de prepararme por si el profesor me hacía alguna pregunta.

En aquel entonces, en mi clase, todos los niños más listos llevaban gafas. Además, los más inteligentes de la clase de mi hermana menor también las llevaban. ¿Yo? Veía a la perfección.

Por eso desarrollé esta visión del mundo de que las personas listas llevaban gafas. ¿Es *completamente* cierto? Por supuesto que no. Pero esa era mi experiencia y el significado que yo le daba. Me pregunto qué visiones del mundo desarrollaste a una corta edad que posiblemente hayan moldeado tu mundo.

La ecuación en mi mente era sencilla: gafas + personas = listas.

Más adelante, a los veintitantos años, después de un accidente de coche, me hicieron unas pruebas psicológicas y me dijeron que tenía dislexia. Sin embargo, la idea de que las personas inteligentes llevan gafas había arraigado en mí.

Cuando intentaba lanzar mi primer negocio, era incapaz de cerrar los tratos. Sabía que tenía algo importante que ofrecer a la gente, pero tenía una inseguridad tremenda por si parecía que tuviera doce años por mi cara de niño y que la gente no me respetaría ni me escucharía.

Al final se me ocurrió algo al pensar en mi época escolar. «Los que son respetados son los que son considerados listos. Las personas más listas que conozco llevan gafas.» En aquel momento, encontré mi Tótem. Pensaba que, si llevara gafas, los demás me considerarían listo y me respetarían. Además, era fan de Superman, quien llevaba gafas cuando era Clark Kent. Por eso, para mí, eso hacía que las gafas fueran aún más potentes.

En cuanto noté las varillas de las gafas rozar mis sienes, hice mi «Superman al revés». Superman se quitaba las gafas para ser «normal»; en cambio, yo me las ponía para conseguir mis «superpoderes». El mero hecho de llevar aquel par de gafas me hizo transformarme en una versión de mí más fuerte, más inteligente y con más seguridad en mí mismo, una versión que yo sabía que era respetada.

¿Mis clientes potenciales pensaban de verdad que yo era listo? ¿Me respetaban más que antes? No lo sé. No me importa. No importaba. El quid de la cuestión no es si alguien asociaba inteligencia y respeto con unas gafas. Era yo el que creaba y vivía en mi mundo y yo me sentía más inteligente, más respetable y más resuelto, eso era lo único que importaba. Porque la emoción impulsa el rendimiento. Y funcionó.

¿POR QUÉ NECESITAS UN TÓTEM?

En general, las personas se muestran en su Campo de Juego sin pensar demasiado ni ser muy conscientes de quién debe ir allí para producir un resultado extraordinario. Lo he dicho antes, pero siempre nos movemos de un Campo de Juego a otro y de un papel a otro. Cada papel requiere rasgos distintos para actuar a nuestro máximo nivel. Como no somos conscientes de entrar y salir de un papel, acabamos llevando las mismas características a cada campo.

Seleccionar y activar el Tótem sirve para fijar los rasgos específicos que deseas en un Momento de Impacto determinado. Es como si establecieras una brújula interna para alinearte con tus emociones, pensamientos y comportamientos. Actúas de una forma más deliberada al aprovechar el Yo Heroico que necesitas en un momento dado.

¿Te acuerdas del coronel que conocí en Fort Bragg cuando fui a dar un discurso? Tenía problemas para ser el tipo de padre que quería ser con sus hijos al llegar a casa vestido con el uniforme militar (recuerda el poder de la «cognición atávica»). Su personalidad no cambiaba, incluso después de ponerse ropa de civil. Para acabar la historia, hablé con él sobre a quién respetaba como padre y las cualidades y los rasgos que quería de verdad. Y sobre lo que él pensaba que hacía aquel Campo de Juego extraordinario. Mencionó lo mucho que le gustaba el actor y presentador de televisión Mike Rowe, un hombre conocido por ser autocrítico, cercano y gracioso y al que le gusta prácticamente cualquier cosa. Al fin y al cabo, presenta un programa llamado *Dirty Jobs* en el que se sumerge en el mundo de personas que hacen algunos de los trabajos más apestosos, difíciles y sucios del mundo.

Le di la razón. A mí también me encanta la personalidad de Mike Rowe.

Mike también es conocido porque lleva una gorra de béisbol. Después de explicar al coronel el poder de los símbolos, la cognición atávica y el uso de un Tótem para Activar su Alter Ego, se le iluminó la mirada. «Mi "Yo Padre" lleva gorra.»

EL PODER DE UNA PASTILLA

Cuando empecé a trabajar con clientes y a ayudarles a crear un Alter Ego, llevaba una caja transparente plástica de caramelos Tic Tac. Antes le había arrancado la etiqueta. Cuando les ofrecía la caja, les decía: «Antes de salir al campo, toma una de estas pastillas, imagínate que contiene el Superpoder que quieres Activar. Pero no se trata de ponértela en la boca y ya está. Lo que quiero es que hagas una pausa y reflexiones sobre quién se va a mostrar en el terreno de juego».

Al cabo de quince años, he regalado más de treinta mil «pastillas de Alter Ego X» para ayudar a los clientes a Activar su Yo Heroico. El efecto placebo de tomar una pastilla, sin ninguna cualidad farmacéutica, ha sido uno de los Tótems más efectivos que he visto usar a los clientes. La respuesta más habitual, y una que alguien comentó hace poco, fue: «Noto como si trabajara desde adentro hacia afuera. Casi como si activara un poder oculto».

Aunque utilices algo tan sencillo como un caramelo, no pases por alto el poder de usar este Activador para poner en movimiento a tu Alter Ego. (Si quieres saber más sobre este efecto placebo y la Pastilla X de Alter Ego utilizada por la comunidad, visita AlterEgoXPill.com.)

EL CAMBIO A TU MUNDO FÍSICO

El Alter Ego está diseñado para transformar tu rendimiento. Eso incluye todo. Desde cómo actúas y te comportas físicamente hasta tus pensamientos y tus emociones, tus creencias, tus valores, tu postura y el tono de tu voz. Y hasta llegar a las «capas» del modelo del Efecto Alter Ego.

Ahora mismo, el Alter Ego que dará lugar a todos esos Superpoderes y te permitirá aprovechar tu Yo Heroico está inactivo y listo para ser Activado. Está en el reino de tu imaginación en el plano mental y emocional.

Necesitas algo que lo convoque al mundo físico y la forma física.

Eso es lo que hace un Tótem. Da a tu Alter Ego una forma concreta. No es una mera idea que flota en la cabeza o una emoción que sientes. No es la ensoñación con la que te distraes mientras estás en una reunión. Tu Alter Ego es real y debe estar basado en una presencia física.

Un Tótem hace participar más a tus sentidos. Puedes notar, oler, probar y ver el objeto, lo que enciende un sentimiento visceral.

Intenta lo siguiente: imagina que vas hacia la nevera. Abres la puerta, sacas un limón y lo pones en la tabla de cortar. Ahora, saca un cuchillo y corta una cuña o una rodaja. Acércate el trozo de limón a la nariz. Huélelo bien; ¿a qué huele? Corta otro trozo de limón. ¿Cómo notas el jugo en los dedos? Ahora, ponte un trozo en la boca y dale un buen mordisco. ¿Se te ha hecho la boca agua?

Ahora, prueba esto. Si tienes un limón en la nevera, cógelo y haz todo lo que te acabo de decir que imaginaras. Míralo, nótalo, pruébalo y huélelo.

¿Ves la diferencia? Sin duda, tu imaginación es potente, pero no hay nada comparable a ser capaz de experimentarlo en el mundo físico. El Tótem o Artefacto de tu Alter Ego es el puente entre tu imaginación y el mundo físico. Es el ancla.

Además, el hecho de tener este Tótem para anclar tu Alter Ego no solamente permite la transformación, sino que, además, ayuda a aprovechar una de las bases centrales del cambio de hábitos. El famoso actor Cary Grant, cuyo nombre real era Archie Leach, dijo: «Fingía ser alguien que quería ser y, al final, me convertí en esa persona.

O él se convirtió en mí. O nos encontramos en algún punto». El objetivo del Alter Ego es ayudarte a lograr esto, el lugar en el que tu Yo Heroico surge de forma natural sin tener que pensarlo cuando lo necesitas.

Al final, eso fue lo que me pasó a mí. Al principio, me ponía las gafas y me llamaba a mí mismo Richard, hasta que en algún momento dejé de necesitar el nombre y las gafas para sentir que estaba listo, que me sentía respetado o seguro de mí mismo. Simplemente, ya lo estaba. Empecé a mostrarme de aquella forma en todas mis reuniones con clientes potenciales. Se convirtió en un hábito. No tenía que actuar de una forma más deliberada ni sacar mis mejores rasgos, porque mis mejores atributos ya habían arraigado en mí. Había creado una identidad nueva en el Campo de Juego de los negocios. (¡Esto no me hacía perfecto en absoluto! Todavía quedaba y queda trabajo por hacer, pero consiguió que venciera la resistencia inicial a la que me enfrentaba.)

Mi objetivo como coach de rendimiento es ayudar a las personas a llegar al lugar en el que rinden constantemente a su máximo nivel, sea cual sea para cada persona. Para ello, el rendimiento se tiene que convertir en un hábito. Tiene que ser tan natural como respirar.

En la década de 1970, Noel Burch creó el modelo de las Cuatro etapas para el aprendizaje de cualquier habilidad nueva. El aprendizaje empieza con la «incompetencia inconsciente»; después, pasa a ser «incompetencia consciente»; más adelante, es «competencia consciente» y, al final, acaba como «competencia inconsciente».

Me gusta explicar estas cuatro etapas del aprendizaje por las que todos pasamos de una forma ligeramente distinta.

Etapa 1. Ignorancia: no sabes lo que no sabes. Es lo que se denomina *incompetencia inconsciente*. Es la típica etapa de falta de conciencia.

Etapa 2. Conciencia: te empiezas a dar cuenta de que «sabes que no sabes» ciertas cosas. Es lo que se conoce como *incompetencia consciente*. Eres consciente de que no sabes hacer algo en concreto.

Etapa 3. Cambio: aquí, «sabes que no sabes» y tomas la decisión consciente de cambiar. Es lo que se denomina *competencia consciente*. Es la etapa más difícil porque es cuando hay que trabajar duro, empezar a modificar hábitos, cambiar de actitud y crear nuevos modelos de pensamiento dentro de tu mente. Es cuando sabes qué hacer, y lo haces, pero es un esfuerzo porque todavía no ha arraigado.

Etapa 4. Dominio: es la etapa en la que se ha terminado la transformación. Es cuando has automatizado las cosas. Ya no hay tanta atención consciente. Es lo que se conoce como *competencia inconsciente*. Sabes cómo hacerlo y no tienes que pensar en cómo hacerlo. Es lo mismo y cada vez que entras en tu Campo de Juego; cada vez que te enfrentas a tu Momento de Impacto, tu Yo Heroico aparece automáticamente.

La utilización de tu Tótem te ayuda a que aparezca ese Yo Heroico. Con el tiempo, puede que ni siquiera necesites el Tótem; tú eliges. A mí todavía me gusta llevar gafas porque disfruto de llevarlas, pero también porque así te recuerdo a ti y a otras personas que esto es una parte natural de la vida y del ser humano.

Todos tenemos desencadenantes. La canción *Born to Run* de Bruce Springsteen me transporta a cuando conduje en la autopista transcanadiense en Medicine Hat (Alberta) con mi amigo Bill para ir a un torneo de *softball* de fin de semana. Es lo más tópico del mundo, pero escuchar esa canción me traslada directamente al verano en Medicine Hat con mi mejor amigo.

Es la misma idea cuando te pones un anillo, te secas la cara con una toalla o te vistes con un uniforme. Cada vez que te relacionas con tu Tótem o Artefacto, estás llamando psicológicamente a todo lo que encarna tu Alter Ego, desde los rasgos que has seleccionado hasta la historia de fondo que has creado y la Misión en la que estás.

LOS TRES TIPOS DE TÓTEMS O ARTEFACTOS

Un Tótem es solamente el objeto que utilizas para representar o conectar con tu Alter Ego o Campo de Juego. Una bata blanca de laboratorio, un uniforme, un sombrero, unas gafas y el escenario o campo en sí. Podría ser literalmente cualquier cosa.

Un Artefacto es lo mismo, pero tiene cierto significado histórico. Si utilizas una joya que ha pasado de generación en generación, es un Artefacto. Tiene un poder extraordinario debido a la conexión histórica con tus antepasados o tu tribu, o tu familia añade un nivel adicional de significado para ti.

No es algo en lo que te tengas que quedar enredado como si fuera una telaraña. No te quedes sentado pensando si tienes que conseguir un Artefacto o un Tótem. El objetivo es el mismo, activar tu Alter Ego y hacerte cargo del significado de lo que haces. (Para más inspiración, ejemplos y tótems ya elaborados, visita AlterEgoEffect.com/totem.)

Un Tótem o Artefacto es algo que asocias fuertemente con tu Alter Ego, como un estetoscopio y un médico, Thor y su martillo, Wonder Woman y su lazo dorado. El Tótem o Artefacto que elijas será la encarnación física de todos los rasgos dominantes que elegiste anteriormente en el libro.

Existen tres tipos de Tótem o Artefactos.

1. **Algo que usas**

Este es el Tótem más potente que podrías elegir. Puedes cogerlo o soltarlo, algo que, como verás después, es crucial si empiezas a patinar y dejas de actuar como tu Alter Ego. Esta categoría incluye prácticamente todo lo que te puedas imaginar. Aquí tienes ideas que te pueden inspirar a la hora de elegir el Tótem o Artefacto de tu Alter Ego.

Uniforme.
Disfraz.
Casco.
Sombrero (de cualquier tipo).
Gafas.
Joyas (por ejemplo, anillo, collar, pulsera).
Muñequera o cinta sudadera de cabeza.
Traje.
Chaqueta.
Calcetines.

Camiseta.
Bandana.
Reloj.
Suéter.
Pantalones.
Zapatos (por ejemplo, calzado deportivo, zapatos de tacón, zapatillas, sandalias).

2. **Algo que llevas encima**

Tony, jugador de béisbol, creció en una granja en Iowa. Su familia es importante para él. A su Alter Ego le motiva que su familia se enorgullezca de él y honrar el nombre de la familia. Lleva una pequeña piedra de su granja en el bolsillo, y cada vez que necesita un poco más de poder de su Alter Ego, pone la mano en el bolsillo y hace rodar la piedra entre los dedos.

Otro ejemplo es John. Tiene un Artefacto mejorado. Su Alter Ego es su abuelo, y el Artefacto es el reloj de bolsillo que tenía. Hay gente que tiene o lleva un objeto específico, como un bolígrafo, cuando hace llamadas de ventas o va a una reunión importante.

Aquí tienes otras ideas que te pueden servir de inspiración:

Una taza (de café, té, o de viaje).
Un cuaderno.
Un bate de béisbol.
Una roca o piedra.
Una pluma.
Una foto (de tu Alter Ego o de algo que represente los rasgos de tu Alter Ego).

Cromos (como los que yo puse en mi uniforme de rugby).
Una moneda especial.
Un bolígrafo.
Una toalla.

Cuando era adolescente, era jugador de bádminton nacional. Tenía una rutina antes de cada partido. Llevaba una toalla blanca al vestuario y la ponía bajo el grifo para que se humedeciera. La escurría para que no goteara, la doblaba formando un cuadrado de unos 60 centímetros cada lado y la colocaba en un lado de la pista.

Todos pensaban que la finalidad era pisar la toalla con el calzado con el que jugaba, para humedecerlo y que se adhiriera mejor. Pero para mí era la «estación de recarga». Allí «cargaba las pilas» de mi Alter Ego y volvía a la pista con más energía.

Como he dicho, no hay reglas. Siempre puedes añadir más dimensiones al mundo de tu Alter Ego. En mi caso, utilizar un Tótem adicional dio más poder a mi Alter Ego.

Muchos clientes han utilizado el mismo método.

¿Te acuerdas de Mitch? ¿El que trabajaba en finanzas y había adoptado un papel nuevo? Su Alter Ego era su abuela, que sobrevivió al Holocausto, emigró a Estados Unidos y crio a cuatro hijos que triunfaron. El Artefacto que usó fue una foto vieja de su abuela de su país natal. La tiene en la mesa y, cuando siente que le falta autoestima o confianza o que está en una situación complicada, gira ligeramente el marco hacia él para «activar» la fuerza de su abuela.

3. **Algo conectado al Campo de Juego**

   En cuanto Bo Jackson entraba en el terreno de juego, se transformaba en Jason. El campo era su Tótem. Para algunos de mis clientes de Broadway, es el escenario. Para uno de mis clientes que escriben, es cada vez que se sienta en su silla para escribir. Para muchos de mis clientes del ámbito de los negocios, es en cuanto entran en la sala de juntas.

   Tu Tótem no tiene que ser necesariamente algo que lleves tú encima, sino que podría estar en el Campo de Juego o ser el Campo de Juego en sí.

CÓMO ELEGIR TU TÓTEM O ARTEFACTO

Sobre todo, no conviertas este paso en la búsqueda de un disfraz de Halloween. No se trata de elegir ocho cosas y decir que son tus Tótems. Elige una. Sé selectivo. Existen principios que me atrevería a decir que son obligatorios.

1. Debe simbolizar algo para ti.

   Independientemente de lo que elijas, será utilizado para llamar a tu Alter Ego y todos los Superpoderes y la Historia del Origen que has creado. Lo es todo. Es el símbolo de tu Alter Ego, así que asegúrate de que los dos conectan.

   Lo que tú seleccionas puede tener una conexión indirecta con tu Alter Ego, como mi cliente que trabaja en Wall Street cuyo Alter Ego es Batman. Evidentemente, no es viable que aparezca vestido con un traje de Batman y que conserve su puesto de trabajo. Pero puede ser creativo. Batman viste de negro, así que mi cliente eligió una corbata negra o un traje negro como su Tótem y llevaba la corbata o el traje en los días en los que tenía una reunión importante y sabía que necesitaría a su Alter Ego.

Tu Tótem o Artefacto puede tener una conexión directa con tu Alter Ego. Conozco a una persona que utiliza unos gemelos de Superman. Hay un golfista universitario cuyo Alter Ego es Tiger Woods. Tiene fundas para palos de golf con rayas de tigre y lleva calcetines con un tigre bordado. Una de mis clientas se dedica a la equitación y lleva un brazalete personalizado igual que el de Wonder Woman.

Los clientes que eligen animales u objetos inanimados a menudo seleccionan un anillo, un colgante, unos pendientes o prácticamente cualquier cosa para invocar a su «animal espiritual». Un cliente que juega al fútbol profesional tiene como Alter Ego al «bombardero furtivo» ¿Por qué? Porque «soy rápido, y cuando te des cuenta de que estoy ahí, ya he anotado un gol». Tiene unas plantillas especiales en las botas de fútbol con un adhesivo de un bombardero furtivo de verdad.

Tu Tótem quizá no tenga conexión con tu Alter Ego. Podría ser un símbolo universal, o tener significado solamente para ti. Mi Tótem eran unas gafas, pero no todo el mundo asociaría respeto e inteligencia con unas gafas como hacía yo.

Lo que elijas, tanto si está directamente conectado con tu Alter Ego como si no, debe tener resonancia emocional y significado para ti.

2. Lo que elijas debe ser algo que puedas usar siempre en tu Campo de Juego, ¡no solo a veces!

   Uno de mis clientes eligió su entorno físico para su Tótem. Era jugador de hockey y, cuando entraba en la cancha, se imaginaba que su Alter Ego vivía en una pista concreta de su ciudad. Es una idea genial, pero solamente funcionaba cuando jugaba en casa. Si vas a elegir algo, sobre todo si está en el Campo de Juego, como entrar en la sala de juntas, asegúrate de que sea algo que puedas usar siempre.

   Solamente ajustamos el Alter Ego de mi cliente para vivir en la pista de hielo, como el de Bo Jackson, que vivía en el terreno de juego. Por lo tanto, en lugar de escoger una sala de juntas concreta, es mejor optar por el hecho en sí de entrar por la puerta de una sala de juntas. De esta forma, la puerta se convierte en el Tótem.

3. Debe ser algo que te puedas quitar y poner, que te puedas meter en el bolsillo o sacarlo, o algo en lo que puedas entrar o de lo que puedas salir rápido.

   Sin embargo, habrá ocasiones en las que saldrás sin darte cuenta de tu Alter Ego, sobre todo cuando haga poco tiempo que has empezado. Volverás a tus antiguos rasgos y a tu Yo Atrapado de antes. Cuando pase esto, tienes que hacer un *reset*. Cuando yo llevaba gafas, si las fuerzas del Enemigo empezaban a tirar de mí al Mundo Ordinario, como la inseguridad, el miedo o la preocupación por lo que pensaran los demás de mí (esas tres eran las tres mayores), las dejaba de llevar. Richard nunca habría tenido esos pensamientos, así que tenía que quitármelas. Ese mero acto me recordaba qué debía hacer, qué era esencial y el hecho de que Richard era capaz de matar aquellos dragones y volver al terreno de juego. Entonces, me las volvía a poner.

Con el tiempo, el simple hecho de notar las gafas en mis sienes me daba confianza y hacía que volviera mi Alter Ego.

Eso es el *reset*.

Si tu Tótem es un campo o una sala de juntas, es difícil entrar y salir en cualquier momento. No te voy a decir que no elijas el Campo de Juego, pero tenlo presente. Si eliges algo en tu Campo de Juego como Tótem, debes ser creativo con la forma en la que harás el *reset* e invocarás el Alter Ego cuando empieces a salir sin darte cuenta.

Incluso puedes tomar prestada la idea que comenté anteriormente sobre la toalla que doblaba a un lado de la pista. Podría haber una acción o un lugar específico al que vayas en ese entorno para «hacer un *reset*» o «cargar las pilas».

Un cliente coge el anillo de boda y da golpecitos en la mesa de la sala de juntas para que vuelva su Alter Ego y hacer que desaparezcan los pensamientos de inseguridad.

¡PELIGRO! EVITA ESTOS ERRORES

El Alter Ego es simple. Es difícil construirlo de forma incorrecta, pero puede que cambies de rumbo en esta etapa. Esto es lo que *no* hay que hacer:

1. No te pongas, ni lleves, ni uses el Tótem o Artefacto siempre. El Alter Ego se crea para un Campo de Juego específico o para Momentos de Impacto difíciles. Quieres actuar de una forma más deliberada; por eso, si siempre usas el mismo Alter Ego en todos los Campos de la Vida, te equivocas. Tú interpretas distintos papeles en distintas áreas de tu vida, y cada una tiene determinadas cualidades que te ayudarán más que otras.
2. No reveles tu Tótem o Artefacto. Es solo para ti y para tu Alter Ego. No puedes decírselo a una persona y luego sugerirle que no lo cuente a los demás. Sarah y Brandon, que están sentados a tu lado en una reunión, no tienen por qué saber la verdadera historia de tus gemelos de Superman. El poder y el conocimiento deben ser secretos. Yo solamente hablo abiertamente de los Alter Egos que he utilizado en el pasado para poder ilustrar ciertos puntos. Mantener tu Alter Ego en secreto frente a las personas que te rodean depende de ti. De todas formas, al principio te recomiendo que lo mantengas oculto. El hecho de saber algo que no saben los demás te da confianza.

   Además, si estás en entornos competitivos como los deportes o las ventas, tus competidores pueden intentar utilizarlo en tu contra y hablar mal de ti. Eso puede ser malo o bueno, en función de tu mundo. Me gusta recomendar mantenerlo oculto al principio. Es tu pequeño secreto.
3. Elige algo que vestirás, llevarás o usarás con gusto. Debe ser algo que asocies con algo positivo. De lo contrario, lo despojarás de poder.

SIEMPRE HONRA A TU ALTER EGO

Cuando estaba en el instituto, siempre llevaba todas las influencias de mi Alter Ego al vestuario que construí en mi mente. Walter Payton, Ronnie Lott y líderes nativos americanos. Me imaginaba que mantenía una conversación con ellos. Uno a uno, me daban algo. Como conté anteriormente, me ponía los cromos de Walter y Ronnie en el uniforme. Me imaginaba que ellos me los daban y que Walter me decía: «Todd, este es mi cromo. Es un trozo de mí que puedes ponerte en el casco, pero que no se te ocurra salir ahí y deshonrarme al no darme todo lo mejor. Enfréntate a todos los jugadores, sin que te importe su estatura. Y que sepas que estaré allí contigo para arrollarlos. Y si no estás dispuesto a hacerlo, devuélveme el cromo. No puedes deshonrarnos a ninguno de nosotros al no honrar cómo jugábamos y quiénes somos».

Quizá pueda parecer duro, pero también estaba creando un intenso nivel de convicción y un espacio de honor. Estaba conectando profundamente con mi Alter Ego. Esa pequeña conversación impregnaba a mi Alter Ego de significado. Si iba a encarnar a aquellos grandes jugadores de fútbol americano y a nativos americanos, lo mejor era mostrar el respeto que merecían. Tenía que honrar su significado.

Da a tu Alter Ego el honor y la integridad que merece. Si tu Alter Ego es tu abuelo, un superhéroe, alguien a quien admiras o un animal que adoras, ¿en serio vas a deshonrar su nombre, su historia, su legado? Realmente, espero que no. Ese honor, ese legado, ese respeto y significado están encarnados en el Tótem o Artefacto.

Ziva David es un personaje de ficción de la serie *NCIS* de CBS. Es una agente letal del Mossad, una exsoldado israelí, y se mueve con mucha confianza y siempre siente que está en igualdad de condiciones con los hombres. Entre mi clientela, hay varias personas que se sienten identificadas con ella y la han utilizado como Alter Ego.

Por ejemplo, una de ellas trabajaba en una empresa financiera importante y me explicó lo siguiente: «Es imposible que yo apareciera y esos hombres me mangonearan. Ziva me patearía el culo si lo hiciera».

Conclusión: comprométete.

EL ACTO DE ACTIVACIÓN

En esta parte final del proceso es cuando unes el Alter Ego, el Tótem y tu Campo de Juego o Momento de Impacto. Superman entra en la cabina telefónica o se rasga la camisa. Wonder Woman da vueltas para transformarse en Wonder Woman. Spiderman se pone la máscara. Hay un momento en el que asumes deliberadamente ese papel, esa otra forma, tu Alter Ego. El Acto de Activación se da cuando utilizas el Tótem o Artefacto como conmutador para señalar a tu mente que ha llegado la hora de que tu Alter Ego tome el control.

La forma más fácil de efectuar la activación es creer que tu Alter Ego vive dentro del Tótem o Artefacto. Desde el momento en el que tragas la pastilla del Alter Ego X, se Activa. Cuando te pones el anillo, se Activa. Cuando metes la piedra o el reloj de bolsillo en el bolsillo, se Activa. Cuando las varillas de las gafas te rozan las sienes, es como si estuvieran accionando un interruptor para Activar tu Identidad Secreta.

En el capítulo 1 te presenté a Anthony, el joven atleta que cogió un tren temprano hasta la ciudad de Nueva York y me buscó para que le ayudara. Era una estrella en ascenso en el baloncesto de un instituto de Maryland. Siempre era uno de los mejores jugadores en la cancha, hasta que llegó otro jugador durante el último curso. El nuevo era una figura estelar y, al cabo de poco tiempo, Anthony empezó a cuestionarse y a dar demasiadas vueltas a sus movimientos en el terreno de juego. Empezó a preocuparse porque todo el mundo en las gradas lo comparaba al nuevo y pensaba que él no era nada del otro mundo. Igual que aquel jugador joven de béisbol perdió la capacidad de jugar un partido, Anthony perdió facultades y empezó a cometer errores. Estaba desesperado por recuperar su juego.

Al final, eligió una pantera como Alter Ego por su potencia, agilidad y resistencia. Su Tótem era una toalla, y Activaba la pantera antes del partido. Justo después de que acabara el calentamiento, iba a la línea de banda, cogía la toalla de la bolsa y se secaba la cara a conciencia, como si tuviera que ponerse una máscara de pantera estilo Spiderman. Se imaginaba que la máscara actuaba como un exoesqueleto. No se sentía expuesto. No se preocupaba por lo que pensaran o dijeran los demás. Estaba oculto. (Para ver un ejemplo de cómo hacer esto, visita AlterEgoEffect.com/towel para ver mi demostración.)

Después de secarse la cara, saltaba de la silla como una pantera que se abalanzaba sobre su presa.

Había llegado el momento de su Alter Ego.

Secarse la cara y saltar de la silla era el desencadenante que Activaba su Alter Ego y todos sus Superpoderes.

Cuando me ponía las gafas, el momento en el que sentía las patas de las gafas en las sienes y detrás de las orejas era cuando sabía que había llegado la hora de sacar mi Alter Ego. En el caso de Alicia, escritora, se sentaba ante la mesa y se vestía con la vieja sudadera con capucha de la universidad. Lisa, la jinete, se ponía el brazalete personalizado de Wonder Woman antes de deslizar un pie en el estribo y montar en la silla. Tony, el jugador de béisbol de Iowa, metía la mano en el bolsillo y agarraba la piedra de la granja de su familia con el pulgar y el dedo corazón.

En el caso del jugador de golf, se ponía los calcetines hasta la mitad del gemelo, se ataba los zapatos de golf y cogía los calcetines y tiraba de ellos al máximo para «Activar a Tiger». Para otro cliente del ámbito de los negocios, su Tótem y el Acto de Activación se dan cuando se pone los zapatos Bruno Magli. Empieza con el pie derecho, y se ata el zapato. Después desliza el pie izquierdo en el zapato, pero, antes de poner el talón en la plantilla, hace una pausa. Activa su Alter Ego con un pisotón. Si alguna vez siente que está volviendo a los viejos hábitos o que está perdiendo el poder de su Identidad Secreta, da un golpe con los talones para «despertar a la bestia que lleva dentro».

Por cierto, la razón de que use el pie izquierdo para la activación es que antes era un gran jugador de fútbol y era «un zurdo extraordinario».

Para algunas personas, todo esto puede sonar como un juego de niños. «Dar un pisotón», «subirse al máximo los calcetines», «jugar con una piedra». «¡Eso son cosas de críos, y yo soy un adulto!», dicen. Y tienen razón. Si esta es tu actitud, adelante. Debes saber que estás negando la ciencia, negando la forma en la que funciona tu mente y negando el modo en el que la élite vive y actúa. Si quieres encontrar un libro sobre lo que hace una persona que no destaca, tienes cientos en la estantería.

Yo no inventé la imaginación humana ni la forma natural que tenemos de magnificar ciertas partes de nuestras personalidades en el pasado ni de jugar con personajes en el pasado. Tenemos muy arraigado en nosotros el amor a los mitos y los arquetipos.

AHORA TE TOCA A TI

Recuerda que el Alter Ego no está de servicio 24 horas los 7 días de la semana. El Acto de Activación podría ser todo el rato que estás en tu Campo de Juego, o quizá solo durante ciertos Momentos de Impacto en los que te bloqueabas y no aparecías tal y como tú querías.

Si eres un profesional de las ventas, quizá desees usar tu Alter Ego durante toda la jornada. O puede que solamente lo quieras emplear en el momento de «cerrar la venta». Si eres un atleta, podría ser todo el rato que estás compitiendo en el terreno de juego, o quizá durante los momentos finales de un juego, o contra un adversario específico o en una situación concreta. Si eres propietario de un negocio y tu mayor dificultad actual es presentar tu empresa, quizá solo quieras aprovechar el poder de tu Alter Ego durante las sesiones de networking, la interacción en las redes sociales o al escribir los textos de marketing.

En cualquiera de estos casos, coge a tu Tótem, sé consciente de que tu Alter Ego te está esperando y Actívalo. Lo que buscas es un desencadenante natural que puedas unir a tu Tótem o Artefacto. Cada día, cuando regreso del trabajo antes de entrar en casa, hago una pausa, cojo una pulsera que me hizo mi hija y me la pongo. Ahora es el momento de que aparezca el padre divertido, no el coach, el inversor ni el hombre de negocios.

El acto debe ser algo sencillo y fácil de hacer. Recuerda que debes asegurarte de que el desencadenante que selecciones sea algo que puedas hacer siempre.

Si tu Tótem es una gorra de béisbol, el Acto de Activación sería ponértela en la cabeza. Si fuera una joya, como un anillo o un collar, sería colocártela. También podría ser elegir una camisa concreta antes de ir a una reunión. Podría ser escoger un bolígrafo especial y agarrarlo con la mano. Tengo un cliente que lleva un medallón con una fotografía de su madre y, antes de un acto de networking, abre el medallón, lo cierra y entra en la sala. (Para ver vídeos ilustrativos, visita AlterEgoEffect.com/totem.)

Tu Acto de Activación puede ser cualquier cosa que te parezca natural y cómoda, pero debe ser una acción física.

He enseñado este proceso miles de veces a personas y a grupos y esto es lo que sé. Después de ver el panorama en su conjunto y ver cómo se combina todo en esta fase final, las cosas encajan. Quizá te sea útil volver a algunos de los capítulos anteriores para profundizar tu conexión con tu Alter Ego y su propósito. Como he mencionado con anterioridad, cada uno de estos componentes es como una puerta que conduce al increíble mundo de utilizar el Alter Ego para lograr objetivos grandes o pequeños, para divertirse más y para reducir la lucha interna de la vida. Por lo tanto, si ves cómo un Tótem o Artefacto activa tu Alter Ego y hace que las cosas encajen, trabaja retrocediendo en el tiempo a través del libro o sumérgete en otros capítulos para aprovechar al máximo todo su poder.

Hay clientes que me han dicho: «Esto es fantástico, pero, ¿qué ocurre cuando realmente dudo de mí mismo?», o «¿Qué hago cuando empiece de verdad a tener miedo de seguir adelante?», o «Estoy muy intimidado por alguien y no consigo que funcione mi Alter Ego y siento que retrocedo hasta el Mundo Atrapado del que hablabas».

Igual que Hulk, Wonder Woman o Thor, necesitas un Puñetazo en el Suelo.

Así que, démoslo...

15

TEST, PRUEBAS Y DAR UN PUÑETAZO EN EL SUELO

Hay un momento en todas las películas de superhéroes en el que la dinámica cambia, el Enemigo se está imponiendo y el Héroe está a punto de ser derrotado. Pero, desde algún lugar profundo, el héroe cobra fuerza, aprovecha otra fuente de energía o encuentra una forma de superar el ataque con una mirada penetrante y un grito de «¡Basta ya!»

La multitud se pone en pie de un salto, con los puños en alto y riendo a carcajadas. Como en *Rocky III*, cuando Rocky lucha contra el despiadado James «Clubber» Lang, interpretado por Mister T. Rocky y está recibiendo una paliza de ese luchador más grande. Parece imposible que Rocky pueda ganar, cuando, de repente, él vuelve a rugir, tira a Clubber con una serie de golpes hasta que, al final, lo deja KO con un increíble golpe. Yo tenía seis años y estaba sentado en la última fila del cine con mis hermanos Ross y Ryan, y salté de la silla y me puse a gritar al ver esas escenas.

Es un tópico. Pero los tópicos existen por algo. Porque son ciertos.

Todo el mundo debe saber cómo salir de una espiral y regresar para ganar.

¿Sabes cómo golpea el Increíble Hulk el suelo con sus puños, creando un choque sísmico que deja KO al Enemigo? Y te preguntas: ¿por qué ha tardado tanto en darlo? Eso es lo que tú necesitas: un Puñetazo en el Suelo.

En la película de 2017 *Wonder Woman*, la escena de la lucha final muestra al dios malvado Ares, que revela su plan para destruir a la humanidad y anima a Wonder Woman a que se una a él. Durante la batalla, el amigo y aliado de Wonder Woman se sacrifica para salvar a todo el mundo de una bomba letal. El poderoso Ares intenta convencerla de nuevo de que la humanidad debe ser destruida. Sin embargo, Diana ve el sacrificio de su amigo como un ejemplo de lo mejor que posee la humanidad. Se niega a unirse a Ares y encuentra la fuerza en su interior para redirigir el rayo letal de Ares hacia él, con lo que logra destruirlo de una vez por todas.

Puedes encontrar este tipo de momentos en casi cualquier película, y seguro que hay momentos en tu propia vida en los que «miras en tu interior», «encuentras un último cartucho» o «te niegas a rendirte».

Por lo tanto, vamos a asegurarnos de que siempre encuentres ese impulso extra cuando lo necesites.

LA BATALLA DE UNA TENISTA

Los fines de semana son frenéticos cuando trabajas con deportistas. Aquel sábado no era una excepción. Me di la vuelta y cogí el móvil que tenía en la mesita de noche para ver si me habían enviado algún mensaje alguno de los clientes que están compitiendo en el otro lado del mundo. Vi tres notificaciones de Rachel.

Rachel era una de las tenistas que he mencionado anteriormente en el libro. Su problema era que boicoteaba su dominio en la pista de tenis. La equidad era uno de sus valores centrales, pero en el terreno de juego, provocaba que se sintiera mal por los adversarios a los que daba una paliza. Eso significaba que «les dejaba» recuperarse y remontar, lo que no es precisamente la estrategia ideal en los deportes.

Rachel estaba en Asia jugando un torneo de tenis, así que desbloqueé mi móvil para ver qué pasaba. A juzgar por sus mensajes, parecía que su Alter Ego le estaba fallando.

Me escabullí de la cama, intentando no molestar a nuestros hijos, que se habían trasladado a nuestra habitación en mitad de la noche, y entré sigilosamente en el comedor. Toqué su nombre en el móvil y la llamé.

«Hola.»

«Hola, Rachel, ¿qué hay?», le pregunté.

«Bueno, como te decía en los mensajes, ayer, estaba en mitad de un partido, jugando genial. Estaba totalmente comprometida con el proceso y con luchar duro con cada golpe. Cuando sentí que estaba empezando a perder facultades, intenté cargar pilas a través de mi Alter Ego, pero, simplemente, no funcionó.»

«¿Qué pasó con el partido?», le pregunté.

«Le llevaba mucha ventaja, así que logré ganar al final, pero tardé cuarenta minutos más de lo necesario. Además, ella no era muy buena.»

«Vale, lo podemos arreglar. No te estreses por eso.»

Le pregunté si se había quedado atrapada en la vieja costumbre de entrar en el «tiovivo» del diálogo interno negativo. Rachel se lo pensó un momento y me contestó: «No, creo que, simplemente, me quedé bloqueada con el viejo patrón».

«Genial», le dije. «Deja que te enseñe cómo utilizar un Puñetazo en el Suelo, para derribar cualquier duda, negatividad, miedo o preocupación.»

«¿Un *Puñetazo en el Suelo*?», preguntó.

Le conté cómo utilizar un Puñetazo en el Suelo para seguir hacia adelante sintiéndose segura de sí misma con una profunda convicción de lograr su misión. Quiero mostrarte dos métodos distintos que puedes tener guardados en el arsenal de tu Alter Ego listos para usar cuando el Enemigo se acerque e intente desviarte del camino.

Hace tiempo, te dije que apuntaras cómo se mueve, cómo habla, cómo se siente, cómo piensa y cómo actúa tu Alter Ego. Creaste su Historia del Origen y elegiste un Tótem o Artefacto. No se trataba solamente de un ejercicio mental o emocional. También pensaste en los cambios de comportamiento y en las acciones físicas que adoptará tu Alter Ego.

Una vez que se da el Acto de Activación, tu Alter Ego es invocado y se debería completar la transformación física, mental y emocional, ¿verdad? Sí. Pero eso no significa que sea coser y cantar.

Volvamos a Rachel. Trabajamos todo el proceso juntos para encontrar, desarrollar y activar su Alter Ego. Empezó a utilizarlo, a divertirse con él y a conseguir resultados. Pero, como le ocurre a cualquier Héroe, las cosas no siempre salen como uno quiere; surgen situaciones inesperadas, o ese temido Enemigo aparece para alejarte de tu misión.

Wonder Woman puede tener toda la velocidad, las habilidades y el poder del mundo, pero incluso ella se debe enfrentar a problemas causados por fuerzas externas e internas. Los enemigos aparecen para detenerla, el partido que ella creyó que iba a jugar cambia de repente porque un villano da un giro imprevisto a los planes que tenía ella o las viejas ideas del pasado llegan sigilosamente para hacer que dude sobre lo que podría o debería lograr.

¿Qué hace Wonder Woman?

¡Da un Puñetazo en el Suelo devastador!

Es ese momento «Aquí no, ahora no». O la mirada penetrante que la protege del avance de un enemigo. Es tu compromiso interior profundo de ser el Yo Heroico.

CÓMO PONER AL ENEMIGO EN SU SITIO

Mantenemos conversaciones con nosotros mismos continuamente. Y las conversaciones pueden apoyarte y ayudarte poco cuando intentas superar una dificultad. En este momento, quizás haya elementos de tu identidad que no estén fijados para ayudarte a ganar en el Campo de Juego. Hay una parte de tu mundo a la que hemos llamado tu Enemigo y que aparece y provoca que te tropieces. Hace que dudes, pienses demasiado o dudes de ti mismo.

Crear el Alter Ego inicia una conversación saludable en tu cabeza. Antes de crearlo, quizá la única voz que oías en este Campo de Juego en concreto era crítica y sentenciosa y estaba destinada a convencerte de que fueras sobre seguro. Porque has pasado por el proceso de dar al Enemigo un nombre, como hizo Valeria cuando llamó Igor al Enemigo, y has creado este Alter Ego y le has dado un nombre, has creado una dualidad clara. Ya no vives en un mundo en el que la conversación de tu cabeza es «contigo mismo» y te atrapa un diálogo tipo «tiovivo» que no lleva a ninguna parte.

El Alter Ego y el Campo de Juego en el que opera crean una línea divisoria con el Enemigo. Y ahora puedes hablar al Enemigo cuando aparezca para sacarte fuera del terreno de juego, al lugar en el que te conviertes en espectador. No te equivoques, el Enemigo forma parte de nosotros y nunca va a desaparecer. Pero ahora tienes esta fuerza potente para combatirlo, el Alter Ego.

¿Cómo se da el «Puñetazo en el Suelo»? ¿Cómo pones al Enemigo en su lugar? Utiliza uno de estos dos métodos que se han demostrado que son efectivos durante un período extenso de tiempo.

PUÑETAZO EN EL SUELO 1: LA PATADA EN EL TRASERO

La Patada en el Trasero equivale a echar al Enemigo al bordillo o fuera del terreno de juego. Eso es precisamente lo que utilicé con Rachel, la tenista. Su Enemiga se llamaba Suzie. Era el nombre de un personaje de un libro que había leído y que no le caía bien.

Durante nuestra conversación telefónica, le dije que cada vez que viera que caía en los viejos comportamientos y que sentía que estaba a punto de dejar que una adversaria remontara el partido, su Alter Ego tendría una charla rápida con Suzie:

«Hola, Suzie, ¡esta es mi pista! Vete fuera de la cancha. Ese es tu sitio. Esta pista es mi casa. Yo vivo aquí. ¡Lárgate ya!»

Sí, fue intenso. Pero fue increíblemente útil, no solo para Rachel sino también para los cientos de personas que lo han utilizado. Este es un comentario que me hizo un amigo mío: «Por fin siento que el espacio que hay entre mis orejas es mío». Rachel envió un mensaje fuerte sobre quién se suponía que iba a mostrarse en aquel momento y lo que iba a hacer.

Otro cliente mío tenía un enfoque distinto; se imaginó que su Enemigo era un perrito hiperactivo que siempre quería distraerlo haciendo cosas divertidas para que postergara todo y evitara hacer las cosas difíciles. Llamó Sabueso a su Enemigo. Cada vez que tenía la tentación de postergar lo que tenía que hacer, decía:

«Sabueso, veo lo que haces. No es momento de jugar. Encuentra a otro a quien molestar. Ahora mismo estoy ocupado en una cosa importante, que consiste en construir un futuro que me entusiasma. ¡Lárgate!»

Cuando ponemos nombres o asociamos personas a las conversaciones que estamos manteniendo en la cabeza, creamos conversaciones constructivas, como lo que hacía Rachel. Impide que nuestra mente se queda atrapada en nuestros pensamientos y nos da una perspectiva y un camino hacia adelante.

Es casi como si apareciera una señal brillante de SALIDA en nuestra mente que nos da la oportunidad de volver a lo que queremos.

PUÑETAZO EN EL SUELO 2: TU PROCLAMACIÓN DE RESPUESTA

Durante los años que llevo enseñando el Efecto Alter Ego, nunca ningún líder ni deportista de élite se ha opuesto a la idea. Nadie me ha dicho nunca que sienta que es falso o incluso infantil. En general, creen que ha sido una de las cosas más naturales que podían hacer o que ya estaban haciendo. Puede que tengan que luchar contra pensamientos que no les sirven, igual que tú. Nadie es inmune al Enemigo.

Si oyes una vocecita que dice: «Eres un impostor», o «Esto es una tontería», o «Esto no sirve de nada, no puedes cambiar», o «¿Quién te crees que eres? No tienes ningún talento ni habilidad y no lo vas a conseguir», debes entender lo siguiente: se trata del Enemigo, que intenta devolverte a las sombras en las que vive la mediocridad.

No importa cuántas victorias tengas en tu haber; tu Enemigo siempre va a intentar detener a tu Yo Heroico para que no aparezca. Tanto si hablo por teléfono con un esquiador mientras está descansando en su habitación diminuta de la villa olímpica la noche antes de su prueba, como con un lanzador de béisbol de las Grandes Ligas de Béisbol veinte minutos antes de que salga al montículo ante cuarenta y ocho mil fans para un partido de *playoff* clave, todavía hay personas con talento, exitosas y de rendimiento elevado que tropiezan con su Enemigo cuando les pregunta: «¿Quién te crees que eres?»

Continuará habiendo momentos en los que estés en tu Campo de Juego en los que el Enemigo sacará ventaja. Entonces es cuando tienes que dar un Puñetazo en el Suelo devastador a la pregunta interna: «¿Quién te crees que eres?»

Lo denomino «Proclamación de Respuesta». Y es nuestra forma de encontrar esa fuerza extra, al tener una respuesta bien preparada a la pregunta: «¿Quién te crees que eres?» O a cualquier otra pregunta similar que haga que dudes de ti mismo. Esto no solo te impide subir al «tiovivo» del diálogo interno negativo, sino que también hace que continúes arraigado a tu Momento de Impacto como tu Yo Heroico o tu *Alter Ego*.

Una Proclamación de Respuesta es el arma que necesita tu Alter Ego. Esta es la Proclamación de Respuesta del esquiador que compite en los Juegos Olímpicos.

«¿Quién soy yo? ¿Me preguntas quién soy?

»Soy el que se ha levantado a las 04.18 todos los días durante 1.123 días seguidos para ser el primero en la pista para esquiar.

»¿Quién soy yo?

»Soy el que dedica cuarenta y cinco minutos cada día, estirado y relajado, a ver y experimentar con confianza cómo desciendo la pista y ejecuto los giros cerrados con piernas fuertes y una gran forma para darme la mejor oportunidad de conseguir un tiempo que me haga ganar una medalla.

»¿Quién soy yo?

»Soy la persona a la que un niño pequeño mira encandilado en la tele. Está sentado en su casa, con las piernas cruzadas y me señala y dice a su madre: «Algún día seré como él, mami».

»Soy el que está impulsado por una fuerza mucho más grande que cualquier cosa que puedas poner en mi camino. Así que, disculpa si no tengo tiempo para tus preguntas idiotas, porque la vida que tengo es más grande que cualquier pregunta basada en el miedo.

»Así que, ¿por qué no te largas fuera de la pista? ¡Ese es tu sitio!

Esto arroja luz sobre el Enemigo, hace que se vaya a una esquina, se haga un ovillo, se chupe el dedo y se ponga a llamar a su mamá, como hacen la mayoría de los abusones.

Este Puñetazo en el Suelo está ahí para patear el trasero al Enemigo.

CÓMO ELABORAR TU PROCLAMACIÓN DE RESPUESTA

Hace unos años, compartí un vídeo de la Proclamación de Respuesta en Facebook y, poco después, un cliente mío llamado Mark se puso en contacto conmigo para programar una llamada telefónica. Quería que le ayudara a crear una.

Una Proclamación de Respuesta óptima destaca tu valor, tu empuje y tus logros. Te voy a mostrar lo que hice con Mark y, a medida que lo lees, imagina que eres Mark y que estamos manteniendo esta conversación.

Volvamos al principio de tu carrera profesional. Cuéntame la historia de tu vida a través de tus victorias y tus logros. Sé que los tienes. No estarías leyendo este libro si no hubieras probado ya el éxito. Quieres más éxitos, y de una forma más constante.

Mark dirige una exitosa empresa de comercio electrónico que pasó una mala racha. Gran parte de su negocio se hace a través de Amazon y los cambios recientes que ha hecho la empresa han provocado que Mark se preocupe por no poder ajustarse a dichos cambios con suficiente rapidez. Además, lanzó un servicio nuevo en el que enseñaba a otros emprendedores a construir empresas de comercio electrónico de éxito. Mark organizaba eventos en directo para explicar los entresijos de lo que le había funcionado. Había desarrollado una inseguridad tremenda, al punto que creía que era un impostor. Tenía la duda de si tenía algo de valor que compartir con otros emprendedores, sobre todo porque no estaba seguro de que su negocio pudiera sobrevivir a los cambios de Amazon.

«Cuando miras tu carrera profesional...», empecé. Tenía que sacar a Mark de su Mundo Ordinario, donde su Enemigo estaba tirando del hilo del síndrome del impostor, así que adoptamos una visión más holística de su carrera profesional. Yo le hacía una pregunta y él poco a poco me contaba las historias de su pasado, casi como si fuera una autobiografía. Entonces, le repetía lo que había oído.

«Espera, a ver si lo he entendido bien», le dije. «Empezaste tu carrera profesional como agente de policía en Miami. ¿Qué hiciste después?»

«Vendía fotocopiadoras.»

«Interesante. Y llegaste a ser muy bueno en eso, ¿verdad? Seguro que tardaste mucho tiempo en tener éxito, porque habías empezado tu carrera profesional como policía y no como comercial.»

«Bueno, no, tardé seis meses en convertirme en el primer comercial de fotocopiadoras de Florida.»

«¡Buf! ¡Si eso no es nada de tiempo! ¿Qué hiciste después de vender fotocopiadoras?»

«Bueno, uno de mis clientes pedía muchas cosas a mi empresa, aparte de fotocopiadoras. Yo quería saber a qué se dedicaba, así que me presenté en su despacho. Estaba lleno de gente de veintiséis años con Lamborghinis aparcados en el parking. Vendían tarjetas prepago puerta a puerta para tiendas de alimentación y supermercados. Los miré y pensé: "Si estos chicos pueden hacerlo, yo también".»

«¿Y también fuiste bueno en eso?», le pregunté.

Se echó a reír. «Sí, supongo. Ganaba un millón de dólares al mes en aquella empresa, hasta que los cambios tecnológicos hicieron que aquel producto quedara obsoleto.»

«Vale. ¿Qué hiciste después?» Mi intención era que él consiguiera ver todos los logros que tenía en su haber.

«Vi un anuncio sobre cómo construir empresas de comercio electrónico para Amazon. Vi el vídeo y pensé: "Yo puedo hacer esto". Al cabo de seis meses, ganaba más de un millón de dólares al año.»

«Espera, a ver si me aclaro. Me estás diciendo que ahora mismo te sientes inseguro porque Amazon evoluciona y cambia sin parar y no sabes si puedes seguir ese ritmo?»

«Sí.»

«Pero lo único que oigo en tu historia es que se te da de fábula evolucionar y cambiar.»

Se rio y dijo: «Sí, supongo que tienes razón. Quizá no necesite dar un Puñetazo en el Suelo».

«No, puedes utilizar el Puñetazo en el Suelo y la Proclamación de Respuesta. La próxima vez que oigas a esa vocecita de tu cabeza que te pregunta: "¿Quién soy yo para hacer X?", o que dice "No puedes hacer esto", o "Esto no va a funcionar", tienes que responder de la siguiente manera:

»"¿Quién soy yo? ¿Me preguntas que quién soy?

»"Soy el hombre que dejó un trabajo como policía y que, sin tener experiencia como comercial, se convirtió en el vendedor número uno de todo el estado de Florida vendiendo fotocopiadoras puerta a puerta.

»"¿Que no puedo hacer esto? Soy el que reconoció una oportunidad cuando vio a unos jóvenes sin experiencia que conducían Lamborghinis, vendiendo tarjetas telefónicas puerta a puerta. Y que lanzó ese negocio y lo convirtió en una empresa multimillonaria.

»"¿Que no va a funcionar? Soy el hombre que, cuando le quitaron la red de seguridad que tenía, empezó otro negocio de comercio electrónico. Ah, y, por cierto, también conseguí ingresos de más de siete cifras.

»"Si crees que hablas con un tío que no se puede reinventar a sí mismo, busca en otra parte, porque ese no soy yo".»

Se me pone la piel de gallina cada vez que trabajo en la Proclamación de Respuesta de alguien.

Esa es una forma de elaborar una Proclamación de Respuesta y de dar un Puñetazo en el Suelo que provoque una onda sísmica que atraviese tu sistema nervioso y te despierte. O puedes elaborar tu respuesta desde la perspectiva del Alter Ego que te has esforzado por crear.

Así que, si eliges un personaje del cine, la televisión o la literatura, tu respuesta sería de dicho personaje. Si optas por un animal, tu respuesta estaría influida por los atributos de dicho animal. Si fuera una máquina..., ya sabes.

Imagina encarnar completamente la historia y los rasgos de Muhammad Ali u Oprah o Churchill o Nikola Tesla, o cualquiera de los millones de permutaciones posibles que te podrían influir.

Si las cosas se pusieran difíciles, ese Alter Ego respondería con su voz y te devolvería al Campo de Juego.

Por lo tanto, ¿cómo responderías con un Puñetazo en el Suelo, enviando un mensaje de que no te arrancarán de tu misión, de que no te vas a esconder y de que has venido para quedarte?

Escribe una Proclamación de Respuesta que conteste a esta pregunta: «¿Quién te crees que eres?», o «Esto no te va a funcionar», o «Tú no puedes hacerlo...»

Recuerda que puede ser de tu historia o de la historia de tu Alter Ego. Diviértete y no tengas miedo a ser letal con tu respuesta.

Cuando la hayas creado, quiero leerla. Ponla *online* y etiquétame. O ve a AlterEgoEffect.com y sigue el *link* a nuestra comunidad. No hay nada como que te inspiren las personas que están ahí y que persiguen sus sueños, luchan contra las Fuerzas Ocultas y consiguen triunfar.

Estamos llegando al final del camino de crear un Alter Ego que puedas utilizar en cualquier Campo de Juego de la vida. De todas formas, antes de terminar este proceso, tengo unos cuantos consejos finales que te ayudarán a sacarle el máximo partido.

16

MENTALIDADES, MISIONES, BÚSQUEDAS Y AVENTURAS

«¿Queréis verla?» Esta fue la pregunta que Marilyn Monroe hizo en tono de broma al fotógrafo que la seguía por las calles de Nueva York.

Robert Stein contaba esa historia después de haber pasado un día con Marilyn en 1955, cuando su publicación quería capturar la versión no hollywoodiense de la actriz[45]. Marilyn se envolvió con un abrigo de pelo de camello, se peinó los famosos rizos y los dos caminaron hasta la terminal Grand Central y bajaron al metro. Nadie le prestó atención. Incluso cuando el fotógrafo le hacía fotos cogiéndose a la tira del vagón de metro, pasó desapercibida. Era solamente Norma Jean, una pasajera más del metro.

Cuando salieron del metro y volvieron a la calle, Robert contó que ella se giró y les dijo: «¿Queréis verla?»

---

45. Robert Stein: «Do You Want to See Her?», *American Heritage* 56, número 5 (2005).

Entonces, «se quitó el abrigo, se ahuecó el pelo, arqueó la espalda e hizo una pose».

En un abrir y cerrar de ojos, había un montón de personas apiñadas a su alrededor.

Esa es la magia del Alter Ego. Tú creas tu mundo. Tú decides quién aparece en tu Campo de Juego. Y tú decides qué Superpoderes y qué rasgos llevarás a tu mundo para conseguir los resultados que deseas.

A lo largo de este libro, has leído acerca de personas del mundo de los deportes, los negocios y la vida normal que utilizaron un Alter Ego para cambiar su vida, superar retos y perseguir objetivos con más libertad. Has leído acerca de los numerosos estudios que señalan que este enfoque, además de ayudarte a tener un mejor rendimiento y a abordar las dificultades naturales de la vida, te ayuda a aprovechar al máximo el hecho, acorde con nuestra naturaleza, de que todos estamos programados para funcionar.

Has aprendido que el Efecto Alter Ego te ayuda a aprovechar la motivación y la mentalidad que hay detrás de la razón que tienes para hacer una actividad y que te introduce en un Mundo Extraordinario[46].

Has aprendido que el mero hecho de llevar una bata blanca o de elegir un Tótem o Artefacto que represente a tu Alter Ego hace que cambies de inmediato tu capacidad de rendimiento gracias al fenómeno de la «cognición atávica»[47].

---

46. Frode Stenseng, Jostein Rise y Pål Kraft: «Activity Engagement as Escape from Self: The Role of Self-Suppression and Self-Expansion», *Leisure Sciences* 34, número 1 (2012): pp. 19-38.

47. Hajo Adam y Adam D. Galinsky: «Enclothed Cognition», *Journal of Experimental Social Psychology* 48, número 4 (julio de 2012): pp. 918-925.

Has aprendido que, al identificar tus rasgos de carácter y valores más profundos para crear tus Superpoderes, actúas con más propósito y convicción[48].

Ahora, ha llegado el momento de entrar en el Campo de Juego y experimentar el Mundo Extraordinario más a menudo.

A continuación, verás una serie de búsquedas o retos para que te pongas en marcha que te ayudarán a asumir el papel de tu Alter Ego y comprobar su fuerza. Se han diseñado para ser sencillos y fáciles de llevar a cabo. Además, son una forma divertida de experimentar con tus Superpoderes recién creados.

BÚSQUEDA 1: LA CAFETERÍA

Tu primera búsqueda consistirá en ir a una cafetería de tu ciudad como si fueras tu Alter Ego. Debes pedir tu bebida preferida y bebértela como haría tu Alter Ego.

Algunas personas, en cuanto invocan a su Alter Ego, es como si se pusieran sus vaqueros favoritos. En cambio, otras necesitan más tiempo para hacerse a la idea. Hay personas que necesitan entrenar cómo se sienten al convertirse en su Alter Ego incluso antes de entrar en su Campo de Juego.

Si es tu caso, te animo a que empieces a practicar ya. Cuanto más encarnes a tu Alter Ego, los Superpoderes, la

---

48. Ryan M. Niemiec: «VIA Character Strengths: Research and Practice (The First 10 Years)», en Hans Henrik Knoop y Antonella Delle Fave, eds., *Well-Being and Cultures* (Springer Netherlands, 2013).

Historia del Origen, más fácil te resultará llevar ese Yo Heroico a tu Momento de Impacto.

CÓMO HACERLO

Ve en coche o a pie hasta una cafetería de tu ciudad y, antes de entrar, Activa tu Alter Ego con tu Tótem o Artefacto. Siente cómo se da el cambio y entra en la cafetería. Ve hasta la caja, pide la bebida y siéntate en una mesa cerca, o sal fuera y bébete lo que hayas pedido.

Mientras lo haces, debes ser consciente de cómo consumes la bebida como tu Alter Ego; cómo la sujetas, cómo das un sorbo, cómo estás de pie, cómo te sientas. ¿La disfrutarías de una forma distinta? ¿Qué notaría tu Alter Ego sobre el ambiente, la gente, el entorno? ¿Interactuarías con la gente de otra manera? ¿Cómo se sentiría el Alter Ego?

¿POR QUÉ FUNCIONA ESTA BÚSQUEDA?

Porque es una situación sin sentido que no supone una amenaza para tu mundo. No te estoy pidiendo que cierres el mayor trato de tu vida o que hagas algo aterrador o peligroso. Solamente tienes que pedir una bebida. Cuanto menos estrés suponga la actividad o más familiarizado estés con la rutina sencilla, más fácil te resultará interpretar el lado divertido de tu Alter Ego, sin preocuparte de realizar una tarea difícil.

UNA VARIACIÓN SENCILLA

Sal a dar una vuelta como si fueras tu Alter Ego. Utiliza las mismas estrategias que en la «búsqueda de la cafetería» y entrena cómo encarnar completamente a tu Alter Ego. ¿Cómo percibiría el mundo que rodea tu Alter Ego? Emplea las mismas preguntas que he señalado en el ejemplo de la cafetería para que te ayuden a activarlo.

BÚSQUEDA 2: EL JUEGO DE LA CONCENTRACIÓN EN EL NÚMERO

En esta búsqueda, comprobarás tu capacidad para concentrarte y verás de inmediato los poderes de tu Alter Ego. Durante veinte años, he enseñado a atletas el poder de la meditación y les he ayudado a desarrollar habilidades para centrarse y concentrarse. Es difícil contradecir los numerosos estudios sobre los beneficios de la meditación. Sin embargo, hay personas que todavía no saben si les ayuda, así que desarrollé una técnica sencilla para cerrar el bucle de *feedback* más deprisa.

¿CÓMO FUNCIONA?

Siéntate adoptando una postura cómoda. Puede ser en una silla o en el suelo. Coloca un objeto como un balón o una hoja de papel en blanco delante de ti. Fija un temporizador durante tres minutos. Durante ese tiempo, empezarás a visualizar el número 1, en el objeto. En cuanto notes que tu mente no visualiza el número 1, visualiza el número 2 en el objeto. De nuevo, cuando hayas notado que tu mente ha vagado, visualiza el número 3. Continúa este patrón hasta que el temporizador suene. El número con el que te quedes cuando suene el temporizador es el que debes registrar en algún sitio, como un cuaderno o en una nota en tu teléfono. Si acabaste con el número 34, es tu puntuación para esta ronda. La próxima ronda, debe ser un número más bajo.

Ahora, vuelve a hacer el ejercicio, pero esta vez activa tu Alter Ego con tu Tótem y haz el mismo proceso que tu Alter Ego. Si es Einstein, sé Einstein. Si es un elefante, sé un elefante. Si es tu abuela fuerte y resiliente, sé ella. A continuación, registra el número con el que te has quedado al final.

¿Cómo fue? ¿Estabais mejor? ¿Fue más difícil?

Estas son las dos experiencias más comunes de las personas que lo intentan por primera vez: 1) pudieron superar su puntuación anterior por un margen justo; 2) se encontraron en un bucle que iba y venía entre recordar ser su Alter Ego y concentrarse en el número.

Cualquiera de los dos es una gran resultado, porque con más entrenamiento, las cosas mejoran.

¿POR QUÉ FUNCIONA?

Practicar convertirte en tu Alter Ego y darle una tarea que realizar bajo una ligera competencia no es distinto a los atletas que practican y perfeccionan sus habilidades y construyen resistencia, fuerza, aguante, agilidad y flexibilidad mucho antes del día de la prueba. Aprende de ellos. Si la postura de tu Alter Ego cambia, entrénala. Entrena sentarte derecho en una silla en vez de quedarte encorvado. Entrena una mirada de soslayo, por ejemplo, porque estás concentrado y «lo tienes todo controlado».

No hay ninguna regla, lo único imprescindible es entrenar.

BÚSQUEDA 3: JUEGA A UN JUEGO

Esta búsqueda consiste en que experimentes con tu resiliencia como si fueras tu Alter Ego. Los juegos y las competiciones son una forma fantástica de ver la personalidad verdadera de alguien. Como se suele decir, una hora de juego revela más que un año de conversación. Estoy de acuerdo. Por eso, esta búsqueda es una gran prueba de la fuerza de tu Alter Ego.

CÓMO HACERLO

Elige un juego para jugar con amigos o familiares; juega a un videojuego en tu dispositivo favorito o montad juntos un puzle. Ten en cuenta que ninguna persona con la que estés jugando debe conocer tu Identidad Secreta. Compite *como* tu Alter Ego. Los retos, la competición y las frustraciones son una forma fantástica de ejercitar tu músculo de la resiliencia y de conocer y encarnar de verdad a tu Alter Ego.

¿POR QUÉ FUNCIONA?

Un cliente me dijo: «Enseguida me di cuenta de que tenía que trabajar mucho más con mi Alter Ego cómo superar los fracasos del pasado. Cuando he perdido, siempre me he tomado las cosas como un ataque personal. La primera vez que jugué un juego como mi Alter Ego, dejé que apareciera demasiado mi antiguo yo. Eso hizo que me diera cuenta de lo mucho que quería ser mi Alter Ego y quitarme de encima aquella negatividad. Y funcionó. Cuanto más me convertía en mi Alter Ego, menos me importaba perder, lo que significó que empecé a ganar mucho más. Fue una liberación».

Intenta hacer esta búsqueda para probar tu resiliencia y tu compromiso. Como quizá recuerdes del capítulo sobre el Enemigo, a él le encanta utilizar las fuerzas del miedo, la opinión de los demás y el orgullo para alejarte de ser la mejor versión de ti mismo. Esto te ayudará a que salga a la superficie, para que puedas matar a esos dragones antes de tener que derrotarlos en un Momento de Impacto.

En el capítulo sobre Tótems y Artefactos lo mencioné, y vale la pena repetirlo: cuando te equivoques, haz un *reset*. Esto significa que te quites las gafas y te las vuelvas a poner. Que dejes el bolígrafo y, después, lo cojas. Que te quites el anillo y te lo vuelvas a colocar para volver a conectarte. Que te saques la piedra del bolsillo y luego la guardes de nuevo.

Consejo: si escogiste el Campo de Juego como Tótem y ves que necesitas *resets* de forma regular, considera la opción de cambiar a uno que puedas ponerte o llevar contigo.

El *reset* es un desencadenante para tu mente. Te recuerda que hay Superpoderes específicos que quieres y que debes usar en ese preciso instante. Ser consciente y actuar de una forma más deliberada es solamente otra forma de ser tu mejor entrenador en el terreno de juego.

ENCUENTRA ALIADOS

Cuando reflexiones sobre tu vida y los cambios que has hecho, probablemente al principio sentiste incertidumbre, pero después descubriste que muchas de tus preocupaciones eran innecesarias. Estoy de acuerdo con James A. Garfield: «Recuerdo al anciano que dijo que había tenido muchos problemas en la vida, pero que los peores nunca sucedieron».

Por lo que he experimentado personalmente y por la vida de numerosos hombres y mujeres, los aliados están esperando para prestarte ayuda. A pesar de lo que se diga en los medios de comunicación, la gran mayoría de la gente es amable, servicial y generosa, si le das una oportunidad. Por lo tanto, encuentra una tribu de aliados que te ayuden a lograr tu misión, sea cual sea. Aquí tienes pistas sobre dónde empezar.

Aliados que te comprenden. Ve a AlterEgoEffect.com y conecta con una comunidad de personas que ya están levantando la mano y construyendo Héroes y Heroínas. Hay un poder enorme en encontrar otras personas que entienden la jerga que hemos utilizado a lo largo del libro. Además, es más fácil que los nuevos amigos se animen entre sí y formulen estrategias de cambio porque, a diferencia de algunos amigos o familiares actuales, no se sienten amenazados por ninguno de los cambios que estás haciendo. A veces, tus mejores aliados serán los nuevos.

Aliados que conoces. Las personas de tu mundo existente siempre te cubren las espaldas. Comparte con ese grupo lo que haces. Cómprales el libro o háblales de él y haz que se apunten al Mundo Extraordinario. Cuando las personas empiezan a hacer cosas juntas por propósitos positivos, se crea algo que los científicos denominan «espiral ascendente»[49]. Dicha espiral desencadena una es-

49. Bethany E. Kok y Barbara L. Fredrickson: «Upward Spirals of the Heart: Autonomic Flexibility, as Indexed by Vagal Tone, Reciprocally and Prospectively Predicts Positive Emotions and Social Connectedness», *Biological Psychology* 85, número 3 (2010): pp. 432-436.

tructura de apoyo biológica que provoca que las personas estrechen sus relaciones, rindan mejor y sean más propensas a ayudarse entre sí.

Un consultor de ventas corporativas lo contó en un mensaje que me envió hace años: «El hecho de traer a alguien a mi "mundo secreto" ha hecho que seamos un gran coach el uno para el otro y también socios confiables, pero, además, ha logrado que sea más divertido. Superamos nuestras cifras de ventas todos los meses y, siempre que alguno de nosotros no actúa como su Yo Heroico, nos damos un toque. Es como si el trabajo se hubiera convertido un poco en un juego».

Aliados que te hacen de mentor. Esta ha sido una de las estrategias más significativas de mi vida. He buscado activamente mentores de los que aprender, con los que hacer de aprendiz y que me impulsaran desde el principio. Harvey Dorfman, uno de los coaches de juegos mentales más respetados del mundo, fue uno de mis primeros grandes mentores. Fue mi Obi-Wan Kenobi. De hecho, en el mundo del béisbol de grandes ligas, lo conocían como el «Yoda del béisbol».

Puede que tú no le cuentes necesariamente a tu mentor nada sobre tu Alter Ego, pero lo puedes ver como ese mago especial que aparece para ayudarte a hacer realidad tu Mundo Extraordinario. Lo mejor sobre esta estrategia es que puede adoptar muchas formas. Puedes leer sus libros, o libros acerca de ellos, e imaginarte que son tu coach, que te ayudan con sus palabras a solucionar un problema o que aparecen cuando necesitas un poco de apoyo extra. O podrían ser verdaderos mentores y podrías reunirte con ellos de forma regular o semirregular para conseguir orientación y asesoramiento.

Hasta ahora, he tenido como mínimo once verdaderos mentores con los que me he reunido de forma constante y otros muchos que han sido «mentores en la distancia». Ellos no sabían que eran mis mentores, pero vivían en mi mente y me guiaban. No subestimes el poder de un gran mentor, porque hay pocas cosas que vayan a tener mayor impacto en ti.

Lo que refrena a muchas personas, con diferencia, es el miedo a una vida nueva en el Mundo Extraordinario. Creen que dejarán atrás a las personas con las que han pasado toda su vida. Joanne lo explica mejor: «Crecí en la pobreza y me juré a mí misma nunca ser pobre. Pero sentía que mi familia de origen, mis padres y hermanos, no me comprendían. Yo buscaba algo distinto a todos los demás miembros de mi familia. Yo quería más para mí en aspectos que ellos no deseaban.

»Desde el momento en el que salí y utilicé mi Alter Ego para perseguir lo que quería, apareció una tribu nueva. ¡Es increíble a quién encuentras cuando empiezas a perseguir grandes cosas!»

Me encanta la sinceridad cruda de Joanne porque señala precisamente el miedo que tienen muchas personas: ser expulsados de su tribu y no darse cuenta de que aparecerá otra.

Lo que he observado personalmente, en mi vida y en las vidas de numerosos hombres y mujeres, es que, cuando dejas una tribu, encuentras otra nueva. O esa nueva te encuentra a ti. La naturaleza aborrece el vacío. Vacías un armario y se volverá a llenar. Ordena una mesa y las cosas volverán a aparecer. Haz un agujero en el suelo y el agua o cualquier otra cosa acabará llenándolo. Puede ser que tengas que encontrar a tu tribu. Quizá tengas que pasar tiempo en lugares nuevos, unirte a grupos nuevos y hacer nuevas amistades, pero te prometo que no vagarás en el desierto ni en la jungla ni en la tundra ártica sin nadie a tu lado.

Invocar a tu Alter Ego es un proceso continuo. Ve, diviértete y recoge los datos. Observa lo que funciona y lo que no para tu Alter Ego. Quizás averigües que necesitas una Historia del Origen más fuerte, o Superpoderes distintos, o bien un cambio de Tótem, Artefacto o Acto de Activación. Puede que tengas que elaborar una Proclamación de Respuesta más fuerte, o que necesites un nombre mejor.

Solo tú sabrás si algo no funciona. Tienes que encontrar un equilibrio entre dar una oportunidad a algo y, después, ajustarlo para lograr un resultado más potente.

Puedes redefinir cualquier parte del proceso del Alter Ego. Quizá te des cuenta de que necesitas otro Superpoder. O puede que veas que necesitas un Tótem o un Artefacto distintos. No tengas miedo a hacer cambios si son necesarios.

SEIS MENTALIDADES PARA GANAR

Has construido un Alter Ego para que te lleve a tu Mundo Extraordinario. Mientras te adentras en lo desconocido, tengo un reto final que plantearte. Te reto a adoptar estos seis principios. Piensa que son recordatorios, palabras de despedida, inspiración, motivación, orientación o consejo.

No tengo ni idea de lo que encontrarás, pero sé que, si puedes permitir que te guíen estos principios, verás que te puedes enfrentar a cualquier reto.

1. ¡Vamos! (Acepta el reto.)

   Si hay algo que diferencia a un profesional de un *amateur* en cualquier campo de la vida es la voluntad de enfrentarse a obstáculos y aceptar los retos. Los profesionales los consideran una fuerza que les hará más fuertes, mejorará sus habilidades y los hará más valiosos.

   Tu Mundo Extraordinario te retará, y si lo abordas con franqueza y voluntad de aceptar el reto, verás que desarrollas más de la Mentalidad siguiente...

2. ¡Estoy listo para lo que sea! (Sé flexible y adaptable.)

   Cuando tienes la voluntad de que te reten, abres más tu mente para que puedas estar listo para cualquier cosa. En el campo de los deportes, lo denominamos «disposición activa». Mantiene tu mente abierta a la solución creativa de problemas y te ayuda a desarrollar agilidad. Además, es terriblemente intimidante para el Enemigo. Es difícil para cualquier abusón enfrentarse a un oponente que está delante de él y que dice: «Estoy listo para todo lo que me eches». Normalmente, no es una pelea que quiera tener.

3. ¡Soy una Fuerza creativa! (Acepta tu imaginación y creatividad.)

   Cuanto más adoptes retos y cuanto más flexible seas, más liberarás espacio mental para la creatividad.

Naciste fingiendo y fantaseando y creando mundos en la cabeza que no existen en realidad. Después, los adultos te dijeron cosas como «deja de hacer eso», «no te portes así» o «madura». Sin embargo, los adultos se equivocaban. Utiliza la imaginación; no la mantengas oculta. Es una herramienta potente que no solo hace que tu Alter Ego cobre vida, sino que también desata sus Superpoderes.

4. ¡Me encanta jugar! (Mantén una actitud lúdica.)

A lo largo del libro hemos hablado de cosas grandes e importantes de nuestra vida que nos importan: sueños, objetivos y perseguir ideales que valen la pena. Es natural que nos tomemos estas cosas en serio, porque el deseo de lograrlas nos corroe hasta que damos un paso. Pero nadie dice que esto no pueda ser, además, divertido.

Nos encantan los juegos porque suponen un reto y una prueba. Los juegos sacan nuestro lado más divertido (y también el más competitivo, porque, reconozcámoslo, ¿a quién no le gusta ganar?) Los juegos son divertidos, incluso cuando suponen un reto.

Podemos jugar con el concepto de Alter Ego. Cuanto más juguemos, mejores serán nuestros resultados. ¿Por qué? Porque es más probable que experimentes, que lleves el Alter Ego que creas al campo y veas si funciona. Entonces, trastearás con él para hacerlo aún más fuerte, volverás a comprobar los resultados y trastearás más hasta encontrar el mejor Alter Ego para ti.

5. ¿Me pregunto qué sucederá? (Valora el descubrimiento y la curiosidad.)

   ¿Qué pasaría si enfocaras tu vida como un científico chiflado en un laboratorio que siempre está dispuesto a probar cosas nuevas para ver si funcionan? ¿Y si todas las pruebas de la vida fueran tú respondiendo a la pregunta: «¿Me pregunto...?» ¿Y si acabaras averiguando lo capaz que eres realmente con la ayuda de tu Alter Ego? Nunca sabrás la respuesta a menos que primero respondas la pregunta: «¿Me pregunto...?»

6. ¡Creo que puedo cambiar! (Debes saber que puedes remodelar tu mente.)

   Nuestra personalidad es maleable. Podemos remodelarnos. Podemos cambiar nuestras creencias y crear hábitos nuevos. Podemos cambiar nuestras identidades. Eso es lo que hace el Alter Ego por nosotros. Nos ayuda a aprovechar rasgos y capacidades inactivos que no hemos usado nunca o que no hemos usado en un entorno en el que queremos y necesitamos contar con ellas. Si has actuado con indecisión en el trabajo, puedes aprender a actuar con decisión. Si has actuado con timidez durante reuniones individuales con clientes en potencia, puedes aprender a actuar de forma asertiva. Si has estado torpe durante sesiones de networking, puedes aprender a tener aplomo.

   La reconocida psicóloga Carol S. Dweck ha descubierto que el éxito en cualquier campo (el deporte, los negocios, las artes, la vida) puede estar «notablemente influido por cómo pensamos sobre nuestros talentos y capacidades». Descubrió que había dos clases de personas en este mundo: las que tenían una «mentalidad fija», que no creían que sus capacidades pudieran cambiar, y las que tenían una «mentalidad de crecimiento», que creían que sus capacidades se podían desarrollar. Adivina qué grupo logró un mayor éxito. Si has dicho el de la mentalidad de crecimiento, has ganado.

Creer que puedes cambiar cómo te muestras en tu Campo de Juego es crucial para utilizar con éxito el Alter Ego. Primero tienes que pensar que el cambio es posible. Debes creer que puedes remodelar esos Momentos de Impacto y lograr un resultado completamente nuevo.

CRUZAR EL UMBRAL

El célebre profesor, investigador y mitólogo Joseph Campbell popularizó el concepto del «Viaje del Héroe». En su libro *El héroe de las mil caras*, explica:

«Un héroe se aventura más allá del mundo de la rutina diaria en una región de maravilla sobrenatural: encuentra fuerzas fabulosas y logra una victoria decisiva: el héroe vuelve de la aventura misteriosa con el poder de conceder bendiciones al prójimo[50].»

Como todo el mundo sabe, George Lucas reescribió *La guerra de las galaxias* después de descubrir a Campbell y su explicación del viaje del héroe. Incluso salió en la serie documental de la PBS de 1988 *El poder del mito*, presentado

50. Joseph Campbell, *El héroe de las mil caras*, Fondo de Cultura Económica, México, 2014.

por Bill Moyers. Según George Lucas, que aparece en una entrevista posterior[51], después de Campbell, cogió un guion inutilizable de quinientas páginas y descubrió en un modelo simple que toda la historia tenía que reescribirse, porque seguía un argumento repetido miles de veces a través de las historias, fábulas y mitos más celebrados de la historia.

«Es posible que, si no me hubiera cruzado con él, todavía estuviera escribiendo *La guerra de las galaxias*», declaró George Lucas[52].

Hay un momento en el viaje del héroe en el que debe «cruzar el Umbral». Es el momento en el que deja su Mundo Ordinario y se embarca en una nueva aventura. En *La guerra de las galaxias*, es cuando Luke Skywalker se traslada con Obi-Wan Kenobi a Mos Eisley y deja la granja de su familia. En *El señor de los anillos*, es cuando Frodo se marcha de La Comarca y se embarca en la búsqueda de la destrucción del anillo. En la película de 2017 *Wonder Woman*, es cuando Diana abandona la isla oculta de Temiscira para ayudar a salvar a la humanidad.

En cada caso hay una aventura, búsqueda o Misión que se debe llevar a cabo. A veces la han elegido y otras la han elegido por ellos, ya sea por las circunstancias o por un profundo deseo de cumplir tu destino.

Tanto si elegiste este libro para perseguir un gran objetivo, como correr una maratón, navegar por un cambio importante, como empezar una carrera profesional nueva, perseguir el sueño de tu vida de escribir un libro, hacer cambios pequeños, como aprender a cocinar, abrazar una

---

51. Entrevista a George Lucas, National Arts Club, 1985.

52. *Ibidem*.

nueva mentalidad, como tener confianza cuando llega la hora de cerrar la venta, o llevar una vida con una creatividad más divertida, el paso siguiente es «cruzar el umbral» y empezar.

Al final de tu vida, no recordarás los pensamientos ni las intenciones que tuviste, sino los pasos que diste. Te juzgarás a ti mismo en función de cómo te mostraste, qué hiciste, qué dijiste y cómo actuaste y si tu resultado fue tal y como tú sabías que podía ser en cualquiera de los escenarios de la vida.

Como cualquier coach, quiero que, cuando oigas el pitido, eches la vista atrás y digas: «No he dejado nada. Me entregué por completo. Hice todo lo que quería hacer y, lo más importante, aparecí como mi Yo Heroico con todas mis capacidades, habilidades e intenciones. Hice caer dominós, lo que cambió mi vida de una forma extraordinaria e impredecible. Y, porque lo hice, viví una vida plena».

Sé que un Alter Ego puede ayudar a que suceda lo que acabo de señalar.

He esperado quince años para escribir este libro porque no quería escribir un libro de anécdotas, tipo «Así es como lo hice yo y tú también puedes hacerlo» o «Mira esta idea tan buena». Quería darte una plantilla probada por cientos y miles de clientes, apoyada en la investigación, la ciencia y la historia. Existe comodidad y confianza en saber que no eres solamente parte de una tribu, sino que también eres humano. Disfruta al saber que tu Alter Ego está ayudándote a sacar la mejor versión de ti mismo a tu Campo de Juego y en esos Momentos de Impacto.

Utiliza el Alter Ego para abrir la puerta a tu Mundo Extraordinario, a la parte de ti que espera que la suelten. Sigue adelante. Mata a tus dragones. Y vence a las Fuerzas Ocultas y Comunes del Enemigo.

Mi reto final para ti es crear tu Alter Ego, cruzar el umbral y revelar tus Superpoderes al mundo.

Tu misión empieza ahora…

AGRADECIMIENTOS

Escribir un libro es el dragón profesional más duro al que he tenido que matar, y ha sido más gratificante de lo que habría imaginado nunca. Durante quince años, clientes, amigos y compañeros me pinchaban, insistían y me daban un empujoncito para que lo escribiera, y por fin tienes este libro en tus manos. Y nada de esto habría pasado sin mi mayor aliada, mi mujer, Valerie. Tus revisiones a altas horas de la noche, tu investigación extra y tu fe absoluta en que podía lograrlo me dieron más superpoderes para matar al dragón. Pase lo que pase con este libro, he ganado, porque te he tenido conmigo en la trinchera.

A mis hijos, Molly, Sophie y Charlie, gracias por recordarme todos los días el poder de jugar con los Alter Egos. Sois la mejor inspiración que podía haber tenido. Me ayudáis a hacer que «lo más importante sea lo más importante».

Si no hubiera ganado el premio mayor de tener un padre y una madre fenomenales, quién sabe dónde me habría llevado la vida. Pero, sin duda, no habría sido a esta oportunidad de agradeceros haberme enseñado lecciones sobre lo que significa ser trabajador, sincero y un buen padre. Sois mis primeros héroes. Aunque no sepáis explicar a la gente a qué me dedico, quizás este libro os haga más fácil la explicación.

A mis hermanos, Ross, Ryan y Kerri. Me ayudasteis a perfilar este libro de alguna forma, sobre todo porque yo no sería yo sin vosotros.

Sin la orientación, amistad y apoyo de mis tres mayores mentores, mi carrera profesional en el ámbito del deporte y los negocios no habría tenido lugar. Todos habéis fallecido, pero merecéis un reconocimiento por la enorme aportación que habéis hecho a mi vida. Grant Henderson, eres el mejor profesor y coach que he tenido nunca. Jim Rohn, tú me diste los ánimos que necesitaba cuando estaba empezando. Y Harvey Dorfman, eres el coach de juegos mentales más grande que haya existido. Me disteis una oportunidad y abristeis más puertas que nadie. ¡Gracias!

Mike Sainchuk, eres el hermano que pude elegir. Gracias por tu amistad.

Un libro es una hazaña que logran muchas manos. Tucker Max, todo empezó cuando nos encontramos y dijiste: «Eres un idiota si no escribes este libro». Tenías razón, y gracias por el increíble equipo que tienes en Scribe. Amanda Ibey, fuiste la copiloto más paciente de este libro. Eres una maestra en el oficio, e incluso mejor persona. ¡Gracias!

A mis agentes en FolioLit, Scott Hoffman y Steve Troha, lo habéis bordado. Vuestro conocimiento experto no tiene parangón, y tuve la suerte de que os involucrarais en este libro cuatro minutos después de nuestra reunión inicial.

A mi editor de Harper Business, Eric Nelson: de alguna forma, me convertiste en escritor. Gracias por darme un empujoncito para que hiciera que el libro se convirtiera en lo que es. Ahora sé por qué eres uno de los editores más respetados de la esfera editorial. Te estoy eternamente agradecido.

Sin mis clientes, los atletas, los emprendedores y los profesionales del mundo de los negocios con los que he podido trabajar y que me han inspirado durante años, este libro no tendría las historias que necesitaba. Gracias por perseverar y por presentaros en el campo todos los días.

A mi equipo, vosotros ayudasteis a mantener el barco navegando mientras este libro cobraba forma. Karen Baglio, gracias por todos tus esfuerzos. ¡Eres una campeona!

Navegar por la vida sería difícil sin mi grupo de amigos íntimos Gary Nealon, Glenn Ormsby, Luke Kobiolke, Jordan McIntyre, Jayson Gaignard, Dan Martell, Rob Kosberg, Kevin Hutto, Chris Winfield, Jonathan Fields, Ryan Lee, Taki Moore y Sean Finter. No he podido tener más suerte al teneros a todos como amigos.

Y, por último, gracias a la familia y las personas que he conocido en los cuatro sitios clave en los que he vivido que me han moldeado: mis pequeñas comunidades agrícolas de Schuler y Medicine Hat, Alberta; las increíbles personas de Edmonton, Alberta; y las personas ambiciosas y enérgicas de la ciudad de Nueva York.

Y, por último, gracias *a ti*. Espero que este libro te cause un gran impacto de la misma forma que las ideas que contiene han impactado ya a miles de personas.

ACERCA DEL AUTOR

Todd Herman es coach de alto rendimiento y estratega de juegos mentales para emprendedores, atletas y líderes ambiciosos que quieren lograr objetivos increíbles. Ha ayudado a sus clientes a alcanzar el podio olímpico, a crear empresas multimillonarias y a establecer marcas que han llegado a ser conocidas en todo el mundo. Fue propietario de su empresa de formación de ciencias del deporte durante más de veinte años, y su sistema de rendimiento, el 90 Day Year, ha sido considerado el mejor programa de desarrollo de liderazgo y habilidades del mundo dos veces. Esquiva taxis en la ciudad de Nueva York, donde vive con su esposa, Valerie; sus dos hijas, Molly y Sophie; y su bebé, Charlie. Actualmente, es la persona que peor toca el ukelele del mundo, pero está trabajando en ello.

Visita AlterEgoEffect.com para ver más recursos y compartir tu historia épica con los demás.